Franz Binder

Kailash

Reise zum Berg der Götter

Deutscher Taschenbuch Verlag

Originalausgabe

Oktober 2002

© 2002 Deutscher Taschenbuch Verlag GmbH & Co. KG, München

www.dtv.de

Umschlagkonzept: Balk & Brumshagen

Umschlagfoto und sämtliche Fotografien: © Franz Binder, München

Titelfoto: Die Nordwand des Kailash in der Morgensonne

Satz: Offizin Wissenbach, Höchberg bei Würzburg

Gesetzt aus der ITC Slimbach 9,5/13,5 pt

Druck und Bindung: Kösel, Kempten

Gedruckt auf säurefreiem, chlorfrei gebleichtem Papier

Printed in Germany · ISBN 3-423-24343-0

Inhalt

Anhang

Am Ziel?

Die Nordwand des Kailash schimmert im Licht des Vollmonds wie eine Pyramide aus Kristall, transparent, als leuchte sie von innen. Die Yaks neben dem Zelt heben die Köpfe und schnauben weiße Wolken in die Dunkelheit. Es ist drei Uhr morgens. Das Thermometer zeigt 20 Grad unter Null. Die Feuchtigkeit des Atems war am Schlafsack zu einer Eisplatte gefroren. Keine leichte Entscheidung, sich aus den Daunen zu schälen, den Anorak überzuziehen, in die Bergstiefel zu steigen, die eisstarre Zeltplane zurückzuschlagen und hinauszuschlüpfen in die Nacht. Doch es blieb keine Wahl. Die einzige vorbeugende Maßnahme gegen die Höhenkrankheit besteht darin, viel zu trinken, und das zwingt nachts zu ungemütlichen Ausflügen ins Freie.

Diesmal aber ist es anders. Der Anblick des Kailash unter dem schier unendlichen Raum klaren, mondhellen Himmels macht alle Unbequemlichkeiten vergessen. In diesem Augenblick, noch benommen vom Schlaf, der auf einer Höhe von etwa fünftausend Metern über dem Meeresspiegel nur leicht und flüchtig ist, sinkt es zum ersten Mal wirklich ins Bewußtsein, daß ich angekommen bin, daß ich vor dem heiligsten aller Berge stehe, mitten auf dem uralten Pilgerpfad, der ihn umrundet. Unzählige Male sah ich den Kang Rinpoche, das Schneejuwel, wie die Tibeter ihn nennen, auf Bildern. Schon in meiner Jugend las ich Berichte der wenigen Reisenden, die den entlegenen Westen Tibets erreichten. Nun erhebt sich tatsächlich der Kailash vor mir. Zugleich scheint er fern und unwirklich im irisierenden Silberlicht, wie ein Traumbild, wie die Erscheinung einer überweltlichen Manifestation. Hört man die zahllosen Mythen über das Land auf dem Dach der Welt, so wäre eine solche Erscheinung nichts Ungewöhnliches, hier in der dünnen Luft der menschenleeren Hochebenen Tibets. Geister, Dämonen, Gottheiten und ihr Wirken im alltäglichen Leben gehören für viele Tibeter so selbstverständlich zu ihrem Dasein wie Gebetsmühle und Tsampaschale. Yogis und Lamas berichten von Visionen, die ihnen wirklicher scheinen als die Wirklichkeit und sagen damit nur, daß auch die Welt bloße Illusion ist, vergängliche Welle im unbegrenzten Meer des

Geistes. Innen und Außen, Phantasie und Wirklichkeit schmelzen zu Einem. Man muß nicht nach Tibet reisen, um solchen Gedanken nachzuspüren, doch in Augenblicken wie diesem werden sie in blitzartigem Aufleuchten plötzlich greifbar und verdichten sich zu einer Gewißheit, für die es keine Worte der Erklärung mehr gibt.

Doch ich bin kein Yogi und auch nicht sonderlich begabt mit der Kraft innerer Schau. Der Berg vor mir ist keine Erscheinung, sondern einfach ein Berg, zwar der schönste und geheimnisvollste, den ich jemals sah, doch nur ein Berg aus Fels und ewigem Eis. Eine vielbenutzte Sagensweise der Zen-Buddhisten fällt mir ein: Für den gewöhnlichen Menschen sind Berge einfach Berge. Für jene auf dem Weg sind die Berge keine Berge mehr. Wer aber die Erleuchtung erreicht, für den sind Berge wieder Berge. Obwohl Ausgangspunkt und Ziel gleich scheinen in dieser Parabel, klafft doch himmelweiter Unterschied zwischen ihnen. Wie weit, das vermögen wohl nur jene zu ermessen, die Erleuchtung tatsächlich erlangten, Befreiung, Erwachen. Eben das ist Ziel der Pilger, die seit Jahrhunderten, vielleicht seit Jahrtausenden, zu diesem Schneedom kommen, der ihnen als Thron der Götter, als Nabel der Welt gilt. Doch eine Reise, die dem Pfad solcher Sehnsucht folgt, beginnt nicht mit dem Aufbrechen in der Heimat, gipfelt nicht im Ankommen am vermeintlichen Ziel und endet nicht mit dem Heimkehren. Diese beschwerliche, mitunter gefahrvolle Fahrt über Gebirge und Hochebenen zu einem Berg in einem der entlegensten Winkel der Erde ist Sinnbild innerer Reise, der Suche nach dem eigenen Zentrum. Sie beginnt tief im Herzen und führt wieder dorthin zurück. Ist das nicht die wahre Bedeutung jeder Pilgerfahrt, gleich ob zu einem Marienheiligtum in Europa, zur Kaaba in Mekka, zu dem Feigenbaum, unter dem Buddha Erleuchtung fand, oder zum Kailash, dem heiligsten Berg Asiens, wenn nicht gar der ganzen Welt? Einen Schritt zu tun auf dem inneren Weg, Inspiration, Reinigung, Erneuerung zu finden, um dem Eigentlichen näherzukommen, dem tiefsten Geheimnis des Daseins.

Die Kälte zwingt rasch zum Rückzug ins Zelt, und doch bleibt das wirklich-unwirkliche Bild des mondhellen Kailash in mir, treibt mit hinüber in unruhigen Höhenschlaf, festigt das Gefühl, endlich angekommen zu sein am Ziel dieser Reise, an einem Ziel, das doch nur Etappe ist auf einem viel längeren Weg.

Throne der Götter

Menschen vieler Kulturen und Religionen überall auf der Welt blikken zu heiligen Bergen auf, sehen sie als Wohnsitz der Götter oder als kosmische Achse, die Himmel und Erde verbindet. Seit den Uranfängen religiösen Denkens bis zum heutigen Tag sind unzählige spirituelle und mythologische Bedeutungen mit Bergen verknüpft. Nicht immer nur lichte und erhabene – auch Dämonen, Hexen und böse Geister werden auf den Höhen vermutet, und manche Berge gelten als Aufenthaltsort der Toten oder als Tor zur Unterwelt. Kein Wunder, ist doch die Bergwelt eine abweisende, lebensfeindliche Zone, in der tödliche Gefahren drohen. Berge sind aber auch Symbol für Ruhe, Beständigkeit, Ewigkeit, Festigkeit, und ihre in den Himmel wachsenden Gipfel stehen für die Erleuchtung, für das erwachte Bewußtsein. Daher waren Berge immer verbunden mit dem menschlichen Streben nach Vollkommenheit, nach Erfahrungen, welche die Grenzen gewöhnlichen Lebens tranzendieren und die Menschenwelt mit der Sphäre der Götter verbinden. Nicht nur die Eremiten und Yogis der spirituellen Pfade des Ostens zogen und ziehen sich zur Meditation in die Einsamkeit der Berge zurück, auch Moses, Jesus und Mohammed, die Stifter der großen monotheistischen Religionen, hatten tiefgreifende Erfahrungen und Visionen in der allem Weltlichen entrückten Verlassenheit der Berge.

Selbst dem sportlichen Ehrgeiz moderner Alpinisten, einen Berg einfach deswegen zu besteigen, »weil er da ist«, wohnt ein Hauch jener Sehnsucht und jenes Respektes inne, der die Menschen Berge als heilig verehren ließ. Es war George Mallory, der diese saloppe Begründung für das Bergsteigen von sich gab, jener Engländer, der im Jahr 1924 sein Leben am Mount Everest ließ und dessen marmorweiße Leiche 75 Jahre später fast unbeschadet vom ewigen Eis freigegeben wurde. Vermutlich wird man nie mit Bestimmtheit sagen können, ob nicht doch er es war, der als erster Mensch seinen Fuß auf den höchsten Punkt der Welt gesetzt hatte.

Die Anstrengungen von Bergsteigern, Gipfel zu »bezwingen« oder zu »erobern«, bringen nicht selten Grenzerfahrungen mit sich, aufwühlende

Erlebnisse im Kampf mit sich selbst, ja sogar Visionen und Einsichten, die in spirituelle Tiefen weisen. »Haben wir einen Feind bezwungen?« fragte George Mallory, nachdem er den Mont Blanc bestiegen hatte, und gab selbst die Antwort: »Keinen außer uns selbst.« Ob Extrembergsteigen eine moderne Methode zur Selbstfindung oder zur Erlangung mystischer Erfahrungen ist, sei dahingestellt. Für Jahrtausende jedenfalls wäre Menschen vieler Kulturen schon der Gedanke, die Spitzen heiliger Berge zu erklimmen, als Frevel oder wenigstens völlig absurde Idee erschienen, die noch dazu den Zorn der Götter herausfordert. Das Erlangen spiritueller Höhen ist mit Sicherheit nicht abhängig von irdischen Gipfelerlebnissen. Das wurde schon dem Dichter Francesco Petrarca im frühen 14. Jahrhundert vor Augen geführt. Eindrucksvoll schildert er in einem Brief an den Augustinermönch Francesco Dionigi seine mühevolle Besteigung des Mont Ventoux in Südfrankreich. Am Gipfel schlug er die ›Bekenntnisse‹ des Augustinus auf, und sein Auge fiel auf eine Stelle, die ihn tief erschütterte und seine für damalige Zeiten höchst ungewöhnliche Bergsteigererfahrung relativierte: »Und es gehen die Menschen, zu bestaunen die Gipfel der Berge und die ungeheuren Fluten des Meeres und die weit dahinfließenden Ströme und den Saum des Ozeans und die Kreisbahnen der Gestirne, und haben nicht acht ihrer selbst.«

Das Wesen heiliger Berge läßt sich nicht ergründen, indem man sie besteigt, sondern indem man versucht, ihren Geist zu erfassen und sich einzufühlen in jene Menschen, die sich ihnen als Pilger und Verehrende nähern, in die Mythen und Legenden, die sich um sie ranken, und die spirituellen Bezüge, die mit ihnen verknüpft sind. Was aber macht einen Berg zu einem heiligen Berg? Der deutschstämmige buddhistische Gelehrte und Kailash-Pilger Anagarika Govinda, der Westtibet als einer der letzten Europäer vor der chinesischen Besetzung besuchte, schreibt in seiner Reisebeschreibung ›Der Weg der weißen Wolken‹ über den Kailash: »Die Macht eines solchen Berges ist so groß und zugleich so subtil, daß Menschen von nah und fern, ohne äußeren Zwang der Notwendigkeit, sich von ihm angezogen fühlen wie von einem unsichtbaren Magneten und unsagbare Mühen und Entbehrungen auf sich nehmen in dem unerklärlichen Drang, sich dem Zentrum dieser heilverprechenden Macht zu nähern und ihr Verehrung darzubringen. Niemand hat einem solchen Berg den Titel der Heiligkeit verliehen, und dennoch anerkennt ihn jeder. Der Titel bedarf keiner Rechtfertigung, denn kein Mensch bezweifelt ihn; niemand braucht seinen Kult zu organisieren, denn der Mensch ist von der bloßen Gegenwart eines solchen Berges überwältigt und kann seinen Gefühlen auf keine andere Weise Ausdruck verschaffen als durch die Bezeugung seiner tiefen Ehrfurcht.«

Geht man auf eine imaginäre Reise um den Globus, findet man heilige Berge auf allen Kontinenten. Manche sind mehreren Religionen und Millionen von Menschen heilig, andere haben nur begrenzte lokale Bedeutung. Manche sind unzugängliche Riesen aus Fels und ewigem Eis, andere kaum mehr als Hügel, die Schreine, Tempel, Klöster und Einsiedeleien beherbergen.

In Europa denken wir vor allem an den Olymp, den Hauptsitz des Zeus und der olympischen Götter, sowie an den Parnaß, der sich über dem Heiligtum von Delphi erhebt und der dem Apollon und den Musen heilig war. Zeus wurde auch auf vielen anderen Bergen verehrt, so auf dem Ida auf Kreta und auf dem Berg Athos in Nordgriechenland. Dort zeigt sich, daß heilige Berge auch ihre »Besitzer« wechseln können, daß Götter, die jahrhundertelang auf ihren Gipfeln angebetet wurden, in die Vergessenheit schwinden und neue an ihre Stelle treten, ohne daß die »Heiligkeit« des Berges sich verliert. Gegenwärtige Schutzheilige des Berges Athos, auf dem sich heute christlich-orthodoxe Klöster und Einsiedeleien erheben, wurde die Jungfrau Maria, die eifersüchtig darüber wachen läßt, daß kein anderes weibliches Wesen den ihr geweihten Bereich betritt.

Nicht selten »teilen« sich mehrere Religionen einen heiligen Berg. Sinai, der Berg, auf dem Moses von Gott die Thora empfing, ist Juden und Christen gleichermaßen heilig, ebenso die Hügel Jerusalems, allen voran der Tempelberg, der von den Juden mit der Stadt König Davids und dem Tempel des Salomon in Verbindung gebracht wird. Für die Muslime ist dieser Berg, auf dem der Felsendom steht, der heiligste Ort neben Mekka und Medina. Der Fels, der im Zentrum des kostbar ausgestatteten Kuppelraumes dieses neben der Kaaba ältesten islamischen Bauwerks zu sehen ist, soll Teil des Berges Moriah sein, auf dem Abraham seinen Sohn Isaak opfern wollte und von dem aus Mohammed seine nächtliche Reise auf dem geflügelten Reittier al-Buraq durch die sieben Himmel bis zum Thron Gottes antrat.

Überhaupt spielten in den Kulturen des Nahen Ostens Berge seit frühesten Zeiten eine wichtige Rolle im kulturellen und religiösen Leben. Auf dem Berg Ararat im äußersten Osten der Türkei landete die Arche Noah und soll noch heute im ewigen Eis in der Nähe des Gipfels eingeschlossen sein. Die Zikkurate in den Ebenen Mesopotamiens sind künstliche Berge, die Namen trugen wie »Assur – Haus, der Berg des Universums« oder »Larsa – Haus, Verbindung von Himmel und Erde«. Hara Berezaiti oder Elburz gilt in der persischen Religion des Zoroaster als »erster Berg«, als Weltenberg, dessen Modell Ähnlichkeiten aufweist mit dem von Hindus, Jainas und Buddhisten und der dem Urhügel gleicht, der sich gemäß der altägyptischen Religion aus dem Nicht-Sein der Urmaterie erhob, um Göttern und Menschen ersten Lebensraum zu bieten. Das Elburzgebirge nördlich von Teheran mit seinem höchsten Gipfel, dem Demavend, ist die irdische Entsprechung dieses Weltenberges und zugleich Stätte weiterer Mythen und spiritueller Bezüge. So offenbarte sich dort Ahura Mazda dem Zoroaster durch den Engel Vohu Manah. Auch Mohammed erhielt seine Berufung zum Gesandten Allahs in der Bergeinsamkeit durch einen Himmelsboten: Der Erzengel Gabriel erschien ihm in einer Höhle am Berg Hira, um die Suren des Koran zu offenbaren. Die Mekkapilger besteigen noch immer den »Berg der Gnade«, auf dem der Prophet kurz vor seinem Tode den letzten Vers des Koran empfing.

Im Norden Europas verflechten sich keltische und christliche Mythen in den Sagen um die Insel Avalon, das Land ewigen Frühlings, in das König Artus nach seinem Tod übersetzte. Der Hügel Glastonbury Tor soll Teil dieser mythischen Insel gewesen sein und wurde zu einer der ersten christlichen Kultstätten Englands und in neuerer Zeit zu einem Pilgerort der New-Age-Bewegung. König Artus liegt hier begraben, und Joseph von Arimathea brachte das Blut Christi in der Schale des heiligen Grals von Jerusalem hierher.

In Afrika erheben sich der Kilimandscharo, der Ol Doinyo Lengai – »der Berg Gottes« – und der Mount Kenia – »Berg der Helle« –, die den dort lebenden Stämmen heilig sind und als Sitz ihrer höchsten Götter gelten. Die »Berge des Mondes« – das Ruwenzori-Massiv zwischen Uganda und Zaire – haben seit der Antike auch die Phantasie europäischer Schriftsteller beflügelt.

Mount McKinley in Alaska, Mount Rainier und Mount Shasta sind berühmte heilige Berge der Neuen Welt, ebenso die San Francisco Peaks in Arizona, die eine bedeutende Rolle im religiösen Leben der Navajo- und Hopi-Indianer spielen. Auch die Azteken in Mexiko verehrten eine Reihe heiliger Berge, von denen Popocatepetl und Iztaccihuatl die wichtigsten waren. Und die berühmte Inkastadt Machu Picchu in den Anden wird bewacht von vier heiligen Bergen.

Die Inseln Polynesiens, wie Perlen verstreut im unendlichen Blau des pazifischen Ozeans, tragen heilige Berge, etwa die Vulkane Hawaiis, beherrscht von der Feuergöttin Pele, deren Zornesausbrüche glühende Lava und Asche hervorschleudern. Aus dem Uluru, dem Ayers Rock im Herzen Australiens, lesen die Aborigines die steingewordenen Erinnerungen an ihre menschlichen und tierischen Ahnen der uranfänglichen Traumzeit.

Unzählig sind die heiligen Berge Asiens. Allein Japan hat über 350 bedeutende und eine Unzahl von geringerer, nur lokaler Geltung. Weltruhm erlangte der Fuji, dessen erhabene Schönheit Generationen von Künstlern und Dichtern zu unsterblichen Meisterwerken inspirierte.

Seit Himmel und Erde
sich voneinander schieden,
steht, ein Gottesmal,
in erhabener Größe
über Suruga
hoch der Gipfel des Fuji.

Diese Verse schrieb Yamabe Akahito, Hofdichter im frühen 8. Jahrhundert, über den heiligen Vulkan, der für den Geist der gesamten japanischen Nation steht.

Die Taoisten Chinas verehren fünf bedeutende heilige Berge in den fünf Himmelsrichtungen (in Asien gilt auch das Zentrum als Himmelsrichtung), von denen der T'ai Shan, der Berg im Osten, seit Urzeiten als heiligster gilt. Von hier aus begibt sich die Sonne jeden Morgen auf ihren Weg über den Himmel, und hierher kehren die Seelen der Verstorbenen zurück. Eine von Inschriften gesäumte Treppe mit siebentausend Stufen führt von seinem Fuß, wo jahrhundertelang die Kaiser dem Berg huldigten, durch drei himmlische Tore hinauf zum »Südlichen Tor des Himmels« und weiter zu zahllosen Tempeln und Schreinen.

Oh göttliches Gebirge,
Gipfel, der du das Land beherrschst
und in dir die Lebenswurzeln birgst
und wie eine himmlische Gottheit das Volk ernährst,
deine Verdienste sind vielseitig und groß.

So wurde gebetet, wenn eine Festgesandtschaft zum Berge T'ai Shan geschickt wurde. Die Buddhisten Chinas haben ihre eigenen vier heiligen
Berge, die verschiedenen Bodhisattvas zugeordnet sind.

Den Buddhisten heilig ist auch der Adams Peak, der aus den Dschungeln Sri Lankas aufragt. Eine Vertiefung im Fels, die an einen großen Fuß
erinnert, gilt ihnen als Fußabdruck Buddhas. Doch auch die Pilger dreier
anderer Religionen erweisen diesem Berg ihren Respekt und besteigen
ihn in friedlicher Eintracht. Für die Muslime ist es der Fuß Adams, der
im Fels zu sehen ist, für die Hindus der Fuß Shivas und für die Christen
der Fuß des Heiligen Thomas, der die Lehre Jesu in Indien und Ceylon
gepredigt haben soll.

Auf der Insel Bali, die trotz Massentourismus im gebirgigen Innen-
land ihre einzigartige magische Spiritualität bewahrt hat, gilt das Meer
als Ort der Dämonen und Monster, die Berge hingegen als Sitz des
Guten. Noch immer können viele Balinesen nicht verstehen, warum die
Touristen in ihren Resorthotels gerade die so gefährliche Nähe des Meeres suchen. Der Vulkan Gunung Agung ist der heilige Berg Balis und Sitz
des »Muttertempels« Besakhi. Der Gunung Agung ist, wie auch andere
Berge Asiens, verknüpft mit der Vorstellung einer kosmischen Achse,
dem Weltenberg Meru.

Die spirituelle Sehnsucht Indiens kreist seit Jahrtausenden um den
Himalaya, wo die heiligen Flüsse entspringen, die den Subkontinent
durchziehen, doch erheben sich auch in den heißen Ebenen südlich der
Schneegipfel des Daches der Welt heilige Berge. Den Jainas beispielsweise gilt der Mount Abu im Norden Indiens, berühmt für seine kostbaren
Tempel, und der Shravana Belagola in Südindien als heilig. Der Aruna-
chala wurde zu einem Anziehungspunkt für spirituelle Sucher aus aller
Welt, als Ramana Maharshi, einer der bedeutendsten indischen Heiligen
des 20. Jahrhunderts und hoch verehrter Meister des Advaita-Vedanta,
sich dort niederließ, um zu meditieren und zu lehren. Andere heilige
Erhebungen Indiens tragen Tempel, deren Form dem heiligsten aller Ber-

ge nachempfunden ist – dem Kailash. Shiva wird in diesen Hindutempeln als Kailasantatha – »Herr des Kailash« – verehrt. Der Kailasantha im westindischen Ellora, ein als Ganzes aus dunklem Vulkangestein gehauener Kailash-Tempel aus dem 8. Jahrhundert, ist Vorbild für diese dem Shiva geweihten heiligen Orte.

So gelangen wir am Ende dieser raschen Reise um die Welt zum Himalaya, dessen Schneegipfel den indischen Subkontinent von den Hochebenen Tibets scheiden, jenem für Jahrhunderte völlig abgeschlossenen Land, in dessen äußerstem Westen sich der Kailash erhebt, der sagenumwobene heilige Berg, zu dem unter großen Strapazen Pilger aus vier Religionen reisen, um ihn einmal in ihrem Erdenleben mit eigenen Augen zu sehen und die geistigen Verdienste zu erwerben, die seine Umrundung zu gewähren vermag.

Doch wo heute die höchsten Berge der Welt aufragen und ein buntes Gemisch von Völkern und ethnischen Gruppen mit einer Vielzahl von Sprachen, Bräuchen und Religionen wohnt, erstreckte sich vor Millionen von Jahren die unendliche Fläche des Urmeeres Tethys. So beginnt nicht etwa eine Legende über die Entstehung des Himalaya, sondern das ist die Erkenntnis moderner Geologen. Daß die Forscher recht haben, beweisen die Ammoniten und andere versteinerte Überreste urzeitlicher Meeresbewohner, die sich, oft in großen Höhen, im Gestein des Himalaya finden. »Wohnsitz des Schnees« bedeutet dieser Name, der sich aus den Sanskritworten *Hima* und *Alaya* zusammensetzt. Diese Gebirgskette, die sich über 3 000 Kilometer von den Dschungeln Burmas im Osten bis zum Karakorum an der chinesisch-pakistanischen Grenze im Westen erstreckt, ist nicht nur das höchste Gebirgssystem der Welt, sondern auch das jüngste, dessen Auffaltung noch gar nicht abgeschlossen ist. Noch immer wächst der Himalaya pro Jahr um etwa einen Zentimeter.

Entstanden ist das gewaltige Gebirgsmassiv durch das Aufprallen des indischen Subkontinents auf den Südrand Eurasiens. Indien gehörte zum Urkontinent Gondwanaland und war durch besagtes Urmeer Tethys vom eurasischen Kontinent getrennt. In den letzten 70 Millionen Jahren driftete Indien etwa 5 000 Kilometer nach Norden und schob dieses Meer zusammen. Solch enorme tektonische Bewegung ließ die Berge von Himalaya und Karakorum entstehen und hob auch das tibetische Plateau des Transhimalaya. Die über 8 000 Meter hohen Gipfel im Hauptkamm des Himalaya falteten sich in weniger als zwei Millionen Jahren von etwa tausend Metern zur heutigen Höhe auf. Die Kailash-Kette hingegen, der zentrale Teil des Transhimalaya, entstand schon lange zuvor. Geologen schätzen ihr Alter auf ungefähr 30 Millionen Jahre. Zu dieser Zeit waren noch Reste des Urmeeres Tethys vorhanden und der Himalaya war noch gar nicht sichtbar. Lange bevor die Geologen solche Einsicht in die Geheimnisse des Planeten Erde gewannen, berichteten Schöpfungsmythen der Tibeter, daß sich ihr Land des Schnees einst aus dem Wasser erhoben hat.

Der Himalaya ist das einzige Gebirge, das als Ganzes für heilig gilt und zudem noch zahllose einzelne heilige Berge beheimatet. »Auch in Hunderten von Zeitaltern der Götter könnte ich dir nicht genug über Ruhm und Glanz des Himalaya erzählen«, heißt es in den Puranas, jenen »alten Erzählwerken« Indiens, die über das Wirken der Götter berichten. Die Hindus betrachten den gesamten Himalaya als Gottheit Himavat, der mit seiner Gemahlin, der Göttin Menaka, hoch auf den Schneegipfeln in seinem Palast lebt, bewacht und umgeben von himmlischen Wesen. Himavat ist Symbol für die höchsten Höhen des Seins, für die göttlichen Kräfte in ihrer erhabensten Manifestation. Seine Tochter Ganga ist die Göttin des Ganges, des heiligsten Flusses Indiens. Lange waren auch westliche Forscher davon überzeugt, daß der Ganges in der Nähe des Kailash entspringt. Diese Annahme geht auf die Glaubenswelt der Hindus zurück. Auf dem Gipfel des heiligen Berges stürzt die geistige Form des Ganges in Kaskaden vom Himmel herab, fließt durch die Locken von Shiva auf die Erde, bevor seine Wasser schließlich 140 Meilen weiter westlich aus einem Gletscher im Himalaya in die sichtbare Welt treten. Das Quellgebiet des Ganges liegt zwar nicht allzuweit von der Kailash-Region entfernt, jedoch auf der südlichen Seite des Himalaya. Die Herabkunft der Göttin Ganga wird im Ramayana besungen – die Gebete eines Heiligen zwangen Ganga, Tochter des Himavat, gegen ihren Willen, den Himmel zu verlassen. Zornig wollte sie sich mit vernichtender Macht auf die Erde niederstürzen, doch Shiva, auf dem Gipfel des Kailash meditierend, fing die tosenden Wasser mit seinen Augenbrauen ab und ließ sie durch seine Locken fließen. Der heilige Fluß der Hindus, an dessen Ufern berühmte Pilgerstätten liegen, dessen Wasser beim rituellen Bad Körper und Geist reinigt und das die Sterbenden als letzten Trunk verlangen, fließt 2 700 Kilometer weit durch Nordindien.

Himavats andere Tochter ist Parvati oder Uma Haimavati, die Gattin Shivas, die mit ihrem Gemahl auf dem Kailash wohnt, aber auch noch andere Himalayagipfel als Wohnsitz ihrer verschiedenen Erscheinungsformen auserkoren hat.

Immer standen die Himalayagipfel auch für geistige Höhen:

Aus den Tiefen der Erde erhebst Du Dich, oh Himalaya.
Die Erhabenheit Deiner Gipfel gleicht der Deines Geistes.

So pries Kalidasa, Indiens »Mahakavi« (großer Dichter), im 5. Jahrhundert n. u. Z. den Wohnsitz des Schnees und nannte den Himalaya »eine Verkörperung des Göttlichen, würdig der Anbetung«.

Und wirklich ragen zahllose heilige Berge aus dem Meer der Himalayaspitzen hervor, einige weltbekannt, andere nur verehrt von den Volksstämmen, die zu ihren Füßen siedeln. Auch der höchste Berg der Erde, der Mount Everest, über den die Grenze zwischen Tibet und Nepal verläuft, genießt Verehrung bei den Tibetern auf seiner Nordseite und dem tibetischen Stamm der Sherpa, der im nepalischen Khumbu, den Tälern südlich des Everest lebt. Die europäischen Forscher brauchten lange, um den Everest als höchste Erhebung der Welt zu identifizieren. Bis 1852 war er nur der namenlose Gipfel XV in einem gigantischen Panorama von Riesen aus Fels und Eis, verborgen hinter anderen, weit höher scheinenden Vorbergen. Tibeter und Sherpas nennen diese schwarze Gipfelpyramide Chomolungma, was soviel bedeutet wie »Herrin des Windes«, und verehren sie als Wohnsitz der Schutzgöttin Miyolangsangma. Diese Göttin hat vier Schwestern, die auf anderen Himalayagipfeln thronen. Tashi Tseringma beispielsweise, die wichtigste der fünf Göttinnen, wohnt auf Bhutans heiligem Berg Jomolhari. Die Sherpas, berühmt geworden durch ihre bergsteigerischen Leistungen, verehren neben dem Everest, den viele von ihnen als aufopferungsvolle Helfer und Führer westlicher Alpinisten bestiegen haben – und an dem viele von ihnen ihr Leben ließen –, auch den Khumbila und den Ama Dablam als heilig.

Parvati, Tochter des Himavat, wohnt nicht nur gemeinsam mit ihrem Gatten Shiva auf dem Kailash, sondern in jeweils anderer Erscheinungsform auch auf dem Annapurna in Nepal und dem Nanda Devi in Indien, auf letzterem als »Göttin der Glückseligkeit«. Der Machupuchare, ein weiterer eindrucksvoller Gipfel in der Annapurna-Kette, gilt Hindus und

Buddhisten als Sitz verschiedener Götter und des Amithaba, des transzendenten Buddha grenzenlosen Lichts. Der Kanchenchunga in Sikkim, dritthöchster Berg der Welt, dessen Name auf tibetisch »Fünf Schätze des Großen Schnees« bedeutet, ist den Tibetern ebenso heilig wie den Lepchas, den Ureinwohnern Sikkims, die ihre Herkunft auf ein himmlisches Paar zurückführen, das aus dem Eis des Konglo Chu – so ihre Bezeichnung für den Kanchenchunga – geformt wurde. Die Tibeter hingegen wähnen Kubera, den Gott des Wohlstandes, auf seinem Gipfel, den gleichen Kubera, der manchen Pilgern auch als Hüter der Schätze des Kailash gilt.

Viele Legenden ranken sich um diese Berge, Mythen, die aus den verschiedenen im Himalaya heimischen Religionen und Kulten wuchsen. Schreine und Klöster wurden zu Füßen dieser Schneegipfel gebaut, Feste zu ihren Ehren gefeiert und Opfer für ihre göttlichen Beschützer und Bewohner dargebracht. Ungezählten Generationen von Yogis, Mönchen und Einsiedlern dienten die verschwiegenen Höhen als idealer Ort für Zurückgezogenheit und religiöse Praxis, denn, so die Puranas: »Wie die Sonne den Morgentau trocknet, so werden die Sünden der Menschen vergehen beim Anblick des Himalaya.« Und doch sind Indiens Tempel nicht den erhabenen Achttausendern nachgebildet, zwischen denen Yudhishthira, einer der Helden des Mahabharata, seine letzten spirituellen Prüfungen bestand, bevor er direkt von diesen Bergen in den Himmel aufstieg, sondern jenem Kristalldom, der sich weit hinter dem Zentralkamm des Himalaya erhebt, dem Kailash, dem Schneejuwel, dem Nabel der Welt.

Der Kailash ist nicht der einzige heilige Berg Tibets, doch auch in Kangchen – »Schneeland« –, wie die Tibeter ihre Heimat nennen, kommt ihm kein anderer gleich. In buddhistischen Klöstern überall im Himalaya finden sich Wandmalereien, die den heiligsten der Berge und die Klöster in seiner Umgebung zeigen, als Führer für die Pilger, die an den Schneegiganten des Himalaya vorbei über hohe Pässe nach Tibet wandern, um dort, weit im Westen des kargen Hochplateaus, den Kailash in tiefer Verehrung zu umrunden und an den Ufern des Manasarovar zu beten, dem spiegelgleichen See in der Ebene vor dem Kailash, den Brahma selbst aus seinem Geist erschaffen hat.

Wege zum Nabel der Welt

Es scheint eigenartig, daß gerade der Kailash, mit seiner Höhe von 6675 Metern fast ein Zwerg verglichen mit den Achttausendern des Zentralhimalaya, an spiritueller Bedeutung all diese anderen Gipfel weit überragt. Er gehört gar nicht mehr zum Hauptkamm des höchsten Gebirges der Welt, sondern erhebt sich im Zentrum des Transhimalaya, im Westen des tibetischen Hochplateaus, in einer der menschenleersten, abgelegensten Gegenden der Erde. Und doch ergreift die Schönheit und Ausstrahlung dieses Berges und seiner Umgebung jeden, der die Mühen der Reise dorthin auf sich nimmt. *Kailasa* wird er in den Sanskritschriften Indiens genannt, *Kang Tise* hießen ihn die frühen Tibeter, *Kang Rinpoche* – Schneejuwel – die Buddhisten.

Niemand vermag zu sagen, wie der Kailash entdeckt wurde, wie sein Name, sein Nimbus sich verbreiteten, wann Pilgerfahrten zu ihm begannen. Wie ein Archetyp ist dieser Berg ins tiefste Bewußtsein Asiens eingesenkt, so daß er vielleicht schon geheiligter Ort versunkener, vergessener Kulturen anderer Zeitalter war, lange bevor die Religionen Indiens ihn zu verehren begannen. Sein Mythos lebte in mündlich überlieferten Legenden, die schließlich in die großen Hindu-Dichtungen Ramayana und Mahabharata einflossen. Schon im Ramayana, dem ältesten Versepos der Sanskrit-Literatur, niedergeschrieben im 4. Jahrhundert v. u. Z., wird der vergöttlichte Himalaya wegen seiner beiden heiligsten Orte gepriesen: »Es gibt kein Gebirge wie Himaltschal, denn in ihm sind Kailasa und Manasarovar.« Vielleicht waren es fromme Hindus, die auf den Spuren ihrer Helden und Götter und auf der Suche nach dem mythischen Fluß Sarasvati den vom Himalaya herabströmenden Gewässern zur Quelle folgten und auf die Hochebenen Tibets zum Bezirk von Kailash und Manasarovar gelangten, wo schon die sieben Rishis, Brahmas Söhne, meditiert hatten. Dort sahen sie, daß auch die Tibeter diesen Berg als Mittelpunkt ihres Königreiches Zhang Zhung verehrten – lange bevor der Buddhismus das Dach der Welt erreichte. Die frühen Pilger hinterließen keine Aufzeichnungen über ihre Reisen, ihre Routen, ihre Erlebnisse. Sie nahmen den entbehrungsreichen Weg zum Ende und zugleich zum Mittelpunkt der Welt nicht auf sich, um Ruhm zu ernten, um wissenschaftliche Entdeckungen zu machen, Schätze zu sammeln oder Abenteuer zu bestehen, sondern einzig um spirituelle Verdienste zu erwerben und dem Reich der Götter, aber auch dem innersten Bezirk ihres eigenen Herzens ein Stück näher zu kommen.

Erst Anfang des 18. Jahrhunderts fand der Kailash Erwähnung in einer westlichen Chronik und erst seit Mitte des 19. Jahrhunderts bereiste eine Handvoll europäischer Abenteurer, Forscher und Pilger die Kailash-Region gezielt auf verschiedenen Routen und begann durch ihre Berichte die Menschen im Westen für den erhabenen Eisdom zu interessieren. Doch als die chinesischen Eroberer nach der Flucht des Dalai Lama im Jahre 1959 ihr Zerstörungswerk auch in Westtibet begannen, wurden die Grenzen geschlossen, und die Pilgerfahrten zum Kailash aus Indien, Nepal und den verschiedenen tibetischen Provinzen kamen zu einem jähen Ende. Den Tibetern war jede Form der Religionsausübung und selbst das Reisen im eigenen Land untersagt und somit auch das Umrunden ihres heiligsten Berges. Die Klöster um den Kailash wurden zerstört, die Manimauern umgestoßen, die Kultstätten zerschlagen. Einige Tibeter wagten sich in dieser Zeit des Terrors trotz strikten Verbotes heimlich zum Kailash und gingen den Pilgerweg bei Nacht. Nachdem Jahre später zumindest die Volksreligiosität in Tibet wieder zugelassen und Wallfahrten zum Kang Rinpoche geduldet wurden, durften 1981 auch die ersten, von der Regierung handverlesenen Hindu-Pilger aus Indien zum Kailash reisen. 1984 schließlich wurde Tibet für westliche Reisende geöffnet, und es begann die Epoche in der Geschichte des Kailash, in der nicht nur gläubige Pilger – und vereinzelte Forscher und Abenteurer – den heiligen Berg umrundeten, sondern auch Globetrotter, Bergsportler und Pauschaltouristen.

Eine Reihe von Wegen führt durch den Himalaya auf das Hochplateau Westtibets. Einer der wichtigsten ist die alte Handelsroute von Kaschmir über Ladakh entlang dem Indus, einem der vier Flüsse, die im Gebiet des Kailash entspringen. Auch die drei anderen dieser Wasserläufe führen Reisende zum heiligen Berg – der Sutlej, der nach Indien fließt, der Karnali, der sich seinen Weg durch das westliche Nepal bahnt, um in den Ganges, Indiens heiligsten Strom zu münden, und der Tsangpo, die Lebensader Südtibets, die nach dem Durchbrechen der Himalayakette weit im Osten als Brahmaputra durch die Ebenen Assams und Bangladeschs mäandert. Frühere Reisende und Pilger versuchten eine Reihe weiterer Wege und Pässe, heute aber sind die Routen zum Kailash auf einige wenige eingeschränkt. Politische Instabilitäten machen weite Teile des Himalaya zu militärischen Sperrbezirken oder zu umstrittenem, gar umkämpftem Grenzland. Viele uralte Handels- und Pilgerrouten sind unterbrochen, und manche Pässe dienen nur mehr Flüchtlingen aus Tibet als letzte Hoffnung, unter Einsatz von Leib und Leben der chinesischen Zwangsherrschaft zu entkommen.

Zu keiner Zeit war es einfach, das höchste Gebirge der Erde zu durchqueren, vor allem nicht für Reisende aus dem Westen, die sich nicht selten nur in abenteuerlicher Verkleidung in die verbotenen Regionen wagen durften. Die Handels- und Pilgerwege in diesen unzugänglichen Gebirgen waren bloß Saumpfade in unbewohnter Wildnis, oft gefährdet durch Räuber und wilde Tiere. Noch im Jahr 1958 waren der indische Staatspräsident Nehru und seine Tochter Indira Ghandi sieben Tage lang auf den Rücken von Yaks und Pferden von der indischen Grenze zur Klosterburg von Thimphu unterwegs, wo der König von Druk Yul, dem Drachenreich Bhutan, seine Staatsgäste erwartete. Die erste Straße wurde in Bhutan erst Anfang der sechziger Jahre gebaut, und bei der Gelegenheit führte man in dem kleinen Land im Osthimalaya auch das Rad ein, das bis dahin nur als religiöses Symbol ohne jeden praktischen Wert gegolten hatte. Das erste Automobil überquerte aber schon Ende der zwanziger Jahre den Himalaya von Indien nach Tibet – in seine Einzelteile zerlegt auf dem Rücken vieler Yaks, zusammen mit einigen Fässern Benzin. Der 13. Dalai Lama hatte diese Errungenschaft neuester westlicher Technik nach Lhasa kommen lassen, zur größten Verwunderung seiner Landsleute, die das eiserne Pferd nicht genug anstaunen konnten. Und als vor wenigen Jahrzehnten auf einer Militärpiste in Ladakh gar das erste kleine Flugzeug landete, schleppten die tief beeindruckten Bauern Heuballen heran, um den Eisenvogel zu füttern.

Im beginnenden 21. Jahrhundert sind auch die Bewohner abgelegener Himalayatäler oder die Nomaden der Hochebenen Tibets Motorfahrzeuge gewohnt, doch was in modernen Landkarten als Hauptstraße eingezeichnet ist, entpuppt sich oft als schlaglochreiche Schotterpiste über himmelhohe Pässe oder schmales, ungesichertes Teerband am Rande schwindelerregender Abgründe. Und selbst »ausgebaute« Straßen wie etwa der »Friendship Highway«, auf dem man von Kathmandu zur tibetischen Grenze und von dort weiter nach Lhasa fahren kann, sind den jährlichen Monsunstürmen und Erdrutschen ausgesetzt und oft unpassierbar. Viele Gegenden in Tibet und den Himalayaländern aber erreicht man auch heute nur auf tage- oder wochenlangen Fußwanderungen. Reisen im Himalaya ist aller neuzeitlichen Technik zum Trotz eine zeitraubende, strapaziöse Angelegenheit geblieben.

Der moderne Reisende aus dem Westen hat wenig Auswahl, wenn es um eine Route zum Kailash geht. Der direkte und kürzeste Weg von Indien, den einige der frühen Forscher und Abenteurer wählten, ist heute ausschließlich den Hindu-Pilgern aus Indien vorbehalten. Im August 1981 erlaubte die chinesische Regierung etwa 60 indischen Pilgern in drei Gruppen die Reise zum Kailash, dem Thron des Shiva, und zum Manosarovar, dem heiligsten aller Seen. Sie waren vom indischen Außenministerium aus Tausenden von Antragstellern ausgelost worden und durften nun den alten Pilgerweg zum ersten Mal seit vielen Jahren wieder begehen. Ein Abkommen zwischen China und Indien gestattet es seither wenigen hundert Gläubigen pro Jahr, auf einer genau vorgeschriebenen Route nach Tibet zu pilgern. Ihr Weg beginnt im indischen Almora an den Südhängen des Himalaya. Wenn die Straßen aufhören, sind die Pilger mehrere Tage zu Fuß oder auf Reittieren entlang der nepalischen Grenze unterwegs, bis sie den über 5 000 Meter hohen Lipu Lekh La überwinden und an der tibetischen Grenze von chinesischen Reisebegleitern erwartet werden. Sie reiten oder laufen den steilen Weg vom Paß hinab, werden mit geländegängigen Lastwagen weitertransportiert bis zu einer Straße, die auch Busse befahren können, und legen damit das letzte Wegstück nach Purang zurück, einer alten Handelsansiedlung an den Ufern des Karnali, nur 19 Kilometer von der indischen Grenze entfernt. Von dort geht es weiter über den Gurla La zum Manasarovar und nach Darchen, den Ausgangspunkt für die Umrundung des Kailash. Transport, Zeltunterkunft und Versorgung der indischen Pilger wird von den Chinesen kontrolliert, die sich ihre Genehmigungen und Dienstleistungen teuer bezahlen lassen. Daher sind es vor allem Inder aus der begüterten Schicht, die zum Kailash gelangen. Doch immer wieder gelingt es auch Sadhus, indischen Wanderasketen, auf geheimen Wegen über die nicht kontrollierbaren Grenzen zum Wohnsitz des Shiva vorzudringen. Für westliche Kailash-Reisende ist die Route über den Lipu Lekh La tabu, ebenso jene über den Mangshang La, den einige frühe Forscher benutzten.

Purang ist auch Ziel der mehrtägigen Wanderung von Simikot, einer kleinen Ortschaft mit Flugpiste im westlichen Nepal. Diese Route ist der traditionelle Weg der nepalischen Kailash-Pilger und der nepalischen Kaufleute, die in Purang mit den Nomaden Westtibets Handel treiben. Kurz nach der nepalischen Grenze, etwa 15 Kilometer vor Purang, stoßen die Pilger auf das erste tibetische Kloster – Korja, dem Orden der Sakyapa zugehörig – umgeben von einem malerischen Dorf mit den typischen, von Mauern umfriedeten Bauernhäusern. Erst vor wenigen Jahren wurde dieser Weg zum Kailash für Trekker freigegeben, die nach ihrem Flug von Kathmandu dem Tal des Karnali folgen, den Nara-La überqueren und schließlich Purang erreichen. Etwa fünf Tage dauert die Wanderung von Simikot bis Purang, die mittlerweile auch bei Spezialveranstaltern in Europa als Pauschalreise gebucht werden kann. Wegen der Bedrohung durch maoistische Terrorgruppen, die vor allem im Westen Nepals agieren und dort bereits ausgedehnte Gebiete unter ihre Kontrolle gebracht haben, ist eine Öffnung dieses Kailash-Weges auf Dauer nicht gewährleistet. Schon jetzt pressen Maoisten gelegentlich westlichen Reisenden Wegezoll in harter Währung ab, und der Einflußbereich der Rebellen nimmt auch an anderen Trekkingrouten sowie rund um die Hauptstadt Kathmandu in besorgniserregendem Ausmaß zu.

Purang oder, wie sein nepalischer Name lautet, Taklakot, ist nicht nur die erste größere tibetische Ansiedlung, auf welche die Kailash-Pilger aus Indien und Nepal nach ihren Fußmärschen durch Flußtäler und über hohe Pässe stoßen, sondern auch ein Handelszentrum, zu dem die Nomaden des Changtang ihre Yaks, Schafe und Ziegen treiben. Oft tragen die Schafe auch Pakete mit dem begehrten Salz, das die Nomaden an den Salzseen des nördlichen Changtang gewinnen und in Purang zum Tausch anbieten. Heute ist im Zuge eines »kleinen Grenzverkehrs« ausschließlich nepalischen Händlern die Einreise nach Tibet gestattet, und auch der Handel mit dem »weißen Gold« ist zurückgegangen, doch nach wie vor blühen, vor allem in den Sommermonaten, die Geschäfte in Tanga, dem Nepalimarkt außerhalb von Purang mit seinen dachlosen, nur von Zeltplanen überspannten Steinhäusern. Die Tibeter bringen Wolle, Borax, Tee und chinesische Waren und bekommen von den Nepali Reis, Zucker, Kleidung und Hausrat. So lebt eine jahrhundertealte Tradition, die durch die Invasion der Chinesen jäh unterbrochen wurde, allmählich wieder auf. In Purang treffen auch die beiden grundlegenden landwirtschaftlichen Kulturformen Tibets aufeinander: Seßhafte Bauern bewirtschaften die kargen steinigen Äcker des Tales, hinter denen Hügel aus Sand und Geröll und die vielzackigen Schneegipfel des Zentralhimalaya aufragen. Die Nomaden, die ihre Herden nach Purang treiben, genießen das leichtere Atmen in Höhen von unter 4000 Metern und erfreuen sich am Anblick von Bäumen und großen Büschen – Pflanzen, die man auf den Hochebenen von Changtang und Transhimalaya vergeblich sucht.

Eine traditionelle Handelsroute ist auch der Weg von Kashgar (Kashi). Dieser Knotenpunkt der Seidenstraße liegt am westlichen Rand der Wüste Taklamakan im heute chinesisch besetzten Sinkiang (Ost-Turkestan), dessen muslimische Bevölkerung ähnlich den Tibetern einen blutigen Kampf für Freiheit und Unabhängigkeit ihres Landes führt. In Kashgar trafen sich die beiden Verzweigungen der Seidenstraße, welche die Taklamakan im Norden und Süden umgingen, eine Wüste, von der Marco Polo zu berichten wußte: »Sie besteht nur aus Bergen und sandigen Flächen und Tälern, und zu essen findet man nichts.« Einst säumten bedeutende Kulturzentren diese beiden Routen der Seidenstraße – Turfan, Karashar, Kutcha, Dunhuang, Khotan, Yarkand. Nicht nur Waren aus allen Himmelsrichtungen wurden auf diesen Karawanenwegen befördert, auch religiöse und philosophische Ideen, Kunststile und Bücher in vielen Sprachen. Als die tibetischen Könige im 7. und 8. Jahrhundert auf dem Zenit ihrer Macht standen, gehörten einige dieser Oasen einschließlich Kashgar zum tibetischen Großreich, zu jener Zeit das mächtigste Reich Zentralasiens.

In Kashgar verzweigte sich die Seidenstraße erneut – manche der aus China kommenden Karawanen zogen nach Westen nach Samarkand und Buchara und weiter über Teheran und Bagdad nach Syrien, andere nach Süden über den Kunjerab-Paß nach Pakistan, in die alten buddhistischen Königreiche Uddiyana und Gandhara und dann nach Indien. Bis heute hat diese Handelsverbindung durch die Bergwelt des Karakorum ihre Bedeutung nicht verloren. Auch Muslime aus Sinkiang nutzen den »Karakorum Highway«, um nach Pakistan zu gelangen und von dort weiter mit einem Pilgerflugzeug nach Mekka. Ein dritter Weg von Kashgar führt nach Tibet. Lastwagen fahren auf dieser holprigen Piste bis Shiquanhe, der größten Ansiedlung Westtibets am Kreuzungspunkt der alten Karawanenstraße nach Ladakh und Kaschmir. Dieses trostlose Provinznest im äußersten Westen Tibets ist Ausgangspunkt für die Weiterreise zum

Kailash. 1670 Kilometer liegt der heilige Berg von Kashgar entfernt, 320 Kilometer von Shiquanhe.

Das am Indus gelegene Shiquanhe, in einer chinesischen Verballhornung der tibetischen Bezeichnung Ngari für das westliche Tibet manchmal Ali genannt, ist auch Ziel der sogenannten Nordroute zum Kailash. Sie wurde nach der Öffnung Tibets in den achtziger Jahren zum Standardweg für westliche Reisende. Sie brechen in Tibets Hauptstadt Lhasa auf oder kommen auf dem »Friendship Highway« aus Nepal, setzen bei Lhatse über den Tsangpo und beginnen dann die mehr als 1500 Kilometer lange Reise durch die Bergzüge des Transhimalaya und über die einsamen Hochebenen des Changtang.

Changtang – dieses Wort steht für eine Landschaft schier unermeßlicher Ausdehnung und von einer Kargheit, Stille und Leere, die kaum vorstellbar ist. Über den gesamten Norden und Westen Tibets erstrecken sich die ariden Hochsteppen des Changtang mit den kahlen Bergzügen des Transhimalaya. Weniger als ein Drittel dieses Hochplateaus ist von spärlichem Graswuchs bedeckt, und auf zehn Quadratkilometer kommt gerade einmal ein Einwohner. Klimatische Extreme und, aller Kargheit zum Trotz, eine reiche Tierwelt prägen dieses Land der Nomaden, das die Nordroute zum Kailash durchquert.

Ein gutes Drittel kürzer ist die Südroute entlang des Tsangpo, die ebenfalls in Lhatse beginnt, doch die bis Ende der neunziger Jahre meist nur ein oder zwei Monate im Jahr befahrbar war, abhängig vom Wasserstand des Tsangpo, der die streckenweise nur aus Fahrspuren bestehende Piste oft überflutete und in eine unpassierbare Sumpflandschaft verwandelte. Immer wieder wurden bereits erteilte Genehmigungen, diesen Weg zu nehmen, kurzfristig zurückgezogen, oder aber Fahrzeuge blieben für Tage stecken, mußten umkehren und lange Umwege in Kauf nehmen – ein Risiko, das man auf allen Routen zum Kailash einkalkulieren muß. In den letzten Jahren haben die Bemühungen der Chinesen, Tibet attraktiver für den devisenbringenden Tourismus zu machen, dazu geführt, daß selbst die unsichere Südroute verläßlicher befahrbar ist und als »zeitsparender« Weg zum Kailash angeboten wird. Auch die Fähre über den Tsangpo bei Lhatse, die nur abhängig vom Wasserstand des Flusses verkehren konnte und oft Ursache langer Wartezeiten oder Umwege war, ist seit wenigen Jahren durch eine moderne Brücke ersetzt.

Eine weitere, nur selten von westlichen Reisenden befahrene Strecke führt von Lhasa nach Norden über Nagchu zum Ort Amdo (nicht zu verwechseln mit der gleichnamigen Provinz im äußersten Nordosten Tibets), wendet sich von dort westwärts über das Changtang, wo sie bei Dongcho auf die Nordroute nach Shiquanhe stößt.

Welchen Weg man auch nimmt, um zum Nabel der Welt, zum heiligen Kailasa zu gelangen, immer ist die Reise lang und strapaziös. In alten Zeiten legten die tibetischen Pilger, die aus allen Provinzen des Schneelandes kamen, den Weg auf dem Rücken von Pferden und Yaks oder zu Fuß zurück, manche sogar auf die beschwerliche Art, die Strecke mit ihrem Körper auszumessen, sich auf den Boden zu werfen, die Arme nach vorne zu strecken, sich wieder zu erheben, um dort, wo die Fingerspitzen eine Markierung in den Sand zeichneten, die nächste Niederwerfung auszuführen. Jahrelang waren – und sind heute noch – solche Pilger unterwegs, bekleidet mit steif ledernen Schürzen, die Hände mit Holzplatten oder Blechteilen geschützt. Wenn sie nach unsäglichen Mühen und Entbehrungen zum ersten Mal den heiligen Berg erblicken und ihn schließlich auf die gleiche beschwerliche Weise umrunden, gibt es für sie keinen Zweifel mehr, daß die Sündenlast einer ganzen Lebensspanne von ihnen genommen ist.

Die meisten der tibetischen Pilger reisen heutzutage auf der Ladefläche von Lastwagen, dem einzigen »öffentlichen Verkehrsmittel« Tibets. Nur notdürftig sind sie geschützt vor der sengenden Sonne des Tages, dem allgegenwärtigen Staub, der Unbill des ständig wechselnden Wetters, der Eiseskälte der Nacht. Und doch treten sie frohgemut diese Reise an, die ihnen eine Herzenssehnsucht erfüllt. Manchmal mischen sich Globetrotter aus dem Westen unter die Tibeter und legen die Strecke zum Kailash auf dem Lastwagen zurück, freilich ohne die Möglichkeit, an landschaftlich besonders reizvollen Stellen anzuhalten oder in einem längeren Abstecher die Klöster und Tempel des ehemaligen westtibetischen Königreiches Guge zu besuchen, denn den tibetischen Fahrern geht es darum, möglichst viele Kilometer pro Tag hinter sich zu bringen. So »authentisch« es für abenteuerlustige Westler sein mag, auf »tibetische Art« zum Kailash zu reisen, so unangenehm können die Folgen für die Tibeter sein, die ausländische Passagiere mitnehmen. Ihnen ist es streng verboten, Reisende aus dem Westen zu befördern oder Anhalter aufzunehmen. Wem es nicht gelingt, die chinesische Polizei durch

Schmiergelder zu besänftigen, riskiert neben Schikanen und empfindlichen Strafen seine Lizenz und damit seinen Broterwerb als Fahrer.

Die vergleichsweise bequemste und unabhängigste Art, zum Kailash zu reisen und doch anstrengend genug, ist die Fahrt mit Jeeps und einem begleitenden Lastwagen, der Gepäck, Zelte, Nahrung und Benzin transportiert. Das extreme Klima des Changtang, die gesundheitlichen Risiken in abgelegenen Gegenden ohne jede Infrastruktur und in Höhenlagen von durchschnittlich 4500 Metern über dem Meeresspiegel sowie die Unwägbarkeiten der langen Fahrt durch die kaum besiedelten Gebirge und Hochebenen machen jede Reise zum heiligen Berg zu einem nicht zu unterschätzenden Wagnis. Schon mancher Kailash-Reisende mußte umkehren, weil die schärferen Formen der Höhenkrankheit ihn plagten oder anderes Mißgeschick ihn befiel. Selbst wenn seit Jahren organisierte Reisegruppen zum Kailash aufbrechen und neuerdings sogar Großgruppen mit über 30 Teilnehmern nach Westtibet gekarrt werden, ist der Westen Tibets noch immer ein »wilder Westen«.

Auch der Kang Rinpoche hat nichts von seiner magischen Ausstrahlung eingebüßt. Sicherlich sind unter den modernen Reisenden Menschen, die wenig über die Bedeutung dieses sakralen Bezirkes wissen und nur gelockt werden von der Aussicht, ein weiteres ungewöhnliches und prestigeträchtiges Ziel auf ihrer Liste abzuhaken, oder die diese Reise unternehmen, »weil sie überall sonst schon gewesen sind« oder »weil Tibet gerade ›in‹ ist«. Eine Reise nach Westtibet und die Umrundung des heiligen Berges mag für manche exotischer Abenteuerurlaub sein, sportliche Herausforderung oder Kontrastprogramm zum Alltag, eigentlich aber ist sie Teil der Reise zu sich selbst, äußerliche Spiegelung eines Weges in die Tiefen des eigenen Inneren. Unter diesem Vorzeichen ist es gleichgültig, welche Route man wählt, ob man sich zu Fuß, zu Pferd, mit dem Lastwagen oder dem Jeep fortbewegt. Dann nämlich befindet man sich nicht auf einer gewöhnlichen Reise, sondern auf einer Pilgerfahrt, auch wenn man keiner der vier Religionen angehört, denen der Kailash heilig ist. Dann gehört man zu jener überkonfessionellen Gemeinschaft, von der Anagarika Govinda, der als letzter westlicher Pilger vor der chinesischen Invasion den Kailash besuchte, sagt: »Es gibt viele Ordensgemeinschaften in dieser Welt: Orden mit Regeln und Gesetzen, mit Dogmen und Ritualen, Gelübden und Weihen. Aber die Bruderschaft derer, die die Pilgerschaft zum Kailash (und damit zum inneren Zentrum) unternommen haben, die die Prüfung bestanden haben, die ihnen durch Entbehrungen und Gefahren auferlegt wurde, haben eine Weihe höchster Ordnung empfangen. Das unsichtbare Band, das die so Geweihten verbindet, bedarf keiner Gelübde, keiner Dogmen und keiner Rituale. Es besteht in dem allen gemeinsamen Erlebnis, dessen bleibende Wirklichkeit stärker ist als alle von Menschen gemachten Regeln und Aufzeichnungen.«

Auf verbotenen Pfaden

Im Jahr 1642, als in Europa der Dreißigjährige Krieg tobte, gelangte der portugiesische Jesuitenpater Antonio de Andrade ins westtibetische Königreich Guge. Er war der erste Europäer, der jemals tibetischen Boden betrat. Guge hatte den Zenit seines zweiten goldenen Zeitalters bereits überschritten. Nur wenige Jahre später wurde es vom König von Ladakh erobert, und 1650 gliederte es der »große« fünfte Dalai Lama mit Hilfe eines mongolisch-tibetischen Heeres in sein gesamttibetisches Reich ein. Nun wurde auch Westtibet mit dem sakralen Bezirk des Kailash von Lhasa aus regiert, und mehr denn je richtete sich das Interesse der Europäer auf diese »Stadt der Götter« in der zentraltibetischen Provinz Ü. Dort lagen die Großklöster der herrschenden Gelugpaschule, dort stand das Allerheiligste des tibetischen Buddhismus – der Jokhang-Tempel. Und dort war auf dem Marpo Ri, dem roten Berg, über den Resten des Palastes von König Songtsen Gampo aus dem 7. Jahrhundert, ein Weltwunder der Baukunst entstanden – der Potala.

Die Jesuiten Johann Grueber und Albert d'Orville, die 1661 als erste Europäer die Hauptstadt Tibets erreichten, sahen den Potala noch im Bau. Heere von Fronarbeitern schafften an diesem außergewöhnlichen Klosterpalast. Um seine Fertigstellung nicht zu gefährden, wurde der Tod des fünften Dalai Lama zwölf Jahre lang geheimgehalten. Hier lag bis zum Einmarsch der Chinesen Mitte des 20. Jahrhunderts das Zentrum der Macht Tibets, und hier konzentrierten sich Neugierde und Begehrlichkeit westlicher Forscher, Abenteurer und Handelsleute. Doch nur den wenigsten gelang es, bis zur heiligen Stadt vorzudringen, denn nach der toleranten Aufnahme der ersten Missionare gewann in den politisch unsicheren Zeiten, die dem Tod des fünften Dalai Lama folgten, die Fremdenfurcht der Tibeter überhand. Fortan setzten sie alles daran, ihr Land des Schnees, vor allem aber ihre Hauptstadt Lhasa, gegen die Außenwelt abzuschotten und Eindringlinge, die trotzdem auf verbotenen Pfaden die Reise wagten, schnellstmöglich auf der gleichen Route, auf der sie gekommen waren, abzuschieben. Tibet wünschte keinerlei Kontakt mit westlichen Mächten.

In der westtibetischen Provinz Ngari, weit entfernt von Lhasa, hatten Provinzgouverneure dafür zu sorgen, daß kein Fremder über die Himalayapässe nach Tibet vordrang, doch in den weiten, nur von Nomaden durchstreiften Steppen und Gebirgszügen war es ungleich schwieriger, ungebetene Eindringlinge aufzuspüren als im verhältnismäßig dicht besiedelten Zentraltibet mit seinen Dörfern, Burgen und Klöstern. Das heißt nicht, daß Tibet völlig isoliert war. Es pflegte enge Kontakte zu China und der Mongolei, und auch indischen und nepalischen Händlern und Pilgern war es von jeher gestattet, über die Himalayapässe ins Land des Schnees zu ziehen. Ihren Wegen folgten westliche Forscher und Abenteurer auch nach Westtibet, gelockt von Legenden über reiche Goldvorkommen oder auf der Suche nach den Quellen der großen Flüsse Indiens. Vor allem Engländer unternahmen die verbotene Reise. Großbritannien hatte im 19. Jahrhundert die Vormachtstellung in Indien errungen und strebte nun nach der Erforschung Tibets und dem Auskundschaften neuer Handelsmöglichkeiten. Aber auch pure Sport- und Abenteuerlust trieb immer wieder britische Staatsbürger aus den heißen Ebenen Indiens über die hohen Pässe ins Schneeland. Ferner galt es, Rußland als vermeintlichem Konkurrenten in Zentralasien beim Abstecken neuer kolonialer Einflußbereiche zuvorzukommen.

Doch die ersten Europäer, die Kailash und Manasarovar mit eigenen Augen sahen, waren wiederum Missionare. 1715 reisten die Jesuitenpatres Ippolito Desideri und Manuel Freyre von Kaschmir über Ladakh durch Westtibet nach Lhasa und querten auf dieser traditionsreichen Karawanenstraße auch den heiligen Bezirk des Kailash. Desideri beschreibt den Kailash als außerordentlich hohen Berg, der beträchtlichen Umfang hat, mit ewigem Schnee bedeckt ist und in entsetzlichste Kälte eingehüllt scheint, und er erwähnt die Pilger, die diesen Berg mit Inbrunst umkreisen: »Die Tibeter umrunden unter größten Unbilden den gesamten Berg, eine Beschäftigung von einigen Tagen, wodurch sie etwas erreichen, was ich als große Gnade bezeichnen würde.«

Es sollte ein knappes Jahrhundert dauern, bis die nächsten Reisenden aus dem Westen Kailash und Manasarovar besuchten. 1812 unternahmen die Engländer William Moorcroft und Hyder Hearsey eine Expedition zum heiligen Bezirk. Verkleidet als indische Pilger kamen sie nach Westtibet, doch ihre Maske wurde durchschaut und ihre Weiterreise verboten. Trotzdem gelang es ihnen, bis zur Kailash-Region vorzudringen.

Obwohl die East India Company den Veterinär Moorcraft vor allem deswegen losgeschickt hatte, um zu prüfen, wie sich die Qualität englischer Kavalleriepferde durch Kreuzung mit zentralasiatischen Pferderassen verbessern ließe, zeigten sich die beiden Briten hauptsächlich interessiert an Möglichkeiten, England den Einstieg in den lukrativen Handel mit der feinen Pashmina-Wolle zu verschaffen, der von Kaufleuten aus Ladakh kontrolliert wurde.

In den dreieinhalb Jahrzehnten, die vergingen, bevor der nächste Europäer die heilige Region erreichte, kam es in Westtibet zu kriegerischen Auseinandersetzungen. Das tibetisch geprägte Ladakh, das einst zum Königreich Guge gehört hatte, wurde 1834 vom muslimischen Maharadscha von Kaschmir und Jammu erobert. Das siegreiche Heer führte der Wesir Zorawar Singh, der, vom raschen Erfolg beflügelt, auch die Grenze zu Tibet überschritt, um die sagenumwobenen Goldgebiete von Guge für seinen Maharadscha zu gewinnen. Ein tibetisches Heer schlug die Invasoren in einer Schlacht am Sutlej zurück und marschierte im Gegenzug in Ladakh ein, doch befreite es die buddhistischen Glaubensbrüder nicht von der muslimischen Fremdherrschaft, sondern zog sich nach Sicherung der Grenzen zurück. Es heißt, die Tibeter hätten die Leiche des wegen seiner Tapferkeit auch vom Feind respektierten Zorawar Singh zerstückelt und die Teile als glücksbringende Trophäen in ihren Behausungen aufgehängt – eine Form der Ehrerbietung auf tibetische Art.

1846 führte Leutnant Henry Strachey eine militärähnliche Expedition zum Rakshastal-See, in dessen Wassern sich der Kailash spiegelt, um die geographischen Kenntnisse über die Region zu verbessern. Sein Bruder Richard kam zwei Jahre später zusammen mit J.E. Winterbottom auf anderer Route nach Westtibet, um geologische und botanische Fakten zu sammeln.

Von wissenschaftlichem Erkenntnisdurst war auch die Expedition der drei Brüder Schlagintweit aus Bayern motiviert, die, von Alexander von Humboldt empfohlen, in englischem Auftrag reisten. Ihre Reisekosten wiederum wurden vom preußischen König Wilhelm IV. bezahlt. Zwei der Brüder erreichten die Kailash-Region im Jahr 1855, wurden jedoch von den Tibetern abgefangen und von der vorgesehenen Route abgebracht. Die drei Brüder legten auf ihrer dreijährigen Forschungsreise in Zentralasien insgesamt 29 000 Kilometer in unerforschtem Gebiet zurück, gelangten als erste Europäer auf Höhen von über 6 500 m und leisteten Unersetzliches für die frühe Asienforschung und Tibetologie. Einer der drei, Adolph, wurde 1857 auf dem Weg nach Turkestan in Kashgar auf Befehl des Feudalfürsten Wali Khan, der ihn für einen britischen Spion hielt, hingerichtet. Die beiden anderen kehrten nach Europa zurück, wo Adelstitel und andere hohe Auszeichnungen von wissenschaftlichen Gesellschaften, Königen und Kaisern auf sie warteten. 300 Kisten mit Gesteinsproben, gepreßten Pflanzen, Tierbälgen, Gipsabgüssen sowie Tagebücher mit Messungen und Aufzeichnungen und 750 Zeichnungen dokumentierten ihre Arbeit.

Während Forscher wie die Schlagintweits tiefes Interesse an Natur und Kultur der Länder hegten, die sie bereisten, drangen immer wieder auch englische »Sportsmänner« in Tibet ein, denen es um nichts anderes ging als um den Kitzel exotischer Abenteuer. Mit der Arroganz blasierter Kolonialherren setzten sie sich rücksichtslos über die religiösen Empfindungen der »Eingeborenen« hinweg.

Ein gewisser Mr. Drummond beging 1855 oder 1860 das Sakrileg, den Manasarovar mit einem Gummiboot zu befahren. Drummond scheint nach diesem Streich heil nach Indien zurückgekehrt zu sein, den tibetischen Gouverneur in Gartok hingegen kostete es den Kopf, weil er die unerhörte Entweihung des heiligen Sees nicht verhindert hatte. 1864 und 1865 zogen Gruppen schwerbewaffneter britischer Jäger in die Kailash-Region. In Purang schwärmten sie aus, um möglichst viele verschiedene Tierarten zu erlegen und der Liste ihrer Jagdtrophäen hinzuzufügen. Ob Wolf, Antilope, Wildschaf oder Yak, die Engländer schlachteten ab, was ihnen vor die Flinte kam. Auf die Tibeter müssen sie wie zur Hölle verdammte Barbaren gewirkt haben, die nicht einmal davor zurückschreckten, mitten im heiligen Bezirk aus bloßer Lust am Töten Leben zu vernichten. Einer dieser »Sportsmänner« brüstete sich sogar mit dem Frevel, im Manasarovar gefischt zu haben.

Ähnlich dünkelhafte Selbstherrlichkeit scheint Arnold Savage Landor eigen gewesen zu sein, der 1897 nach Westtibet zog. Herablassendes Benehmen und unumstößliche Vorurteile gegen die Tibeter zeichneten diesen Engländer aus, dessen Reisebericht auch in deutscher Übersetzung unter dem Titel ›Auf verbotenen Wegen‹ mehrere Auflagen erreichte. Sven Hedin allerdings bezeichnete diese »Reisen und Abenteuer in Tibet« – so der Untertitel des Buches – als »Münchhausen-Romanze.« In der Tat erinnern Sätze wie »Unserer sechs waren wir nun bereit, der ganzen tibetischen Armee entgegenzutreten« eher an aufschneiderische Abenteuerromane als an seriöse Reiseberichte. Landor schildert sich selbst als edlen englischen Helden inmitten gefährlicher tibetischer Wilder. »Grausamkeit ist dem Tibetaner angeboren, und Laster und Verbrechen wuchern überall üppig«, schreibt er. Die Mönche in den Klöstern fand er »in der Regel sehr intelligent, aber unmenschlich, grausam und ehrlos«. Wie man mit solchen Elementen umzugehen hat, berichtet er in einer Szene, als er sich unerschrocken auf einen Tibeter stürzt, der abfällig über Engländer gesprochen hatte. Er kämpft den Mann nieder und zwingt ihn, ihm vor versammelter Mannschaft die Schuhe sauberzulecken.

Obwohl seine Expedition von den Tibetern abgefangen wurde, wollte Landor die Reise ins verbotene Lhasa nicht aufgeben. Er schickte den Großteil seiner Diener und Träger nach Indien zurück und schlug sich mit wenigen Leuten, von denen die meisten später desertierten, heimlich in Westtibet durch. Die Tibeter ergriffen ihn erneut und verhängten angeblich schreckliche Strafen über ihn und seine letzten Getreuen. Ausführliche Passagen seines Buches schildern ausgeklügelte Folterungen, denen er als stolzer Engländer natürlich tapfer und erhobenen Hauptes trotzte, was schließlich sogar seine Peiniger beeindruckte, die ihn nach Purang brachten und dort nach Indien entkommen ließen.

Für die landschaftliche Schönheit des heiligen Bezirks hatte Landor wenig Sinn. Über den Kailash schreibt er: »Der Kelas ist eckig, unangenehm eckig, möchte ich sagen, und trotzdem seine Höhe, die lebhafte Färbung seiner Basis und die Schneemassen, die seine Abhänge bedecken, ihm einen eigenthümlichen Reiz geben, fiel er mir doch als äußerst unmalerisch auf ...«

Den englischen Kolonialbehörden in Indien genügten solche gelegentlichen und äußerst subjektiven Berichte von Reisenden nicht. Sie wollten Genaueres wissen über das Land hinter dem Himalaya, diesen weißen Fleck auf zentralasiatischen Landkarten, über den so viele verlockende Mythen kursierten. Da offizielle Forschungsexpeditionen nicht möglich waren, griffen sie zu einer groß angelegten Geheimstrategie, um das verbotene Land systematisch zu erkunden. Indische Pandits erhielten eine Spezialausbildung und wurden ab 1837, verkleidet als Pilger, nach Tibet geschickt, um das Land zu vermessen und alle nur möglichen Informationen zu sammeln. In Geheimtaschen ihrer Kleidung und ihres Gepäcks führten sie Meßinstrumente mit, die sie heimlich benutzten, und mit ihren Gebetskränzen zählten sie nicht die gemurmelten Mantren, sondern die Anzahl ihrer auf einheitliche Länge trainierten Schritte. Im Inneren ihrer Gebetsmühlen waren Papierrollen verborgen, auf die sie die Ergebnisse ihrer Messungen und Zählungen peinlich genau notierten. Chandra Das war der bekannteste und erfolgreichste dieser Pandits. Er zog mehrfach durch Tibet, kam bis Shigatse und Lhasa und nahm sogar an einer Audienz beim 13. Dalai Lama teil, der zu dieser Zeit acht Jahre alt war. Zwei Pandits wurden nach Westtibet und in die Kailash-Region geschickt, um Ausschau nach den sagenhaften Goldvorkommen dieser Gegend zu halten.

Zu Beginn des 20. Jahrhunderts wollten die Briten endlich Nutzen aus ihrem Wissen über Tibet ziehen. Sie drängten auf direkten Einfluß auf das Land des Schnees, um sich gegenüber den Chinesen Handelsvorrechte zu sichern. Auch war es ihnen darum zu tun, das Zarenreich, das bereits große Teile Mittelasiens an sich gerissen hatte, in seine Schranken zu weisen. Die im russischen Reich lebenden Volksgruppen der Burjaten und Kalmücken waren Anhänger des tibetischen Buddhismus, und über den burjatischen Lama Agvan Dorjiev, der in den Klöstern Lhasas studierte und zum Berater des Dalai Lama avancierte, nahm Tibet Kontakt mit dem Zaren auf. Die Engländer entschlossen sich zu handeln und entsandten 1904 eine militärische Expedition unter Oberst Younghusband nach Zentraltibet, die nach einem kurzen Krieg den Tibetern die Einrichtung dreier englischer Handelsmissionen aufzwang.

Eine davon lag im westtibetischen Gartok, wo sich wichtige Karawanenstraßen kreuzten. Nun konnten Briten im Auftrag Ihrer Majestät mit Erlaubnis und Unterstützung der tibetischen Regierung in Tibet reisen. Sie achteten eifersüchtig darauf, daß keine anderen Europäer von Indien aus nach Tibet vordrangen und bestärkten die Tibeter in ihrer Ablehnung gegen alle Fremden – ausgenommen Briten in offizieller Mission. Im Oktober 1904 reisten vier englische Offiziere nach Gartok, um den Ort zu inspizieren. Sie nahmen den Weg von Shigatse entlang der »Südroute« zur Kailash-Region und hatten mit den harten Witterungsbedingungen des anbrechenden tibetischen Winters zu kämpfen. Captain C.G. Rawling bemerkte zum Kailash: »Seine Form gleicht einer riesigen Kathedrale.«

Ein Jahr später besuchte Charles Sherring, der sich sehr interessiert zeigte an tibetischer Kultur und begeistert war von der Schönheit westtibetischer Landschaft, den Handelsstützpunkt Gartok. Den Kailash, von dessen spiritueller Bedeutung für Tibeter und Inder er wußte, nannte er »voller Majestät, ein König der Berge«. Sherring wurde auf Teilen seiner Reise begleitet von Dr. Tom Longstaff, der die Erstbesteigung des Gurla Mandatha wagen wollte, am unübersichtlichen Gelände des Bergmassivs aber scheiterte. Die meisten Briten, die als Gesandte in Tibet unterwegs waren, nutzten die Gelegenheit zu Forschungen und Abstechern.

Aber nicht nur Handelsgesandte und Forscher suchten die entlegenen Hochebenen Westtibets auf. Unter den unzähligen namenlosen Pilgern aus den verschiedenen Provinzen Tibets und aus den Ländern südlich des Himalaya, frommen Wanderern, die keine Aufzeichnungen hinterließen, gab es einige, deren Wege und Erlebnisse überliefert sind, etwa der buddhistische Priester Ekai Kawaguchi aus Japan, der im Jahr 1900 die tibetische Grenze überschritt. Zuvor hatte er in Sikkim die tibetische Sprache erlernt und sich im südlichen Himalaya von einem Nyingmapa-Lama in die esoterischen Lehren des Vajrayana-Buddhismus einführen lassen. Die sexuelle Symbolik bei den Verbildlichungen der tantrischen Gottheiten in Vereinigung mit ihren weiblichen Entsprechungen stieß bei dem Zen-Priester jedoch auf strikte Ablehnung, so daß er Padmasambhava, den hochverehrten Tantriker und Begründer des ersten buddhistischen Klosters in Tibet als »Teufel in Verkleidung eines Priesters« bezeichnete. Trotzdem reiste er weiter nach Tibet, gab sich dort als chinesischer Lama aus und wanderte mit Pilgern aus der osttibetischen Provinz Kham zum Kailash und nach Tirthapuri, wo er sogar Geld bezahlte, um die im dortigen Kloster bewahrten Reliquien, versteinerte Fußabdrücke Padmasambhavas, zu sehen. Nach der Umrundung des heiligen Berges wanderte er auf der »Südroute« nach Zentraltibet zurück, mußte schlimmste Wettereinbrüche und Überfälle von Räubern über sich ergehen lassen, gelangte aber heil nach Lhasa. Dort erlangte er durch seine medizinischen Kenntnisse große Anerkennung, befreundete sich mit tibetischen Adligen und studierte im Kloster Sera alte buddhistische Schriften. Zugleich war er ein scharfer Beobachter tibetischer Lebensart und politischer Aktivitäten, die er in seinem Buch ›Drei Jahre in Tibet‹ festhielt, sicherlich ein Grund, warum die Engländer ihn später für einen japanischen Spion hielten. 1902 kehrte Ekai Kawaguchi nach Japan zurück.

Unter den indischen Pilgern, die jeden Sommer zum Kailash zogen, waren auch berühmte Gurus, etwa Bhagwan Sri Hamsa, der 1908 den Sitz des Shiva umrundete und Hindu-Einsiedler und Yogis am Kailash und in Tirthapuri aufsuchte.

Swami Tapovanji Maharaj, ein Jnani-Yogi, wanderte 1925 und 1930 im heiligen Bezirk von Kailash und Manasarovar. Gemäß seiner Philosophie des Advaita-Vedanta war das Göttliche aber nicht auf solche besonderen Orte der Verehrung beschränkt. Er erblickte das absolute Brahman, die vollkommene, transzendente, nicht-duale und bedingungslose Wirklichkeit in allen Bergen: »Ob es auf den Gipfeln des Himalaya ist, auf dem Kailasa oder an den Ufern des Manasa Sees – überall finde ich das gleiche perfekte Sein. Ich finde das gleiche selbstleuchtende Wesen an allen Orten, zu allen Zeiten, in allen Dingen und in allen Zuständen.«

Erwähnt sei noch Swami Satchidananda, vermutlich einer der letzten Pilger vor der Machtübernahme der Chinesen. Er kam 1958 nach Westtibet. Ab 1966 war er einer der ersten indischen Gurus, der im Zuge des neu erwachten Interesses an den Religionen Asiens in den Vereinigten Staaten Zentren des Integralen Yoga eröffnete, noch bevor die Beatles die Beschäftigung mit Meditation und östlicher Philosophie zu einer Modeerscheinung machten.

Der in Kreisen von Kailash-Reisenden berühmteste Hindu-Pilger aber ist ohne Zweifel Swami Pranavananda, der ab 1928 fast jedes Jahr zum Kailash und zum Manasarovar wanderte, sich oft monatelang dort aufhielt und einen umfangreichen Pilgerführer verfaßte, der noch heute zum festen Bestandteil der Ausrüstung eines jeden indischen Kailash-Pilgers gehört. Dreiundzwanzigmal ging er die Parikrama um den Kailash und fünfundzwanzigmal umrundete er den Manasarovar. Swami Pranavananda unternahm die anstrengenden Reisen nicht nur aus religiösen Motiven, sondern betrieb fleißig wissenschaftliche Forschungen und rühmte neben der spirituellen Bedeutung des heiligen Bezirkes auch seine Schönheit: »Wie könnten Manasarovar und Kailash für zwei so verschiedene Religionen wie Hinduismus und Buddhismus Objekte heiliger Verehrung sein, würde ihre überwältigende Schönheit nicht nur anziehend wirken auf den menschlichen Geist, sondern den unauslöschlichen Eindruck darin hinterlassen, daß sie eher dem Himmel als der Erde zugehörig scheinen. Selbst der erste Blick von den Hügeln am Ufer bewirkt, daß man in Freudentränen ausbricht über diese erhabene Landschaft; und vertrauteres Kennenlernen versetzt einen in tiefe mystische Verzückung, in der man die göttliche Gegenwart inniger fühlt als überall sonst.«

Doch seine Kombination von östlicher Spiritualität und westlichem Forscherdrang trieb auch kuriose Blüten. Er dachte sich nichts dabei, den Manasarovar mit einem Boot zu befahren und träumte sogar von einer Art Freizeitpark im sakralen Bezirk, mit einem Flughafen auf der Ebene von Barkha, organisierten Bootstouren auf dem Manasarovar und Besteigungen des Kailash durch erfahrene Bergsportler.

Weniger handfeste Ziele verfolgte E. G. Schary, ein esoterischer Schwärmer aus Amerika, der die geheime Bruderschaft der Mahatmas aufsuchen wollte, welche die Schriften Madame Blavatskys, der Begründerin der Theosophie, in Tibet angesiedelt hatte. Zweimal gelangte er ins Land des Schnees, 1912 und 1915, doch er begegnete nur unsagbaren Strapazen, Gefahren und Enttäuschungen. Halb verhungert, krank und so verdreckt, daß ihm selbst die allem Fremden gegenüber so argwöhnischen Tibeter nicht mehr glaubten, daß er ein weißer Mann sei und ihn als Bettler fortjagen wollten, fand er schließlich Hilfe beim britischen Gesandten in Gyantse und konnte nach Indien zurückkehren.

Intensiv wie kein anderer erkundete der schwedische Forschungsreisende Sven Hedin den Westen Tibets. Auch er befuhr die beiden Seen vor dem Kailash mit einem Boot und führte dabei systematische Tiefenlotungen durch. Bei einer dieser Ausfahrten schienen sich die Götter für diesen Frevel rächen zu wollen. Hedins Boot geriet in einen rasch aufziehenden Sturm, der den stillen Spiegel des Manasarovar in eine tobende Urgewalt verwandelte: »Der Sturm schwoll zum Orkan, unter seinem pressenden Druck wurden die Wellen so hoch wie die Wogen der Ostsee bei stürmischem Wetter ... Gepeitscht, gejagt, gehetzt von der wütenden Kraft des Windes, fegten wir über den See. Jede neue Welle, die uns emporhob, schien größer als die vorhergehende ... Es sah aus, als ob wir ein bodenloses Wassergrab vor uns hätten, dessen gähnende Tiefe das Boot im nächsten Augenblick verschlingen würde.« Doch Hedin und seine Männer schafften es ans rettende Ufer nahe der Gossul Gompa.

Einen Monat verbrachte Hedin im Bezirk des großen Mandala und umrundete Manasarovar und Rakshastal. Er gilt als erster Reisender aus dem Westen, der die Kora um den Kailash absolvierte, allerdings auf dem Rücken eines Pferdes, was aus tibetischer Sicht ausschließlich dem Pferd die sublimen Verdienste der Pilgerschaft einbrachte. Am 3. September 1907 hatte dieses denkwürdige Ereignis stattgefunden.

Im Gegensatz zu englischen Gesandten, die sich ab 1904 mit Genehmigung und Unterstützung der tibetischen Regierung im Land des Schnees bewegen durften, mußte Sven Hedin heimlich reisen oder seine Pläne gegen den Widerstand der Tibeter durchsetzen. Sein Wille, unerforschte Landstriche zu erkunden, sie zu zeichnen, zu fotografieren und in Messungen aufzunehmen, war auch durch die härtesten Hindernisse, die ihm Behörden und Natur entgegensetzten, nicht zu brechen. Immer wieder wurde er aus Tibet ausgewiesen, immer wieder kehrte er zurück. Er suchte die Quellen von Indus, Tsangpo und Sutlej, durchquerte unter unsäglichen Strapazen und Verlusten die Hochebenen des Changtang und wurde zum leuchtenden Vorbild ganzer Generationen von Asienforschern. Sein Herzenswunsch jedoch, die heilige Stadt Lhasa zu sehen, blieb unerfüllt. Nur wenige Tagesreisen vor ihren Toren wurde er trotz seiner Verkleidung als Pilger von einem Provinzbeamten entdeckt und zurückgewiesen.

Durch Sven Hedins noch heute mit Spannung zu lesende Bücher kam es bei westlichen Reisenden offenbar in Mode, die Kora um den Kailash zu absolvieren. 1926 umrundete die erste europäische Frau den heiligen Berg, Mrs. Ruttledge, die ihren Mann auf Dienstreise nach Westtibet begleitete. Solche Reisen, auch wenn sie von der tibetischen Regierung genehmigt und logistisch unterstützt wurden, bargen neben den extremen Witterungsverhältnissen noch andere Gefahren. In vielen Aufzeichnungen ist von Räubern die Rede, die auch die Gegend um den Kailash unsicher machten und Pilger und Händler gleichermaßen überfielen.

F. Williamson und F. Ludlow, die 1932 den Kailash umrundeten, berichten zudem von einem Streit zwischen Bhutanern und Tibetern. Interessanterweise waren drei Klöster am Kailash schon Anfang des 17. Jahrhunderts den Bhutanern, die der buddhistischen Schule der Druk-Kagyü angehören, zugesprochen worden. In Bhutan hatte zu dieser Zeit der »Reichsgründer« Shabdung Rinpoche die Täler des in Bergurwäldern versunkenen kleinen Landes erstmals unter einer Zentralregierung vereint und ein politisches Gegengewicht zu Tibet geschaffen. Es scheint in Westtibet immer wieder zu Reibereien zwischen den Bhutanern und Tibetern gekommen zu sein, doch blieben die Klöster bis ins 20. Jahrhundert im Besitz der Mönche aus dem Reich des Donnerdrachen.

In den Büchern der frühen europäischen Tibetreisenden liegt der Schwerpunkt auf der Beschreibung von Land und Leuten, auf geographischen Erkenntnissen und naturwissenschaftlichen Fakten. Die tibetische Kultur, vor allem die tieferen Bedeutungsebenen des Vajrayana-Buddhismus mit seiner komplexen Philosophie und tantrischen Ritualpraxis und deren Ausdruck in der Kunst der Klöster und Tempel aber blieb den westlichen Reisenden weitgehend verschlossen. Ihre diesbezüglichen Beobachtungen erschöpften sich meist in Äußerlichkeiten, in der Schilderung der Volksreligiosität oder – vor allem in den Berichten der frühen Missionare – in oft grotesken Entstellungen und Fehleinschätzungen. Die meisten Tibetreisenden hatten offenbar wenig Interesse, tiefer in diese Religion mit ihrer fremdartigen Bilderwelt einzudringen.

Das änderte sich, als zwischen 1930 und 1949 der italienische Professor Giuseppe Tucci achtmal das Land des Schnees bereiste. Wie es ihm gelungen war, die Zustimmung der tibetischen Regierung zu erhalten, bleibt im dunkeln, doch reiste Tucci stets mit amtlichen Pässen und Genehmigungsschreiben und durfte auch Lhasa betreten. Er war ein bedeutender Tibetologe und zudem praktizierender Buddhist, der davon überzeugt war, in einem früheren Leben selbst Tibeter gewesen zu sein. Er konnte die heiligen Texte lesen und die Ikonographie der Statuen, Thangkas und Wandmalereien entschlüsseln. Es wurde ihm sogar gestattet, Bücher und Kunstgegenstände zu erwerben und auszuführen. 1935 besuchte Tucci Westtibet und den heiligen Bezirk. Er umrundete Manasarovar und Kailash, wobei auch er auf Räuber stieß, die er aber in die Flucht schlug, indem er seine Filmkamera wie eine neuartige Waffe auf das Stativ schraubte und auf die erschrockenen Tibeter richtete.

Auch Anagarika Govinda und seine Frau Li Gotami reisten mit Genehmigung der tibetischen Regierung und waren tief eingedrungen in die Praxis des Vajrayana-Buddhismus. Der Deutsch-Bolivianer Govinda – sein eigentlicher Name war Ernst Lothar Hoffmann – hatte sich in Ceylon der Schule des Theravada-Buddhismus angeschlossen, studierte später aber Vajrayana unter dem tibetischen Lama Tomo

Geshe Rinpoche. Das Ehepaar unternahm 1948 die Pilgerschaft zu Kailash, Manasarovar und den verlassenen Klöstern des Königreiches Guge. Sie waren die letzten europäischen Reisenden in Westtibet vor dem Überfall der Chinesen. Ihre Fotos und Zeichnungen sind unersetzliche Dokumente, denn sie zeigen die Kunstschätze Guges vor ihrer Zerstörung. Govindas Reisebericht ›Der Weg der weißen Wolken‹ ist eines der schönsten Bücher über das alte Tibet und hat vielen jungen Europäern die Sehnsucht nach dem Land des Schnees ins Herz gepflanzt.

Noch drei weitere Reisende aus dem deutschsprachigen Raum haben die umfangreiche Tibet-Literatur durch ihre lesenswerten Aufzeichnungen bereichert. Gänzlich unterschiedliche Motive veranlaßten sie, heimlich in das Schneeland einzudringen.

Fernweh und pure Abenteuerlust trieben den 23jährigen Herbert Tichy auf große Fahrt nach Asien, gelockt von den Reiseberichten Sven Hedins. Er fand Sponsoren für seine »österreichische Zentralasien-Expedition«, die er auf eindrucksvollen Briefbögen ankündigte. Sie bestand aber nur aus ihm selbst. Schon zwei Jahre zuvor war er mit einem Freund auf dem Motorrad nach Indien gefahren, ein früher Vorbote der Hippies, die über dreißig Jahre später auf Morgenlandfahrt gingen. Diesmal kam Tichy mit seinem Motorrad auf dem Seeweg in Bombay an, durchquerte Indien und Burma und schlich sich in Verkleidung mit indischen Begleitern im Mai 1936 von Almora nach Westtibet, bevor er über Kaschmir, Afghanistan und Persien den Rückweg nach Europa antrat. In seinem Buch ›Zum heiligsten Berg der Welt‹ berichtet er auf erfrischend unbeschwerte Art seine Erlebnisse. Ganz nebenbei wollte er auf dem Weg zum Kailash die Erstbesteigung des Gurla Mandatha bewältigen, scheiterte aber wie schon 1905 der Engländer Longstaff, an dessen Aufzeichnungen sich Tichy orientierte. Er schreibt: »Einen Augenblick reißt der Nebel auf. Wir sehen den Gipfel vor uns, nahe schon, aber für uns unerreichbar. Der Grat trifft den Gipfel an einer Stelle, die wir in unserem Zustand nicht meistern können … Wir hatten eine Höhe von 7 200 Metern erreicht.« 1954 hatte Tichy mehr Glück, als er als Mitglied eines Dreierteams als Erstbesteiger des 8 153 Meter hohen Cho Oyu in die Annalen des Alpinismus einging. Tichy umrundete den Kailash, konnte dort sogar vor den strengen Augen eines der »Fürsten von Westtibet« sein Inkognito als »indischer Fakir« wahren und kehrte wohlbehalten nach Indien zurück.

Einer echten Forschungsexpedition – der ersten Schweizerischen Himalayaexpedition unter Arnold Heim – gehörte der Geologe August Gansser an, der im gleichen Jahr wie Tichy und ebenfalls in Verkleidung eines indischen Pilgers einen Abstecher in die Kailash-Region unternahm und den heiligen Berg umwanderte. Heims und Ganssers Buch ›Thron der Götter‹ gehört zu den Klassikern der Himalaya-Literatur.

›Sieben Jahre in Tibet‹ ist der Titel eines Weltbestsellers, der sogar in Hollywood mit prominenten Schauspielern verfilmt wurde. Sein Verfasser, Heinrich Harrer, wurde 1939 als Erstbesteiger der Eiger-Nordwand von Peter Aufschnaiter auf eine Expedition zum Nanga Parbat, dem »Schicksalsberg der Deutschen« mitgenommen. Sie fanden eine neue Aufstiegsroute, doch in der Zwischenzeit war der Zweite Weltkrieg ausgebrochen. Harrer und Aufschnaiter wurden von den Engländern in Indien interniert. Es gelang ihnen die Flucht nach Westtibet, und schließlich, nach langwierigem Hin und Her mit den tibetischen Behörden und einem entbehrungsreichen Marsch durch das winterliche Changtang, trafen sie 1946 in Lhasa ein, wo sie gegen alle tibetische Gewohnheit Fremden gegenüber gastliche Aufnahme fanden und später sogar an verschiedenen Modernisierungsprojekten der tibetischen Regierung mitwirkten. Harrers Beschreibungen und Fotografien geben Einblick in die letzten Jahre des freien Tibet vor der chinesischen Invasion, die auch ihn und Aufschnaiter wieder aus ihrem Refugium auf dem Dach der Welt vertrieben. Auf ihrem Weg nach Lhasa querten die beiden Österreicher den heiligen Bezirk, konnten sich aber nur sehr kurz dort aufhalten und hatten keine Gelegenheit, den Kailash zu umrunden. Harrer erwähnt die »majestätische Schönheit« des Kang Rinpoche und seine Bedeutung für die indischen und tibetischen Pilger, seine Aufmerksamkeit aber gilt eher dem Gegenüber des Kailash: »Uns Bergsteiger zog mehr als der heilige Berg der noch unerstiegene Gurla Mandhata an, der sich in seiner ganzen Pracht im Manasarovar-See spiegelte. An seinen Ufern schlugen wir unser Lager auf und konnten uns nicht sattsehen an dem unbeschreiblich schönen Bild des 7730 m hohen Berges, der aus dem See herauszuwachsen scheint. Sicher ist das einer der schönsten Plätze der Erde.«

In den vierziger Jahren wurde die Kailash-Region nochmals von Engländern besucht – ein Captain Saker war 1943 in »spezieller Mission« nach Gartok unterwegs, und im Sommer 1945 umrundete der Bergsteiger Major Blakeney den heiligen Berg und erkundete dabei mögliche Routen für eine Erstbesteigung. Doch dazu kam es nicht mehr. Zwei Jahre später erlangte Indien die Unabhängigkeit und übernahm die Rechte und Pflichten der Engländer in Tibet. Im Oktober 1950 begann der Angriff der chinesischen Armee auf das freie, unabhängige Tibet. 1959 flüchtete der Dalai Lama ins Exil, und 1962 besuchten die letzten indischen Pilger den heiligen Bezirk. Nun brach der unvorstellbare Terror der Kulturrevolution über das Land des Schnees herein. Als im August 1981 die ersten Hindu-Pilger Erlaubnis erhielten, nach Westtibet zu wandern und 1985 auch westlichen Touristen die Einreise nach Tibet gestattet wurde, fanden sie ein Land vor, dessen einmalige spirituelle Kunst und Kultur bis auf wenige Reste zerstört war. Auch am Kailash begann damit ein neues Zeitalter. 1985 umrundete Starbergsteiger Reinhold Messner den heiligen Berg, und Darchen ist seither nicht länger nur Anlaufpunkt von gläubigen Pilgern, sondern auch von Touristen mit Landcruisern oder Mountainbikes, die mitunter auch Pläne hegen, das Schneejuwel mit einer Erstbesteigung zu entweihen.

Die noch wenige Jahrzehnte zuvor gefahrvolle, von Räubern bedrohte und oft nur in Verkleidung mögliche Reise zu einem der heiligsten Orte der Erde ließ sich nun aus Reisekatalogen von Spezialveranstaltern buchen. Aus dem verbotenen Land auf dem Dach der Welt war ein Pauschalreiseziel geworden.

Wenn es nach den Chinesen geht, soll dieser Trend verstärkt werden. Schon werden von Peking große Summen für die »Erschließung« des westlichen Tibet budgetiert, und der Baubeginn einer Bahnstrecke, die Lhasa an das chinesische Schienennetz anschließen und noch mehr Han-Chinesen in die tibetischen Städte befördern soll, steht bevor. Durch den wachsenden Wohlstand in China kommen zunehmend auch chinesische Touristen nach Tibet. 2001 stieg ihre Zahl um fast 29 Prozent, während die der Reisenden aus anderen Ländern um knapp 21 Prozent sank. Insgesamt rund 660 000 Touristen, chinesische und westliche, besuchten 2001 das Land des Schnees und brachten einen Umsatz von 83 Millionen Dollar, der vor allem aber chinesischen Unternehmen zugute kommt.

Doch nur ein Bruchteil der Tibet-Touristen dringt bis zum Bereich des Kang Rinpoche vor. Allen Veränderungen zum Trotz, die das moderne Reisegeschäft selbst in abgeschiedensten Weltgegenden bewirkte, hat der heilige Bezirk von Kailash und Manasarovar seine Ausstrahlung magischer Weltentrücktheit nicht eingebüßt. So unterschiedlich die Motive der Kailash-Reisenden aus Vergangenheit und Gegenwart gewesen sein mögen, gleich ob sie als Pilger, Händler, Missionare, Forscher, Abenteurer oder Touristen kamen, stets wurden sie auch gelockt vom Mythos des Schneelandes, von dieser Aura des Rätselhaften, die Tibet bis heute umgibt.

Mythos Tibet

Tibet, das über Jahrhunderte verschlossene, verbotene Land hinter den Schneegipfeln des Himalaya, übte auf Menschen aus dem Westen schon immer eine magische Faszination aus. Zahllose Mythen, Legenden, Phantasien und Zerrbilder prägen zum Teil noch heute eine romantisch verklärte Tibetschwärmerei, die ihren Niederschlag findet in Romanen, Filmen und esoterischen Traktaten. Selbst die Werbung versucht, unterschiedlichen Produkten durch Versatzstücke aus dem geheimnisumwitterten Schneeland ein verkaufsträchtiges Image zu verpassen. Nicht nur die großen Hollywoodfilme der letzten Jahre über tibetische Themen beweisen, daß sich mit dem mythischen Land der »Heiligen und Hexer« – so ein Buchtitel – viel Geld verdienen läßt.

Herodot, der ionische Geschichtsschreiber aus dem 5. vorchristlichen Jahrhundert, setzte den ersten Tibet-Mythos in die westliche Welt. Er schrieb von kriegerischen Stämmen »nördlich der anderen Inder«, in deren Land Ameisen, »kleiner als Hunde, aber größer als Füchse«, goldhaltigen Sand aufwerfen – der Beginn der Legende über die märchenhaften Goldschätze Tibets, die auch spätere Autoren erwähnten, ohne je in Tibet gewesen zu sein. Herodot griff hier übrigens Motive einer Goldgräbersage aus Ladakh auf.

Auch Marco Polo, der Ende des 13. Jahrhunderts fast zwanzig Jahre im Reich Kubilai Khans verbrachte, war vom Mythos Tibet berührt. Obwohl er nie ins Schneeland gelangte, lernte er tibetische Lamas am Pekinger Hof des Großkhan kennen, der selbst praktizierender Vajrayana-Buddhist war und von seinem tibetischen Guru mehrere tantrische Einweihungen bekommen hatte. Marco Polo scheint vor allem von den magischen Fähigkeiten der Tibeter beeindruckt gewesen zu sein, denn er berichtet: »Und dann müßt ihr wissen: man trifft äußerst geschickte Zauberer und Sterndeuter; sie sind wirklich die besten im Vergleich mit jenen in den umliegenden Provinzen. Mit ihren Teufelskünsten bewirken sie Verzauberungen und solch phantastischen Spuk, daß einem Hören und Sehen vergeht, und es wäre unklug, in unserem Buch zuviel davon zu erzählen, denn der Leser könnte darob noch den Verstand verlieren.«

In Anbetracht mancher noch heute verbreiteter Tibet-Mythen könnte man tatsächlich zu dem Schluß kommen, daß jene, die ihnen gläubig anhängen, den Verstand verloren haben. Die Unzugänglichkeit Tibets und sein Ruf, Land von Weisen mit übersinnlichen Fähigkeiten und Sitz verborgener Reiche wie Shambhala oder Agarthi zu sein, haben Generationen westlicher Esoteriker veranlaßt, ihre Sehnsüchte und Phantasien auf das Schneeland zu projizieren. Viele Autoren machten sich dieses spirituelle Fernweh zunutze und berichteten die erstaunlichsten Dinge vom Dach der Welt – oft ohne je selbst einen Fuß auf tibetischen Boden gesetzt zu haben. Manche gaben sich sogar selbst als tibetische Lamas aus, etwa der Engländer Cyril Henry Hoskins, der unter dem Pseudonym Lobsang Rampa in den fünfziger Jahren Weltbestseller wie ›Das Dritte Auge‹ schrieb, die eine wahre Tibet-Hysterie auslösten und noch heute gerne gelesen – und für Wahrheit genommen – werden. Andere prägten Begriffe, die zu geflügelten Worten wurden – etwa »Shangrila«, ein von hohen Bergen abgeschirmtes irdisches Paradies und heute ein beliebter Name für Hotels, nicht nur im Himalaya. »Shangrila« wurde von dem amerikanischen Schriftsteller James Hilton erfunden, der 1933 in seinem Bestsellerroman ›Lost Horizon‹ (dt. ›Irgendwo in Tibet‹) dem idyllischen »Tal aller heiligen Zeiten«, in das nur Auserwählte vordringen können, diesen Namen gab.

All die okkulten Spekulationen, erfundenen Berichte und phantasievollen Erzählungen über Tibet trafen auch deshalb auf offene Ohren, weil sie sich nicht nachprüfen ließen und weil so gut wie keine unverfälschten Informationen über Land, Leute und Religion existierten. Tibet war für Jahrhunderte verbotenes Terrain, eine terra incognita bis weit ins 20. Jahrhundert. Die Berichte der wenigen Forscher und Reisenden, denen es tatsächlich gelungen war, nach Tibet vorzudringen, vermochten das Wuchern der Legenden nicht einzudämmen. Im Gegenteil: Die scheinbar bizarre Bilderwelt des Vajrayana-Buddhismus, die Rituale der Mönche, die Praktiken der Yogis und Höhleneremiten, von denen in Berichten der frühen Reisenden die Rede war, gaben immer neuen Anlaß zu Spekulationen und Zerrbildern. Auch Autoren, die tief in die buddhistische Kultur eingedrungen waren, schürten die Faszination, die das verbotene Land auf den Westen ausübte, Alexandra David-Néel etwa, die kurz nach dem ersten Weltkrieg als erste westliche Frau Lhasa erreichte. Die praktizierende Buddhistin hielt sich mehrere Jahre im Land des Schnees auf, verkleidet als Pilgerin und geführt von ihrem tibetischen Adoptivsohn. Auch sie war höchst interessiert an magischen, übersinnlichen Fähigkeiten, von denen sie angeblich einige bei ihren Studien unter tibetischen Lamas selbst erlangt hat. In ihrem Buch ›Mein Weg durch Himmel und Höllen‹ schreibt sie: »Die Welt der tibetischen Mystiker ist innerhalb des geheimnisvollen Tibet noch ein neues Geheimnis, ein seltsames Wunder in einem Lande, das ohnehin schon ein Wunderland ist.«

Geheimnis und Wunder – diese beiden Stichworte charakterisieren treffend das verbreitete Tibetbild des Westens.

Schon die Missionare, die im 17. Jahrhundert als erste Europäer Tibet betraten, folgten einem Mythos – der Legende vom Priesterkönig Johannes, der in Zentralasien über ein mächtiges Reich herrschen sollte und auf dessen Hilfe schon die Kreuzfahrer vergeblich gehofft hatten. Der Irrtum, die bunte, bildersatte Religion der Tibeter sei eine Art verfälschter Katholizismus, schien sie in ihrer Suche nach dem christlichen König zu bestätigen und schuf ein weiteres Zerrbild. Der Jesuit Antonio de Andrade berichtet beispielsweise, der König des westtibetischen Reiches Guge habe beim Anblick des gekreuzigten Christus und des Meßbuches zu den anwesenden Lamas und Gefolgsleuten gesagt: »Hier seht ihr, daß es wahr ist, daß Gottes Sohn ein lebendes Buch ist, im Gegensatz zu dem, welches die Lamas lesen und das nicht Gott ist und nicht Gott sein kann.« Wahrscheinlich sollten solche, im besten Fall auf Mißverständnissen beruhenden, Berichte dazu dienen, der Ordensleitung in der fernen Heimat Erfolge vorzuspiegeln, um die Genehmigung zur Fortsetzung der Missionsarbeit sicherzustellen. Außerdem wurde der Großmut der Tibeter gegenüber anderen Religionen von den eher an die Toleranz von Inquisitionstribunalen gewöhnten Jesuiten vermutlich falsch gedeutet. Immerhin wurden zu der Zeit, als Andrade in Westtibet eine Kapelle errichten durfte, in Europa noch zahllose Hexen und Ketzer im Namen des wahren Glaubens gefoltert und auf dem Scheiterhaufen verbrannt. Bekehrungserfolge in Tibet blieben aber aus. Die Missionare hatten kein Glück bei den tief in Bön-Tradition und Buddhismus verwurzelten Tibetern – gut hundert Jahre später wurde die letzte Missionsstation mangels Erfolgs geschlossen.

Umso »erfolgreicher« strahlte später der Mythos Tibet auf den Westen. Helena Blavatsky, Begründerin der Theosophie, beeinflußte mit phantastischen Berichten von ihren Tibet-Reisen, die aller Wahrscheinlichkeit nach nie stattgefunden haben, und ihren aus zahlreichen Quellen zusammengesuchten Lehren über geheime Bruderschaften und die Mahatmas, »Bewahrer uralten Wissens«, über das mythische Reich Shambhala und die Wurzelrassen bis in die Gegenwart ein weit verzweigtes Netz von okkulten, esoterischen und sogar neonazistischen Gruppen und Veröffentlichungen. Auch das Tibet-Bild mancher Nazi-Größen wie etwa Reichsführer SS Himmler war von solchen Sagen bestimmt, etwa jener vom unterirdischen Höhlenreich Agarthi, in dem die Nachkommen der Wurzelrassen von Atlantis und Lemuria überlebt haben sollen. Himmler übernahm die Schirmherrschaft für die noch heute mit obskuren Spekulationen bedachte deutsche Tibetexpedition von 1938, bei der die Deutschen mit Genehmigung der tibetischen Regierung sogar die verbotene Stadt Lhasa besuchten.

Den Expeditionsleiter Ernst Schäfer, ein Zoologe, der zuvor schon zweimal Osttibet bereist hatte und auf den eine bis heute gültige tiergeographische Unterteilung Hochasiens zurückgeht, habe ich Anfang der siebziger Jahre kennengelernt, als er in München einem Kreis von jungen Tibetbegeisterten den Dokumentarfilm seiner Expedition vorführte. Sieht man von dem plärrenden Wochenschaukommentator ab und von unsäglichen Szenen, in denen »Rassenforscher« die Köpfe von Tibetern vermessen, enthält dieser Film unschätzbare Aufnahmen des alten Tibet – von Maskentänzen der Mönche etwa oder vom Staatsorakel Nechung, das in Trance durch die Straßen Lhasas wirbelt. Diese Bilder gehören zu den wenigen Filmdokumenten, die Einblick in das alte Tibet vor seiner Zerstörung gewähren.

Die Tibeter waren begeistert, als die deutsche Expedition mit ihrer Hakenkreuzfahne in Lhasa einzog, trugen diese Fremden doch das uralte Symbol der Swastika, das in Tempeln von Hindus, Jainas, Buddhisten und Bönpos zu finden ist. Dieses von den Nazis geschändete heilige Zeichen steht im Buddhismus für das sich drehende Rad der Lehre, doch ist bei den Buddhisten zumeist das »umgekehrte« Hakenkreuz dargestellt, das eine Drehung im Uhrzeigersinn symbolisiert. In dieser Richtung umrunden die Pilger Klöster, Tempel, Altäre, Statuen und auch den Kailash. Die Anhänger des Bön jedoch, der Urreligion Tibets, umkreisen ihre Heiligtümer und auch den heiligen Berg, die »neunstöckige Swastikapyramide«, in Gegenrichtung – so wie auch die in ihren Tempeln dargestellte Swastika ausgerichtet ist.

Als die Chinesen das Schneeland überfielen und das alte Tibet für immer zerstörten, begann eine neue Epoche in der Auseinandersetzung des Westens mit der legendenumwitterten tibetischen Religion und Kultur. Unter den zehntausenden Flüchtlingen, die dem Dalai Lama ins Exil folgten, war auch die geistige Elite des Landes, gelehrte Mönche und hochrangige Lamas, die sich in Indien und Nepal niederließen und begannen, den Vajrayana-Buddhismus über die ganze Welt zu verbreiten. Nun war es auf einmal möglich, sich nicht nur aus verworrener okkulter Literatur, sondern aus authentischen Quellen über die Spiritualität Tibets zu informieren. Heute steht nicht nur das einstmals verbotene Schneeland dem modernen Tourismus offen, sondern in fast jeder Großstadt der Industrienationen finden sich tibetisch-buddhistische Zentren, und zahlreiche tibetische Quellentexte samt Kommentaren sind in europäische Sprachen übersetzt. Dies scheint wie die Erfüllung einer Prophezeiung aus dem 8. Jahrhundert, die der schillerndsten Figur der tibetischen Religionsgeschichte, dem Magier und Tantriker Padmasambhava zugeschrieben wird:

Wenn der Eisenvogel fliegt
und die Pferde auf Rädern rollen,
dann wird der Mann aus dem Schneeland
seine Heimat verlassen müssen wie die Ameisen,
und der Dharma wird die Länder
des rotwangigen Mannes erreichen.

Allerdings hat die Auseinandersetzung vieler »rotwangiger« westlicher Menschen mit dem Dharma, der Lehre des Buddhismus, zu neuen »Mythen« geführt. Nicht selten endet die kritiklose Begeisterung für die tibetische Kultur und Religion und ihre in Mönchsroben gehüllten Vertreter in Mißverständnissen, aber auch in Machtmißbrauch, Personenkult und anderen Problemsituationen. Nicht alle Lamas verkraften die Folgen ihrer plötzlichen Popularität in den reichen Industrieländern, und manche haben Schwierigkeiten, die Verlockungen und Lebensgewohnheiten der modernen Welt mit der strengen Ethik ihrer Religion in Einklang zu bringen. Schon im alten Tibet war nicht jeder Lama automatisch ein mit übersinnlichen Kräften begabter Heiliger, großer Gelehrter oder asketischer Yogi. Wer in die Geschichte des Schneelandes Einblick nimmt, wird feststellen, daß Tibet alles andere war als ein friedvolles, nur geistiger Praxis ergebenes »Shangrila« und daß viele religiöse Führer auch handfeste weltliche Interessen verfolgten. Noch heute zeigt sich in den Klöstern des tibetischen Kulturkreises, daß längst nicht alle Mönche für die spirituelle Karriere geschaffen sind, oft jedoch keine andere Möglichkeit haben, nachdem sie schon als Kinder der Obhut eines Klosters anvertraut wurden. Sven Hedin hat dies in einer Beschreibung der Mönche eines westtibetischen Klosters Anfang des 20. Jahrhunderts kritisch auf den Punkt gebracht: »Nun, im Kloster erhielten sie Tsampa, Tee und Brot, ohne zu arbeiten. Ihre Tage verstrichen sorgenlos und ruhig im Dienste der ewigen Götter. Gottesdiensthalten, Lampenputzen, in Ornat und Maske während der großen Tempelfeste Beschwörungstänze aufführen und Seelsorger der in der Umgegend lebenden Nomaden zu sein, das alles war viel bequemer, als mit Karawanen umherzuziehen, Schafe und Yaks zu hüten oder im Changtang Salz zu brechen.«

Freilich ist auch das Mönchsleben nicht jedermanns Sache. Auf einer Wanderung durch die Bergwelt Ladakhs stieß ich in einer einsamen Klause auf einen jungen Mönch, der meine Begeisterung über diesen herrlich gelegenen, für innere Einkehr und Meditation wie geschaffenen Ort trübte, indem er in gebrochenem Englisch gestand, daß er Meditation gar nicht möge und lieber mit mir hinuntersteigen wolle zum Markttag in der kleinen Ansiedlung im Tal, sein Abt ihn aber mit einigen anderen Mönchen in diese Abgeschiedenheit hinaufgeschickt habe, in der er nun wohl oder übel bleiben müsse. Zwar können buddhistische Mönche jederzeit ihre Gelübde zurückgeben und in den Laienstand treten, ohne mit Repressalien oder sozialer Ausgrenzung rechnen zu müssen, doch ist ihre Versorgung außerhalb der behüteten Welt des Klosters oft höchst unsicher.

Andererseits gab es kaum irgendwo anders als in Tibet günstigere Voraussetzungen für Menschen, die sich ernsthaft mit spiritueller Entfaltung auseinandersetzen und sich ausschließlich dem Studium, der Ritualpraxis und der Meditation widmen wollten. Auch für westliche Menschen kann die Beschäftigung mit Tibets Kultur und Religion höchst bereichernd sein, wenn nicht bunte Äußerlichkeiten oder verfälschende Mythen und Verklärungen den Blick verstellen.

Doch gerade solch »romantische« Sichtweise war es, die schon früh meine eigene Begeisterung für das Land hinter dem Himalaya weckte – Spekulationen über wundertätige Lamas, Reiseberichte aus dem verbotenen Land der Yogis und Asketen, Bildwerke in Museen, die aller professoralen Erklärungen zum Trotz ihr Geheimnis nicht preisgaben, die aufrüttelnde tibetische Ritualmusik, das kursierende Halbwissen über magische Praktiken und geheime Lehren, die garantiert innerhalb einer Lebensspanne zur Erleuchtung führen. Doch verschlossener denn je war das Schneeland seit der Besetzung durch die Chinesen, und jeder Reisewunsch blieb unbestimmtes Fernweh.

Schließlich, ab Mitte der achtziger Jahre, durften erste Touristen tibetischen Boden betreten. Trotzdem habe ich noch einige Zeit gezögert, nach Tibet zu reisen, als wollte ich mir meine Illusionen über das Land meiner Träume bewahren. War es wirklich nötig, das zu sehen und zu erleben, was die Chinesen aus Tibet gemacht haben und was Menschenrechtsorganisationen und Tibet-Hilfsgruppen überall auf der Welt anklagen – alle 6 300 Tempel, Klöster und Heiligtümer mit Dynamit und Spitzhacke zerstört, bis auf 13, die einigermaßen unbeschadet blieben, die Kunstwerke geschändet, Wandmalereien zerschlagen, Statuen eingeschmolzen oder zertrümmert, Bibliotheken mit unersetzlichen Handschriften und Blockdrucken verbrannt. Die dichten Wälder Osttibets gerodet, die Tierwelt des Changtang zum Privatvergnügen von Parteibonzen und Offizieren fast ausgerottet. Kraftwerke an heiligen Seen, Giftmülldeponien, Militärlager, trostlos verunstaltete Dörfer. Die »Götterstadt« Lhasa zu einem chinesischen Provinznest verkommen, mit Bordellen, Karaokebars, Spielhöllen, Kasernen, Plattenbauten, Gefängnissen, die Tibeter längst eine unterprivilegierte Minderheit in ihrer eigenen Hauptstadt, verführt von den neuen Herren zu Glücksspiel und Trunksucht. Seit der »friedlichen Befreiung Tibets« durch die Chinesen 1,2 Millionen Tibeter ermordet, verhungert, zu Tode gefoltert, auf der Flucht oder in Arbeitslagern umgekommen, im Widerstand gefallen. Mönche und Nonnen aus den Klöstern vertrieben und in Gefängnisse und Lager verschleppt. Die Aufstände verzweifelter Tibeter Ende der achtziger Jahre blutig niedergeschlagen und und und …

Solche Schlagzeilen ließen sich beliebig fortsetzen, und doch vermögen sie nicht annähernd die Schrecken einzufangen, welche die Tibeter unter der jahrzehntelangen chinesischen Zwangsherrschaft erdulden mußten, das persönliche Leid, das über fast jede tibetische Familie hereingebrochen ist. Auch wenn die schlimmste Zeit von Zerstörung und Terror vorüber scheint, nehmen die Horrormeldungen bis zum heutigen Tag kein Ende. Tibetische Frauen werden noch immer zwangssterilisiert und zu Abtreibungen gezwungen, minderjährige Nonnen, die öffentlich Freiheit fordern, zu jahrelangen Gefängnisstrafen verurteilt und im Gefängnis vergewaltigt, geschlagen, gefoltert. Mönche, die sich weigern, Schmähschriften gegen den Dalai Lama zu unterzeichnen oder an politischen Umschulungsmaßnahmen teilzunehmen, werden aus den wenigen aktiven Klöstern vertrieben, Klosterbauten werden zerstört, Kunstwerke abtransportiert. Die vom Dalai Lama anerkannte Wiedergeburt des Panchen Lama, des zweithöchsten Würdenträgers Tibets, wurde samt seiner Familie von den Chinesen verschleppt und ist seither verschollen. Die historische Altstadt Lhasas wurde abgerissen und durch gesichtslose Betonbauten ersetzt oder durch einen trostlosen Paradeplatz direkt vor dem Potala. Der Besitz von Bildern des Dalai Lama ist bei Strafe verboten. Und noch immer ist der Flüchtlingsstrom aus Tibet nicht abgerissen, darunter Hunderte von Kindern, die jedes Jahr ins indische Exil gebracht werden, weil sie nur dort in den Genuß der traditionellen tibetischen Ausbildung kommen. Gleichzeitig strömen jährlich Abertausende Chinesen auf das Dach der Welt, um dort ihr Glück zu versuchen. Der »Mythos Tibet«, der die Menschen seit Jahrhunderten bewegt, der Traum vom »Shangrila« hinter den Gebirgsketten des Himalaya, ist zu einem Alptraum geworden.

Schließlich war die Anziehungskraft Tibets stärker. Ich reiste Anfang der neunziger Jahre zweimal ins Land des Schnees. Die erste Reise unternahm ich allein mit meiner Frau Ayshen in die zentralen Regionen Tibets, die zweite Reise nach Westtibet zum heiligen Berg Kailash wieder mit meiner Frau und, wegen der kostspieligen Notwendigkeit, Zelte, Vorräte, Benzin und weitere Ausrüstung auf einem Lastwagen mitzuführen, gemeinsam mit einigen anderen Leuten. Impressionen beider Tibet-Reisen sind in dieses Buch eingeflossen.

Zum Kailash nahmen wir – nach einer angemessenen Zeit der Akklimatisierung in Lhasa und Zentraltibet – die Nordroute durch Transhimalaya und Changtang, für die Rückfahrt erhielten wir die Genehmigung für die Südroute, die zu dieser Jahreszeit (Oktober) gerade befahrbar war, und kehrten über die Himalayapässe auf dem Landweg nach Nepal zurück.

Ende der achtziger Jahre wurde der stetig wachsende Strom von Tibet-Reisenden mehrfach unterbrochen. Wegen der Volksaufstände in Lhasa und anderen Teilen des Landes, für deren blutige Niederschlagung die chinesischen Machthaber keine Augenzeugen aus westlichen Ländern dulden wollten, wurden für viele Monate das Kriegsrecht ausgerufen und die Grenzen geschlossen. Seither ist Tibet offiziell nur für Touristengruppen zugänglich, denen von chinesischen Reiseagenturen ein heiles folkloristisches Tibet vorgeführt wird, eine Art »buddhistisches Disneyland«, in dem die wichtigen Klöster restauriert sind und die wieder zugelassene Volksreligiosität pittoreske Motive für Touristenschnappschüsse liefert. Doch auch Überwachungskameras, Spitzel im Mönchskostüm und regimetreue Reisebegleiter können nicht verhindern, daß sich dem Reisenden, der die Augen offenhält und vorsichtigen Kontakt zur Bevölkerung sucht, das wirkliche Gesicht Tibets zeigt. Der Dalai Lama hat einmal auf die Frage, ob man denn als Tourist nach Tibet reisen und dadurch die Chinesen mit Devisen unterstützen solle, geantwortet, ja, man solle reisen, aber mit wacher Aufmerksamkeit und mit dem Wissen um das Furchtbare, das im Land des Schnees geschehen ist.

Wer nicht mit den Scheuklappen des oberflächlichen Besichtigungstourismus nach Tibet reist, sondern mit offenem Herzen und offenen Augen, findet sich rasch in einem Wechselbad der Gefühle: Einerseits die überwältigende Schönheit der Landschaft, die ungebrochene Lebensfreude der Tibeter, ihre tiefe Verwurzelung in der Religion, die Kunstschätze der wenigen erhaltenen Heiligtümer, doch zugleich die Ruinen zerstörter Klöster und Tempel, die Trümmer von Kunstwerken, die geschändeten Städte und Dörfer, Mönche, die in einem unbeobachteten Augenblick dem Gast aus dem Westen die Narben erlittener Folterungen vorweisen, die allgegenwärtigen Zeichen des Unterdrückungssystems und selbst in entlegensten Gebieten die Spuren des kaum faßbaren Sturmes der Vernichtung, der über Tibet hinwegfegte. Welcher Ungeist diesen Sturm entfachte, offenbart sich in einer fast verblichenen Parole, in chinesischen Lettern auf die Mauerreste eines zerstörten Klosters gemalt, das wir abseits der Touristenpfade aufsuchten: »Denkt immer daran – Mao hat euch die Freiheit gebracht.« Mit dem gleichen sadistischen Zynismus haben wohl auch die Nationalsozialisten ihr »Arbeit macht frei« über KZ-Toren angebracht.

Doch auch nach über 40 Jahren von Terror und Repression, von systematischer Zerstörung und dem Versuch, die Kultur des tibetischen

Buddhismus in seinem Kernland restlos auszulöschen, ist die innere Kraft der Tibeter nicht gebrochen. Symbol für diesen »Widerstand des Geistes« – so der Titel eines sehenswerten Dokumentarfilms – ist das Kloster Ganden. 1409 von dem großen Reformator Tsongkhapa gegründet, wurde dieses Kloster in den unwegsamen Bergen über dem Tsangpotal zu einer der tragenden Institutionen des Gelugpa-Ordens, der über mehrere Jahrhunderte unter den Dalai Lamas die geistliche und politische Macht in Tibet innehatte. Ganden wuchs zur bedeutendsten Klosteruniversität Tibets, zu einem geistigen Zentrum, in dem sich Tausende von Mönchen aus dem ganzen Land in verschiedenen Fakultäten den intensiven Studien und Prüfungen unterzogen, die für die besten unter ihnen nach 15 bis 20 Jahren zum Erwerb des akademischen Grades eines »Geshe« führten.

Wie eine kleine Stadt ist Ganden an einen gebogenen Berghang gebaut, in ein natürliches Amphitheater, etwa 4300 Meter über dem Meeresspiegel. Als die Chinesen Tibet überrannten, wurden die Mönche aus Ganden vertrieben und das Kloster dem Verfall überlassen. Kurz zuvor hatte Ganden in einer glanzvollen Zeremonie ein letztes Mal die ganze Pracht des alten Tibet entfaltet – bei der Ablegung der geistlichen Prüfungen des 14. Dalai Lama im Februar 1959, wenige Wochen vor der Flucht des weltlichen und geistlichen Oberhaupts der Tibeter ins indische Exil. Als mit der Kulturrevolution in den sechziger Jahren eine Welle von Terror und Gewalt über das Schneeland hinwegfegte, teilte Ganden das Schicksal fast aller anderen tibetischen Klöster und Tempel – der geistige Mittelpunkt des alten Tibet wurde ausgeraubt und bis auf die Grundmauern zerstört. Selbst die Dorfbewohner aus der weiteren Umgebung wurden mit vorgehaltenem Gewehr gezwungen, bei der Vernichtung »ihres« Klosters, an dessen Aufbau und Versorgung viele Generationen gewirkt hatten, mitzuhelfen. Auch das goldene Grab des großen Reformators Tsongkhapa, der 1419 in Ganden gestorben war, wurde von den Roten Garden geschändet. Sie brachen die Stupa aus Silber und Gold auf, fanden zu ihrem Schrecken den einbalsamierten Leichnam des Tsongkhapa unversehrt und vernichteten auch ihn.

Für Jahre standen die Ruinen der ehemaligen Klosterstadt vergessen in der Bergeinsamkeit. Dann, als vorsichtiges politisches Tauwetter in China einsetzte und den Tibetern stark eingeschränkte Religionsfreiheit gewährt wurde, kehrten erste Mönche nach Ganden zurück. Der mühsame Wiederaufbau begann. Im Gegensatz zu anderen Klöstern, die sich für den Tourismus nutzen ließen, erhielt das abgelegene Ganden kaum staatliche Zuschüsse, doch gerade hier konzentrierte sich die private Hilfe der Tibeter. Geld und Schmuck wurden gespendet, vor der Zerstörung gerettete und vergrabene Statuen und Kultgegenstände zurückgebracht, und wer nichts zu geben hatte, half mit der Kraft seiner Hände. Ganden wurde zum Sinnbild für die Freiheitssehnsucht der tibetischen Bevölkerung, für ihre ungebrochene Verwurzelung im Buddhismus nach langen Jahren völligen Religionsverbots, für das Scheitern des Versuchs der Chinesen, mit den Klöstern und Tempeln auch die Geistigkeit Tibets zu vernichten.

Als wir Ganden besuchen, stehen zwischen Ruinenstümpfen die ersten wieder errichteten Gebäude, darunter das zentrale Heiligtum, der rot bemalte Tempel, der Tsongkhapas Grab beherbergt hatte. Ein junger Mönch sitzt im Innenhof vor einem weiß gedeckten Tischchen, auf dem ein silberner Stupa mit der kostbarsten Reliquie Gandens steht, dem Zahn des Tsongkhapa, dem einzigen Rest, der von der geschändeten Leiche des Gründers des Gelugpa-Ordens erhalten blieb. Der Mönch drückt den Zahn unzählige Male in Tsampateig ab und legt die kleinen Stücke in der Sonne zum Trocknen aus. Die Abdrücke werden an die Pilger verteilt, die Ganden in zunehmenden Scharen besuchen. Einer Gruppe dieser Pilger folgend gelangen wir in ein Gebäude, in dem früher die Studenten aus der Provinz Amdo lebten. Ein alter Mönch ist dort der Wächter, einer, der schon in Ganden lebte, als es noch stolze Klosterstadt war. Wir verständigen uns mit englischen und tibetischen Brocken und reger Körpersprache. Wie so oft in Tibet ist unser Reisebuch mit den Fotos des Dalai Lama und vieler hoch verehrter Statuen von Buddhas, Bodhisattvas und Gottheiten ein begehrtes Objekt des Interesses. Aufmerksam blättert der Mönch das Buch durch. Als er die historische Aufnahme des unversehrten Ganden entdeckt, die in dem Buch abgedruckt ist, kann er seinen Blick lange nicht lösen von diesem Bild, schließlich beugt er sich zur Seite und zieht seine Robe vor das Gesicht, um seine Tränen zu verbergen. Mögen die Gebäude Gandens nach Jahrzehnten aus Ruinen wiederentstehen, die Wunden im Herzen sind längst nicht geheilt.

Als wir später die Kora, den Umrundungsweg des Klosters gehen, über den Bergrücken, von dem man hinabblickt in das Tal des Tsangpo, in der scharfen, klaren Höhenluft, die den Blick weit über die Gebirge schweifen läßt, bleibt der Kummer des alten Mönches wie ein Schatten auf dem Herzen, wie dumpfe Bedrückung.

Diese Trauer, dieser Schmerz um das für immer verlorene alte Tibet, um das Leid der Tibeter, um den Verlust des Unersetzlichen, ist wie ein dunkler Faden in die bunten Bilder jeder Reise durch das Land des Schnees gewebt. Und doch scheint er auch wie ein Hinweis auf eine Kernaussage der buddhistischen Lehre, die Tibet von Grund auf durchdringt, nämlich daß alle Dinge vergänglich sind und alles Dasein im Kreislauf der Wiedergeburten leidhaft. Es ist solche Einsicht, die einen greisen tibetischen Lama in einem Interview sagen ließ, daß er die Chinesen, die ihm und seinem Land so viel Leid zugefügt haben, nicht zu hassen vermöge, sondern daß er Mitgefühl mit ihnen empfinde, weil sie durch ihr Tun so viel negatives Karma auf sich geladen hätten, und daß auch das schreckliche Schicksal Tibets mit verursacht worden sei vom schlechten Karma der Tibeter.

Nur solch tiefem Verständnis des Wirkens von Gut und Böse ist es wohl zu verdanken, daß die Tibeter auch in schwersten Zeiten unerschütterlich an ihrem Glauben festhielten und daß es selbst unsäglichstem Leid nicht gelang, ihre sprichwörtliche Heiterkeit und Lebensfreude zu zerstören.

Land der Stille

Weit im Süden blieb die Welt zurück. Die Sonne Indiens, Sikkim, der Himalaya, die dämmernden Urwälder, die Himmelsberge und der Schnee. Kahle Mondhügel folgen, ureinsames Land, dumpfrote Hügel, braunrote Steppen, ockerfarbener Sand. Über der Viertausendmetergrenze kein Baum und kein Strauch. Nur ferne Gipfelriesen, Frost, Sturm, Wolken und die große Einsamkeit.«

So beginnt Ernst Schäfer, Leiter der deutschen Tibet-Expedition 1938/39 seinen Reisebericht ›Das Fest der weißen Schleier‹. Knapper und treffender lassen sich die Überschreitung des Himalaya-Hauptkammes und die ersten Blicke auf das tibetische Hochplateau kaum beschreiben. Heute ist Schäfers Route über Sikkim, für Jahrhunderte eine bedeutende Verbindung zwischen Indien und Tibet, gesperrt. Doch auch wer von der nepalischen Hauptstadt Kathmandu in Richtung Lhasa aufbricht, erlebt diesen dramatischen Kontrast, diese Passage quer durch den Himalaya in eine andere Welt, in eine Landschaft von endloser Weite, Einsamkeit und Stille.

Das satte Gelbgrün terrassierter Reisfelder säumt den Weg von den Ansiedlungen im Kathmandutal zur tibetischen Grenze, scharf kontrastiert von roter, fruchtbarer Erde. Bäche rauschen ungezähmt in den Tälern, überspannt von schwankenden Brücken. Von immer steiler werdenden Hängen stürzen die Wasser herab, sammeln sich aus tief eingeschnittenen Schluchten in einem reißenden Fluß. Das Tal verengt sich. Gewässer queren in breiten Strömen die Straße, Schlammbahnen auch, von Bergrutschen aus der Monsunzeit, Reste von notdürftig zur Seite geräumtem Erdreich. Schließlich, im Rauschen und Tosen der Bäche und Wasserfälle, in scharfer kalter Gebirgsluft, der silberhelle Ton einer Glocke, angeschlagen von einer wassergetriebenen Gebetsmühle. Tibet ist nahe. Der nepalische Grenzposten Kodari. Die »Brücke der Freundschaft«. Hat der Monsun in den Sommermonaten arg gewütet, muß man die Straße zu den chinesischen Schlagbäumen zu Fuß hinaufsteigen. Wenn man Glück hat, wird man auf der Ladefläche eines Lkw nach oben geschaukelt, über die unbefestigte, in den Steilhang geschnittene Straße, durch Reste von Muren, vorbei an abgebrochenen Wegstücken. Er sei

Tibeter, betont der Fahrer stolz, der uns hinaufbringt, und zeigt auf das Bild des Dalai Lama, das vom Rückspiegel baumelt, unmittelbar neben einem Porträt des Großen Vorsitzenden Mao. Im »neuen« Tibet, dem »sozialistischen Paradies«, das die Chinesen über den Trümmern der tibetischen Kultur mit blutiger Gewalt errichtet haben, stößt man allerorten auf diese Antipoden. Der Grenzort Zhangmu, schon auf tibetischer Seite, ist ein häßliches Dorf. Elende Holzhütten, ein paar Betonbauten, eine Handvoll Steinhäuser kleben am steilen Hang entlang einer im Schlamm versunkenen Serpentinenstraße. Auf den Bergen ringsum ragen kahle Baumstämme wie ein Wald von Telegrafenstangen in den Himmel.

Einst bedeckten dichte Urwälder die südlichen Flanken des Himalaya. In Nepal und Südtibet wurden sie rigoros abgeholzt. Das Schlagen ganzer Bäume ist heute zwar verboten, doch hacken die Menschen auf der Suche nach Bau- und Brennmaterial alle Äste ab, so daß nur mehr die Stämme stehenbleiben, traurige Baumleichen auf erodiertem Boden. Im holzreichen Osttibet blieben nicht einmal die Stämme – die Chinesen betreiben kommerziellen Kahlschlag dieser für das Klima ganz Ostasiens so wichtigen Wälder. Schon die Hälfte der einstmals dichtesten Nadelwälder der Erde mit über 200 Jahre altem Baumbestand wurde vernichtet. Nur in Bhutan, dem kleinen Drachenkönigreich östlich von Nepal, sind die Himalayawälder mit ihrer kaum erforschten Vielfalt von Flora und Fauna bis in die Gegenwart unberührt erhalten.

Eiskalte Augen in den ausdruckslosen Gesichtern chinesischer Grenzsoldaten prüfen die Pässe, Visa und die in mehrfachen Kopien ausgefüllten Einreiseformulare. Ein Mann vor mir muß seinen Reiseführer vorweisen. Gezielt schlägt der Soldat die Seite auf, auf der ein ganzseitiges Farbfoto des Dalai Lama abgedruckt ist, und reißt es aus dem Buch heraus, bevor er es zurückgibt. Keine Regung im Gesicht. Weitergehen. Auch meinen Reiseführer will er sehen, als ich an der Reihe bin, doch ich habe ihn vorsorglich tief in meinem Seesack verstaut und finde ihn so lange nicht, bis der Soldat die Geduld verliert und mich durchwinkt. Offenbar hat er keine Lust, eigenhändig mein Gepäck zu durchwühlen. Als wir das erste Mal nach Tibet reisten, gab es die begehrten Dalai-Lama-Bilder noch auf dem Barkhor in Lhasa zu kaufen, ein Jahr später wurde ihr Besitz bei Strafe verboten.

Am anderen Morgen führt die Straße weiter durch eine Schlucht unzähliger Wasserfälle – Nyalam. Schäumende Gischt stürzt von senkrechten Felswänden herab oder bricht aus Seitentälern hervor. Üppige Vegetation nutzt jede Handbreit Erde. Aber die Straße windet sich höher und höher. Mit jedem Meter weicht das Leben in der Landschaft zurück. Bäume, Büsche, Farne, selbst die Wasserläufe verschwinden allmählich. Auch die Wolken scheinen an den Bergspitzen hängenzubleiben und geben einen Himmel frei, dessen Blau immer intensiver wird. Das erste tibetische Dorf mit den typischen Häusern, deren weiß getünchte Wände ein Stück über das flache, mit Gebetsfahnen geschmückte Dach hinausragen, liegt zwischen den in mannigfaltigen Formen parzellierten Feldern. Eng begrenzt ist der Bezirk fruchtbarer Erde. Am Rand der Äcker heben sich die Wellen kahler, steiniger Hügel. Öde wird die Landschaft, karg, leer, aber niemals eintönig. Die Hügel und Berge schimmern in zahllosen Farbtönen – Gelb, Ocker, Rot, Purpur, Violett. Über manche Hänge webt sich ein Hauch zartgrünen oder goldfarbenen Bewuchses, andere sind Steinhalden unter wie Zähne aufragenden Felskämmen. Indigofarbene Schatten liegen in ihren Falten und Rissen. In unvermutet sich eröffnenden Durchblicken blitzen die Schneegipfel des Zentralhimalaya. Schaf- und Ziegenherden bewegen sich durch baumlose Täler, winzig wie Insekten. Erst solche Bezugspunkte zeigen die Weite dieser Landschaft.

Immer höher steigt die Straße, immer häufiger öffnen sich hinter braunen, goldenen und roten Erhebungen Blicke auf ferne Schneeberge, bis schließlich der Lalung-Paß erreicht ist, 5050 Meter über dem Meeresspiegel. Und doch ist er kaum mehr als eine Hügelkuppe, auf der Schafe ihr Futter auf steinübersäter Weide suchen. Steine sind zu Pyramiden aufgeschichtet, Gebetsfahnen knattern im Wind, der Blick wandert über die Schneegipfel des Himalaya, überragt vom Shisha Phagma, dem einzigen Achttausender, der ganz auf tibetischem Boden steht. »Lha Gyal-lo«, rufen die Tibeter lachend in den Wind, »Lha Gyal-lo – die Götter mögen siegen«, ein Segensruf noch aus der Zeit, bevor der Buddhismus das Schneeland erreichte. Freude drückt er aus über das glückliche Erreichen des Passes, Hoffen auf eine gute Weiterreise und Verehrung für die lokalen Götter und Dämonen, die in Tibet jeden Paß, jeden Berg, jeden See und Fluß beseelen. Kristallscharf schneidet die Luft in die Lungen, kalt und dünn.

In solcher Höhenluft ist die Landschaft befreit von allem Dunst. Formen und Farben legen jeden Rest von Verwischung und Weichzeichnung ab, offenbaren sich dem Auge in unverfälschter Reinheit. Der Blick weitet sich ins Grenzenlose. Ungebrochene, intensive Klarheit des Sehens. So sieht man in luziden Träumen oder Visionen. Die fernen Himalayagipfel und die sich ins Unendliche dehnende hügelige Hochsteppe scheinen zum Greifen nahe. Jede Kontur, jedes Detail ist scharf gezeichnet, jeder Farbton behauptet seine Leuchtkraft vor dem kobaltblauen, unergründlich tiefen Himmel.

Dieser erste, im wahrsten Sinne des Wortes den Atem raubende Blick auf das Panorama Südtibets ist nur Vorgeschmack auf die Eindrücke der langen Reise durch die Gebirgszüge des Transhimalaya und die Weiten des Changtang auf der Nordroute zum Kailash. Nachdem wir bei Lhatse auf der alten Fähre über den Tsangpo gesetzt sind, dringen wir ein in schier unermeßliche Leere, in der man verschwindet wie Ameisen in einem gewaltigen Terrain aus Sand, Stein und hartem Gras. Stunden und Tage fährt man auf Pisten durch eine stumme Welt vielfältiger Formen und Farben, auf einer Höhe von durchschnittlich 4 500 Metern über dem Meer, vorbei an weiß umkrusteten Salzseen, an zerbröckelnden mehrfarbigen Felszacken, an Schneebergen, an kahlen, von Falten und Furchen durchzogenen Hügelketten, erstarrten Wellen gleich, durch zart bewachsene Steppe, durch Steinwüste, durch sandige Flußtäler, über Pässe weit über 5 000 Meter hoch, hinter denen Züge namenloser Eisgipfel leuchten. Stets aber meint man in unendliche Weite zu blicken, in einen Raum ohne Ende. Doch nicht nur der Blick weitet sich, auch das Herz. Grenzenlose Ausdehnung – im Dzogchen, der »Großen Vollkommenheit«, einer Meditationslehre des Vajrayana-Buddhismus und der Bön-Religion, charakterisiert dies auch die innerste Natur des Geistes.

Wer hinauswandert in solche Landschaft, sich abends entfernt von den Zelten oder zu Fuß dem Weg folgt, weil die Wagen pausieren oder wieder einmal repariert werden müssen, erfährt eine weitere Eigenart des Changtang – die Stille. Nirgendwo habe ich je eine solche Qualität von Stille gespürt, auch nicht in der Bergeinsamkeit Europas oder Asiens. Eine völlig neue Erfahrung für die Ohren, die selbst in stillsten Augenblicken gewohnt sind, winzige Laute wahrzunehmen, fernes Rauschen von Verkehr oder Flugzeugen, das Rascheln von Blättern, ein Fundament von Geräuschen, das unserer gewohnten Umwelt stets unterlegt ist. Im Changtang, wenn nicht gerade Wettergewalten niederbrechen, fehlt dieser allgegenwärtige Klangteppich. So wie jeder Schleier von Dunst den Augen entzogen ist, die in den Höhen Tibets in die Unendlichkeit zu schauen meinen, so sind den Ohren die vertrauten Hintergrundtöne genommen. Hält man inne auf einer Wanderung, blickt man in die Berge und Ebenen und lauscht, so finden die Ohren nichts mehr, nur leeres Schweigen. Weit scheinen die Sinne hinauszugreifen in diesen Raum absoluter Lautlosigkeit und gelangen doch an kein Ende. Solche Augenblicke zerbrechen jedes Gefühl für Orientierung, für Raum, für Zeit, lassen schaudern und schwindeln in dieser Leere ohne jeden Bezug zu Gewohntem, durchtrennen jede Bindung an die Welt der Sinne, jede Geborgenheit, jede Eingebundenheit. Das, was gewöhnlich »Ich« sagt in uns, erschrickt in solchen Momenten zutiefst, scheint diese Stille doch wie der Eingang in eine unbekannte, einsame Dimension des Seins, in der Wahrnehmungen, Gedanken und auch ein »Ich« keine Bedeutung mehr besitzen. Erst der Flügelschlag eines Vogels, der den geschärften Ohren jetzt wie lautes Rauschen scheint, wirft den sich selbst abhanden gekommenen Lauscher zurück in die faßbare Welt.

Ständig wechselndes Licht taucht die Landschaft in immer neue Farbschattierungen. Regenbogen überwölben die Ebene mit nie gesehener Leuchtkraft, glücksverheißende Himmelszeichen, so nahe, daß man denkt, sie fassen zu können. Ohne zu zögern glaubt man hier die Berichte der Tibeter, daß manchmal auch Buddhas, Bodhisattvas und Schutzgottheiten schimmernd über den Bergen erscheinen, himmelhoch, als sei die dünne Luft Tibets durchlässiger für die Visionen höherer Sphären.

Das Wetter im Changtang kennt nur Extreme. Brennt die Sonne vom wolkenlosen Himmel, will man fast die Kleider von sich werfen, nur um im nächsten Augenblick, im Schatten eines Berges, einen Eishauch zu spüren, der tief in die Knochen fährt. Sonne, Hagel, Sturm, Schnee wechseln innerhalb von Minuten. Während Regenschauer niederbrechen, stehen ein Stück weiter die Berge in scharfem Goldlicht. Kurz darauf fliegen weiße Wölkchen über den Himmel, und ihre eilenden Schatten setzen die Wellen der Landschaft in fließende Bewegung. Doch am Horizont quillt schon wieder schwarzes Unwetter hinter von Neuschnee überzuckerten, in der Sonne gleißenden Bergen auf.

Jede Himmelsrichtung hat ihr eigenes Wetter. Es heißt, daß in den drastischen Wetterstürzen des Changtang schon Pilger erfroren sind auf der Ladefläche ihres Lkw, auf dem sie zum Kailash reisten, weil der Lenker unverdrossen weiterfuhr, um sein Ziel ohne Verzögerung zu erreichen. Jede Reise durch solches Land ist bedroht von der Gefahr,

Die Flüsse der Nordroute müssen in Furten durchquert werden

steckenzubleiben im Schnee, im Sand, im Schlamm der Spurrinnen, in Löchern der Pisten oder an unerwartet angeschwollenen Flüssen, die vorsichtig in Furten durchquert werden müssen. Manchmal bedeutet solches Steckenbleiben oder der ungünstige Wasserstand eines Flusses Warten für Stunden, vielleicht auch Tage, das Umkehren oder nicht enden wollende Umwege, manchmal zwingt es nur zum spontanen Nächtigen an einem nicht dafür vorgesehenen Ort.

Unsere Reise zum Kailash ist vom Glück begünstigt – alle Furten sind passierbar, alle Pisten leidlich zu befahren, selbst jene damals noch gefürchtete der Südroute auf dem Rückweg. Auch das Wetter des Changtang meint es verhältnismäßig gut mit uns. Nur einmal bleibt unser Lkw mit allen Zelten, Schlafsäcken und Vorräten im Schlamm stecken und trifft erst nach Mitternacht am vereinbarten Lagerplatz ein, über dem sich gerade Schneewolken zusammenbrauen.

Später, in klirrender Kälte, wölbt sich klarster Sternenhimmel von Horizont zu Horizont, von keinem irdischen Schimmer überstrahlt, von keinem Dunst getrübt. Die Milchstraße scheint wie eine leuchtende Brücke quer über das Weltall.

Am nächsten Morgen ist die Landschaft mit einer glitzernden weißen Decke verzaubert, der Himmel strahlt wolkenlos in sattem Kobalt. In der

Nähe von heißen Quellen, die unter mächtiger Dampfsäule zwischen buntem Gestein hervorsprudeln, stehen Nomadenzelte. Yaks stapfen durch den Neuschnee am Ufer eines dunkelblauen Sees. Diese zotteligen, dem Auerochsen verwandten »Grunzochsen« sind bestens gerüstet für das Überleben im eisigen Höhenklima Tibets. Einmal, bei der Umwanderung des Kailash, bei der Yaks unsere Zelte tragen, wage ich mich an einem bitterkalten Morgen an eines der scheuen, oft halbwilden Tiere heran, lasse meine Hand unter die groben Zotteln seines Außenfells gleiten und wärme sie in seinem »Unterkleid«, einer Schicht feinster, wärmster kuscheliger Wolle.

Für die Nomaden des Changtang wie für die seßhaften Bauern Zentraltibets ist der Yak von höchster Bedeutung. Er dient als Reit- und Lasttier, zieht den Bauern den Pflug. Seine dichten Haare werden versponnen und verflochten, die Häute gegerbt, das Fleisch getrocknet. Die Dris – Yakkühe – geben fettreiche Milch, die zu Butter und Käse verarbeitet wird. Getrockneter Yakkäse in Würfeln, hart wie Betonbrocken, auf Schnüre gezogen, ergänzt die eintönigen Mahlzeiten der tibetischen Pilger, die meist nur aus Tsampa – geröstetem Gerstenmehl – und dem eher an Bouillon erinnernden Buttertee besteht. Eine gute Stunde muß man diese streng schmeckenden Käsesteine im Mund wälzen, bis sie sich allmählich auflösen. Die gebleichten Schädelknochen der Yaks und Dris, mit Mantren und Gebeten graviert, zieren die Manimauern an Pilgerwegen um den Kailash und andere heilige Orte. Selbst der Dung erfüllt eine wichtige Funktion – getrocknet ist er das einzige Brennmaterial, das den Nomaden zur Verfügung steht, denn im Changtang wächst kein Baum und kein Strauch.

Ein kleiner geschützter Bestand riesenhafter Wildyaks lebt noch im unzugänglichen Norden des Changtang. Die kargen Hochebenen Tibets sind keinesfalls leblose Wüsten, sondern ein einzigartiges Biotop, bevölkert von vielfältiger Tierwelt. Auf unserer Reise durch Changtang und Westtibet sehen wir immer wieder Kiangs (Pferdeesel), Gazellen, Antilopen, Wölfe, Murmeltiere, Erdhörnchen, Pfeifhasen, viele Vogelarten, darunter Geier, Schneehühner und die legendären Schwarzhalskraniche, besungen in vielen Liedern der Himalayavölker. Jahrhundertelang waren Jagd und Fischfang in Tibet verpönt, denn der Buddhismus ächtet das Töten aller Lebewesen, auch der kleinsten. Heinrich Harrer schreibt in seinem Buch ›Sieben Jahre in Tibet‹ über den von ihm geleiteten

Bau eines Dammes: »Und wie viele Unterbrechungen und Pausen gab es! Mit einem Aufschrei entdeckte einer einen Wurm auf der Schaufel: Alles wird hingeworfen, der Wurm gerettet und in Sicherheit gebracht.« Nach dem Einmarsch der Chinesen war es mit solchem Respekt für alles Lebendige vorbei. Nicht nur die Tempel und Klöster Tibets sanken in Schutt und Asche, auch dem einmaligen Ökosystem wurde und wird noch immer schwerster Schaden zugefügt. Die üppige Tierwelt wurde zum Abschuß freigegeben und nahezu ausgerottet, oft zum bloßen Mordvergnügen von Soldaten und Funktionären. Die Natur des Changtang hat sich heute wieder etwas erholt, doch die riesigen Herden der Kiangs und Gazellen, von denen alte Reiseberichte sprechen, gibt es nicht mehr.

Nur wenige Menschen leben und überleben in den kalten, trockenen Hochsteppen. Unvorstellbar schwer ist das Leben der Nomaden, die mit ihren Herden – Yaks, Ziegen, Schafe – das Land durchwandern. Im Sommer steigt die Temperatur auf 25 Grad, die Winter aber, mit weit unter 40 Grad minus, sind lebensbedrohend für Mensch und Tier. In den besonders kalten Wintern der letzten Jahre, als ungewöhnlich viel Schnee fiel und das Thermometer auf angeblich minus 60 Grad sank, starben Hunderttausende von Nutztieren und, da das Leben der Nomaden unmittelbar abhängt von ihrem Vieh, auch die Menschen. Und doch sind die Nomaden Westtibets überzeugt, die glücklichsten Menschen der Welt zu sein, da die Natur ihnen alles schenkt, was sie zum Leben benötigen, ohne daß sie sich darum plagen müssen wie die Bauern in den Flußtälern Zentraltibets, die gezwungen sind, mühsam Häuser aus Stein zu bauen, Felder zu pflügen, zu säen, zu ernten.

In der Nähe von Wasserläufen stehen die Nomadenzelte, Bahnen aus Yakhaar, die mit Außenpfosten fest verspannt sind. Diese Zelte strahlen nicht die wohlige Gemütlichkeit der Filzjurten des nördlichen Zentralasien aus, sondern zeugen vom harten Überlebenskampf ihrer Bewohner. Doch welch natürliche Fröhlichkeit, welch schlichte Herzenszufriedenheit strahlt aus diesen Menschen, die tief verwurzelt sind in ihren Bräuchen und in buddhistischer Frömmigkeit. Wer sich ihren Zelten nähert, findet stets gastliche Aufnahme, erhält den unvermeidlichen Buttertee, von dem die erste Schale auch dem ärgsten Feind gereicht wird. Doch nur wem nachgeschenkt wird, gilt als Freund. Daß es dabei nicht unbedingt nach europäischen Hygienenormen zugeht, haben Tibet-Rei-

Nomadenzelt im Changtang

sende von gestern und heute berichtet, beispielsweise August Gansser, der 1936 am Kailash war. Er schreibt über das Zubereiten und Trinken des tibetischen Nationalgetränks in einem Nomadenzelt: »Aufmerksam habe ich die verschiedenen Phasen verfolgt, bis sich der Inhalt der kleinen Holzschale in meinen Mund ergoß. Dabei übte zweifellos die vorletzte der verschiedenen Manipulationen einen tiefen Eindruck auf mich aus, wobei die gastfreundliche Urgroßmutter einige Speisereste mit ihrem schwarzen Handballen aus meiner für mich bestimmten Holzschale entfernte, die so gereinigte Schale noch gründlich ausleckte und sie mit meiner Portion Tee füllte. Die leicht salzige Teebouillon war wenigstens warm!«

Wer sich einem Nomadenzelt nähert, ruft schon von weitem seine Grußworte, denn er will sichergehen, daß der berüchtigte Wächter dieses Zeltes rechtzeitig an die Kette gelegt wird – gegen einen Tibet-Mastiff, der die Herden seines Herrn auch gegen Wölfe und andere Raubtiere verteidigt und jeden Fremdling furios angreift, wirkt so mancher Kampfhund unserer Breiten harmlos.

Bis Mitte des zwanzigsten Jahrhunderts waren die Mastiffs nicht die einzige Gefahr, die von Nomadenzelten ausging. Es gab gefürchtete Räuberbanden, vor allem unter den kriegerischen Khampas aus Osttibet, die

die Hochebenen durchstreiften, andere Nomaden erpreßten und Karawanen und Pilger überfielen. Aber auch sie umwandelten den heiligen Berg Kailash, um dort ihr Gewissen reinzuwaschen, das nicht selten durch Morde belastet war. Die Khampas führten nach dem Einmarsch der Chinesen bis in die siebziger Jahre einen erbitterten Guerillakrieg gegen die Eindringlinge, der auch vom US-Geheimdienst CIA unterstützt wurde – so lange jedenfalls, bis es den Amerikanern opportun schien, lieber das Marktpotential des Reiches der Mitte zu erschließen als das kommunistische Regime zu bekämpfen, eine Einstellung, die heute mehr denn je von Politikern der Industrienationen geteilt wird, die großzügig über Unterdrückung und Menschenrechtsverletzungen hinwegsehen, um China als Handelspartner zu gewinnen.

Nach der Eroberung Tibets versuchten die neuen Machthaber, auch die Nomaden des Changtang in ihr ruinöses System der Planwirtschaft zu pressen, das Tibet die ersten Hungersnöte seiner Geschichte bescherte, denen Hunderttausende Menschen zum Opfer fielen. Zwangskollektivierung, Terror und das Verbot aller traditionellen Bräuche und jeglicher Religionsausübung brachte die archaische Hirtenkultur an den Rand der Auslöschung. Erst in den achtziger Jahren durften die Nomaden Tibets weitgehend zu ihrer althergebrachten Lebensart zurückkehren. Heute tragen wieder Yakkarawanen die Zelte und Habseligkeiten von einem Weidegrund zum nächsten, und die Männer erfreuen sich am einzigen Luxus des Nomadenlebens, an schnellen Pferden. Übrigens können die Nomaden ihre Sommer- und Winterweiden nicht frei wählen; sie sind streng aufgeteilt zwischen den verschiedenen Clans und Familien. Auch die »Salzmänner« ziehen wieder viele Tagesreisen weit zu den Salzseen im nördlichen Changtang, um auf rituelle Art das weiße Gold zu gewinnen und es später, wiederum weite Strecken entfernt, auf den Märkten in Zentral- oder Westtibet zu verkaufen, zusammen mit den anderen Produkten der Nomadenwirtschaft – Fleisch, Wolle, Felle, Trockenkäse und Butter.

Doch in der einsamen Landschaft der Stille gibt es auch Orte, in denen sich alle Tristesse und Häßlichkeit der Welt zu konzentrieren scheint, zum Beispiel Gertse, ehemals winzige Anlaufstation für Pilger und Händler, heute Stützpunkt chinesischer Soldaten mit Baracken und Kasernenbauten, die überdimensionierten Sandstraßen mit Plastikabfall und den Scherben von Bierflaschen übersät. In der Nähe aber stehen

Sommerzelte von Nomaden, die zu einem Pferderennen zusammengekommen sind, Männer und Frauen in langen, bunt bestickten Fellmänteln, Türkise, Korallen und farbige Bänder in die pechschwarzen, zu Zöpfen geflochtenen Haare gewunden. Zwei Welten, einander völlig fremd, prallen hier aufeinander.

Auch das erste große Ziel der langen Fahrt durch Transhimalaya und Changtang ist ein desolater schmutziger Ort, Shiquanhe (Ali), die größte moderne Ansiedlung Westtibets an einer Schnittstelle zentralasiatischer Handelswege, die Pakistan, Kaschmir und Tibet mit den Oasenreichen an der Seidenstraße verbanden. Hier rasten auch die unermüdlichen Lkw-Fahrer, die Pilger als menschliche Fracht durch das Changtang befördern, hier feiern sie, trinken und wagen ein Spielchen an den unvermeidlichen Billiardtischen. Diese »Kulturimporte« aus China sind vor finsteren Kneipen auf der Straße aufgestellt, umtost vom übersteuerten Soundtrack eines chinesischen Horrorfilms, der aus krächzenden Lautsprechern des Videoladens nebenan nach draußen übertragen wird. In diesem Provinznest mitten im Land der Stille residiert der chinesische Gouverneur, zuständig für Genehmigungen zum Abstecher in das Herz des alten Königreiches Guge, nach Tholing und Tsaparang, Genehmigungen, die man sich trotz vorhandener Papiere von Konsulaten in Deutschland und Behörden in Peking noch einmal mit Whisky und Zigaretten erkaufen muß. Die zentrale Macht in Peking ist weit entfernt von Westtibet, entsprechend wenig gelten ihre Erlasse und Bestimmungen. Das ist auch ein Grund, warum das politische und wirtschaftliche Tauwetter, das viele Teile Chinas erfaßt hat, in besetzten Provinzen wie Tibet noch lange nicht angekommen ist. Dafür aber Korruption und Ämtermißbrauch.

In Shiquanhe sind wir gezwungen, in einem chinesischen »Hotel« zu übernachten, da angeblich das Aufstellen von Zelten in einem Umkreis von 100 Kilometern verboten ist. Also liegen wir wieder in einem »richtigen« Bett in einem Zimmer, dessen Schmutz und Verkommenheit man sich besser nicht vorzustellen versucht, und sehnen uns nach den Eisnächten im steifgefrorenen Zelt irgendwo in der leeren, sternüberwölbten Stille des Changtang.

Die Seele des Schneelandes

Buddhisten, Hindus und Jainas umkreisen den Kailash einträchtig im Uhrzeigersinn. Hin und wieder aber gibt es am heiligen Berg auch Gegenverkehr, und dann steht außer Frage, wer auf dem Weg entgegenkommt – es ist ein Bönpo, ein Anhänger von Tibets ursprünglicher und einheimischer Religion, dem Bön. Solche Wanderer gegen den Strom sind selten geworden, doch nicht etwa, weil die Mehrheit der »rechtsdrehenden« Pilger ihnen mit Unduldsamkeit begegnet. Ganz im Gegenteil – der Kailash ist ein Musterbeispiel für praktizierte religiöse Toleranz zwischen den Gläubigen vier großer Religionen.

Seitdem der Buddhismus vor etwa tausend Jahren endgültig in Tibet Fuß faßte, bekennt sich nur mehr eine Minderheit der Tibeter zur Bön-Religion. Und doch ist Bön im Schneeland und in manchen anderen Regionen des Himalaya allgegenwärtig, denn Bräuche und Glaubensinhalte der vorbuddhistischen Religion sind fest im täglichen Leben aller Tibeter verwurzelt und haben die Volksreligiosität völlig durchdrungen. Trotz der umfassenden Verbreitung des Buddhismus in Tibet ist Bön die »Seele des Schneelandes« geblieben. Gemäß den Bönpos rührt das, was eigentlich die Besonderheit tibetischer Kultur ausmacht, völlig von den Traditionen des Bön her. Andererseits hat der Vajrayana-Buddhismus mit seinen philosophischen Konzepten, seinen Praktiken und der Ikonographie seiner Kunst die Bön-Religion stark beeinflußt und verändert. In Tibet sind Bön und Buddhismus so eng miteinander verwoben, daß manche Tibeter das Bön für die fünfte Schulrichtung des Vajrayana-Buddhismus halten und es selbst Experten oft schwer fällt, Lehren, Praktiken, Kunst, Klöster und Mönche des Bön von denen des tibetischen Buddhismus zu unterscheiden.

Selbst Lama Anagarika Govinda, ausgewiesener Kenner tibetischer Religion und Kultur, bemerkte in einem Kloster Westtibets, in das er eingeladen war, erst beim näheren Hinsehen, daß es sich um ein Bön-Heiligtum handelte. Erst als der Klosterwächter seine Gäste gegen den Uhrzeigersinn um die Gebäude führte und Govinda im Haupttempel das umgekehrte Swastikazeichen entdeckte, wurde ihm klar, daß er sich nicht in einem buddhistischen Kloster befand. Er schreibt: »In anderer

Hinsicht jedoch haben die Bönpos fast jede typische Eigenschaft der buddhistischen Ikonographie nachgeahmt. Sie haben ihre eigenen Buddhas und Bodhisattvas, ihre eigenen furchterregenden ›Beschützer des Glaubens‹ und Gottheiten des Himmelsraumes und der Erde. Ihre Namen sind verschieden von denen der entsprechenden buddhistischen Vorbilder, obwohl sie sich äußerlich wenig von ihnen unterscheiden. Dasselbe trifft auf die Bön-Schriften zu.«

In der Tat ist der Kanon des Bön in ein System gefaßt, das dem des Kanjur und Tanjur der Buddhisten gleicht. Und der neunstufige Pfad zur Befreiung mit Dzogchen als höchster Lehre, wie er in den Bön-Schriften behandelt wird, entspricht in vielem dem der Nyingm, dem ältesten buddhistischen Orden Tibets. Selbst das bekannteste Mantra der Bönpos – *Om Matri Muye Sale Du* – scheint dem *Om Mani Padme Hum* der Buddhisten zu ähneln, das auch die Kailash-Pilger unablässig murmeln, wenn sie, ihre Gebetsmühlen schwingend, den heiligen Berg umrunden.

Die Bönpos haben ihre eigene Erklärung für diese offensichtliche Verwandtschaft der beiden tibetischen Religionen: Der mythische Begründer des Bön, Tönpa Shenrab Miwoche, soll in einer lange vergangenen Inkarnation Lehrer und Meister einer Vorinkarnation des Buddha gewesen sein, dem er die Lehren des Bön vermittelte, die Buddha später jedoch in leicht verfälschter Form wiedergegeben habe.

Doch es wäre falsch, die Bön-Religion als bloße Variante des tibetischen Buddhismus anzusehen. Die heutige, dem Buddhismus so ähnliche Form des Bön, gilt als »reformierter Bön« oder »abgewandelter Bön« und wurde erst ab dem 11. Jahrhundert systematisiert und in einem eigenen religiösen System niedergeschrieben, zu der Zeit, als sich der Buddhismus endgültig in Tibet zu etablieren begann. Die ursprüngliche Bön-Religion hingegen ist weit schwerer zu fassen, denn sie verliert sich im Nebel von Mythen und Legenden. Bön wurzelt in den schamanistischen und animistischen Traditionen der Naturreligionen, die bis heute in ganz Zentral- und Nordasien und vielen anderen Teilen der Welt verbreitet sind. Eigentlich ist der Schamanismus keine eigenständige Religion, sondern eine Form magischer Praxis, die sich im Schamanen konzentriert, einem Zauberer oder Medizinmann, der fähig ist, durch seine Rituale und Trancezustände zu heilen, mittels verschiedener Hilfen weiszusagen und die Zukunft zu deuten, Wetter zu machen, Seelenflüge zu unternehmen und mit der unüberschaubaren Schar guter und böser Geister und

Dämonen, die alle Aspekte menschlichen Lebens beeinflussen können, umzugehen und sie günstig zu stimmen.

Solche Praktiken sind nicht nur Ausdruck archaischer Stammesreligionen, sondern leben auch in den Hochreligionen weiter und erfüllen dort wichtige Funktionen. Der tibetische Buddhismus ist hierfür das beste Beispiel. So wird etwa das tibetische Staatsorakel Nechung, das mit dem Dalai Lama ins Exil floh, noch heute bei wichtigen Entscheidungen zu Rate gezogen. Es ist eigentlich die Bön-Gottheit Pehar Gyalpo, die in den buddhistischen Mönch fährt, der als Medium fungiert und in seiner Trance eine schwere Krone spielerisch auf dem Kopf zu tragen vermag, die ihm sonst das Genick brechen würde. Es war dieses Nechung-Orakel, das dem Dalai Lama zu dem schweren Schritt riet, ins indische Exil zu flüchten.

Viele der zahllosen lokalen Orakel, Hellseher, Astrologen und Geistheiler, die im gesamten Himalaya heimisch sind und ein wesentliches Element tibetischer Kultur ausmachen, praktizieren ihre magischen Künste im Rahmen des Buddhismus. Auch viele buddhistische Lamas und Gomchen (»Laienmönche«, die nicht in klösterlicher Gemeinschaft leben und oft verheiratet sind) führen als Dienstleistung für die Bewohner der Bauerndörfer und Nomadenzelte Rituale und Zeremonien aus, die ihren Ursprung in den schamanistischen Traditionen des Bön haben – vom Bekämpfen von Dämonen und Orakeldeutungen über die Bestimmung günstiger Zeitpunkte für Hochzeiten, Reisen und Aussaat bis zum Regenmachen. Die Bräuche, Glaubensvorstellungen und häuslichen Rituale der Bevölkerung legen ebenfalls deutlich Zeugnis davon ab, wie eng und selbstverständlich die Verknüpfung von Bön und Buddhismus ist. Hinweise auf die Integration des Bön in den Buddhismus finden sich bereits in der frühen Geschichte Tibets. Padmasambhava, der als erster die Lehre des Buddha in Tibet verwurzelte und zahllose Dämonen und Gottheiten bezwang, die sich seinem Vorhaben entgegenstellten, tötete diese Vertreter der alteingesessenen Religion in den meisten Fällen nicht, sondern bekehrte sie zum Buddhismus und wies ihnen Aufgaben als Schützer der neuen Lehre zu.

Das Wort Bön bedeutet soviel wie »herbeirufen«, »beschwören« oder »murmeln«, wobei das Anrufen von Geistwesen und das Rezitieren von magischen Formeln gemeint ist, aber es bezeichnet auch den Magier, Schamanen oder Priester, der solche Rituale ausübt. Eine seiner wichtigsten Aufgaben ist der Umgang mit den Gottheiten, Geistern und Dämonen, von denen es unüberschaubare Mengen in verschiedenen Klassen gibt. Sie alle müssen mit Ritualen, Zeremonien und Opfern besänftigt oder dienstbar gemacht werden, da sie sonst Krankheiten, Viehseuchen, Mißernten, Naturkatastrophen und ähnliches Unglück verursachen können. Viele von ihnen sind den Bön-Magiern namentlich bekannt und können gezielt angerufen werden.

Sie wohnen in allen Elementen und in den Gefilden des Himmels, in Wolken, Wind, Sonne, Mond und Sternen. Zu den Nyän, die in Felsen und Steinen hausen, gehören auch die zahllosen Gottheiten auf Berggipfeln und Pässen, die durch aufgeschichtete Steinmale mit Gebetsfahnen, Tierschädeln und Manisteinen besänftigt werden sollen. Der Luftraum ist erfüllt von weiblichen Dämonen, in den Gewässern aber wachen die Lu über verborgene Schätze. Das Dzoe, eine Geisterfalle, die aus mit farbigen Fadenmustern bespannten Holzrahmen besteht, soll die Geister der Erde abwehren, vor allem die Sri, die vielfältiges Unheil bringen können. Auch im Haus leben Wesen der anderen Welten, so der Gott des Herdes, den die geringste Verunreinigung seiner Heimstätte erzürnt. Selbst der menschliche Körper ist bewohnt von Göttern, etwa der Schattenseele La, der mit dem Atemhauch verbundenen Lebenskontinuität Rog und dem persönlichen Schutzgott Dalha, der vor dämonischen Angriffen schützt.

Überall in der tibetischen Landschaft stehen Lhatos, Geisterhäuschen, die auf den ersten Blick oft mit kleinen, einfachen Chörten verwechselt werden. Sie sind den lokalen Geistern als Wohnstätte erbaut, damit diese sich nicht in den Häusern der Menschen einnisten. Auch Gebetsfahnen und Gebetsmühlen, allgegenwärtiger Ausdruck tibetischer Volksfrömmigkeit, haben ihren Ursprung in vorbuddhistischen Bräuchen und Praktiken. Der Wind, der durch die Fahnen streicht, trägt die darauf gedruckten Mantren und Segenswünsche in alle Himmelsrichtungen, und jedes Drehen einer Gebetsmühle macht die im Inneren auf Papierrollen gedruckten Gebete wirksam. Selbst die sakralen Tänze, die im Jahreslauf der buddhistischen Klöster des gesamten tibetischen Kulturkreises eine so wichtige Rolle spielen, stammen ursprünglich aus der Bön-Tradition. Mit ihnen wurden früher vermutlich beim Sonnwendfest der Sieg des Lichts über die Dunkelheit, die erfolgreiche Bekämpfung von Dämonen oder schamanistische Fruchtbarkeitsrituale begangen. Im Buddhismus wurden diese Inhalte gemäß der neuen Lehre umgeformt.

Als in Zentraltibet im zweiten vorchristlichen Jahrhundert Nyatri Tsenpo, der erste der Himmelskönige, vom Himmel herabstieg und die Yarlung-Dynastie begründete, die später unter Songtsen Gampo das tibetische Großreich begründen sollte, soll weit im Westen Tibets, nahe dem Kailash, wo viel später das buddhistische Königreich Guge entstand, bereits das Bön-Königreich Zhang Zhung in Blüte gestanden haben. Die Bewohner von Zhang Zhung sollen eine eigene Sprache gesprochen und sogar schon, lange vor den Tibetern, eine Schrift besessen haben. Doch ist von diesem Königreich, das den Bönpos als Wiege der tibetischen Kultur gilt, nichts erhalten. Alle Aufzeichnungen darüber stammen aus Zeiten, als es längst Legende war. Es heißt, daß die Höhlentempel und Ruinen im Tal des Sutlej, zu denen noch heute Bönpos pilgern, Reste der Hauptstadt Zhang Zhungs sind – Khyunglung Kulkhar, Silberpalast des Garuda-Tales. Das Bön-Königreich soll Kontakt gehalten haben mit anderen Hochkulturen – mit Indien und Kaschmir im Süden, mit Persien im Westen und mit den Oasen der Seidenstraße im Norden. Solche Verbindungen beeinflußten auch die Religion von Zhang Zhung – im Bön finden sich deutliche Einflüsse der persischen Religionen von Zoroastrismus und Manichäismus mit ihren Vorstellungen der streng geschiedenen, sich feindlich gegenüberstehenden Reiche von Licht und Finsternis, aus deren Wechselwirkung die Schöpfung hervorgeht. Und vermutlich kam Zhang Zhung aufgrund seiner Lage an wichtigen Karawanenrouten früher mit dem Buddhismus in Berührung als das übrige Tibet.

Intensive Beziehungen bestanden aber vor allem mit Zentraltibet, wo man die Magier aus Zhang Zhung zu Königsbestattungen rief, da nur die Bönpos wußten, wie die komplizierten Reinigungs- und Opferriten auszuführen waren. Kehrten die frühen Himmelskönige Zentraltibets, die gemäß der Legende jede Nacht an einem Seil in die göttlichen Bereiche emporstiegen, bei ihrem Tod für immer dorthin zurück, so wurden die späteren Könige im Yarlungtal in großen Gräbern bestattet, nachdem der achte König während eines Kampfes mit einem bösen Minister versehentlich das Himmelsseil durchtrennt hatte. Bei den Bestattungen der tibetischen Könige kam es zu rituellen Tier- und Menschenopfern. Als im Tibet des 7. Jahrhunderts, unter Songtsen Gampo, dem 32. Herrscher der Yarlung-Dynastie, die schriftlichen Aufzeichnungen begannen und der Buddhismus im Land des Schnees eingeführt wurde, bestanden noch immer freundschaftliche Beziehungen zwischen dem Bön-Königreich und Zentraltibet. Songtsen Gampo soll die Prinzessin Lithigmen aus Zhang Zhung geheiratet haben und im Gegenzug seine Schwester Sädmakar dem König von Zhang Zhung gesandt haben. Doch noch unter Songtsen Gampo kam es zum Krieg mit Zhang Zhung, und das mythische Reich des Bön ging im Herrschaftsbereich der tibetischen Könige auf.

Damit begann die Auseinandersetzung des Bön mit dem Buddhismus. Vollzog sie sich zuerst auf der Ebene religiöser Dispute, so ging es später zunehmend um die Macht über das rasch anwachsende tibetische Großreich. Die Könige wandten sich dem Buddhismus zu, während die lokalen Fürsten, die einer Zentralisierung der Herrschaft ablehnend gegenüberstanden, dem Bön die Treue hielten. Unter König Trisong Detsen, der im 8. Jahrhundert den Gelehrten und Tantriker Padmasambhava nach Tibet holte, festigte der Buddhismus vorübergehend seine Vormachtstellung. Das Blatt wendete sich, als der buddhistische König Rapalchen von Bön-Anhängern ermordet wurde und sein Bruder und Nachfolger Langdarma die Bön-Religion wieder in ihre alten Rechte einsetzte und nun die Buddhisten verfolgte. Auch er wurde Opfer eines Attentats, ausgeführt von dem buddhistischen Yogi Pälgyi Dorje, der sich unter die Schwarzhut-Tänzer mischte, die vor dem König auftraten, und Langdarma mit einem Pfeilschuß tötete. Die Schwarzhut-Tänze, die bei den Klosterfesten im gesamten tibetischen Kulturkreis zelebriert werden, erinnern noch heute an dieses Ereignis und feiern den Sieg des Buddhismus über das Bön.

Nach dem gewaltsamen Tod Langdarmas im Jahr 836 zerfiel das tibetische Großreich in eine Vielzahl sich bekriegender Fürstentümer. Erst um die Jahrtausendwende, als sich der Buddhismus erneut und diesmal auf Dauer in Tibet verbreitete, kehrte Tibet ins Licht der Geschichte zurück. Der Buddhismus wurde im Schneeland die vorherrschende Religion. Doch noch im 17. Jahrhundert gab es in Osttibet, einem der Rückzugsgebiete des Bön, einen Bön-Herrscher, der sich der Zentralmacht in Lhasa widersetzte. Er wurde von den Kriegern Gushri Khans gestürzt, jenem Mongolenfürsten, der nach seinen Siegen die geistliche und weltliche Macht über Tibet in die Hände des fünften Dalai Lama legte. Dieser Dalai Lama war indes nicht zimperlich in der Wahl der Mittel, den

Herrschaftsanspruch seines Gelugpa-Ordens in Tibet durchzusetzen. Auch die Bönpos wurden unterdrückt. Viele flohen in abgelegene Himalayatäler, um ihre Religion und Kultur zu erhalten.

Mit der erneuten Verbreitung des Buddhismus begann die Zeit des »reformierten Bön«. Die mündlich tradierten Überlieferungen wurden nun schriftlich niedergelegt, die Lehre systematisiert und mit jener des Buddhismus abgeglichen. 1405 wurde das erste Bön-Kloster gegründet – Menri, das neben dem Kloster Yundrung Ling zum bedeutendsten Zentrum des Bön in Tibet aufstieg.

Auch die Legenden um Olmo Lungring wurden nun aufgezeichnet, jenem Land westlich von Tibet, in dem Bön entstanden sein soll. Es hat dem Mythos zufolge die Form eines achtblättrigen Lotos, umfaßt ein Drittel der bestehenden Welt und ist Teil des Landes Tazig, das oft mit Persien oder Mittelasien identifiziert wird. Im Zentrum von Olmo Lungring erhebt sich der mythische Berg des Bön – Yungdrung Gutse, die neunstöckige Swastikapyramide oder Pyramide der Neun Swastikas. Im Bön gilt die Swastika als Symbol von Dauer und Unzerstörbarkeit, und die neun Swastikas repräsentieren die neun Stufen im Meditationssystem des Bön. Am Fuß dieses kosmischen Berges entspringen vier Ströme, und drei Ringe umgeben ihn, in denen Städte, Tempel und Gärten liegen – Nangling, der innere, Barling, der mittlere, und Thaling, der äußere. Ozeane und Schneeberge schließlich umgeben das ganze Land Olmo Lungring.

Ähnlich wie der Weltenberg Meru bei den Buddhisten, Jainas und Hindus wurde die neunstöckige Swastikapyramide und die vier von ihr ausströmenden Flüsse mit dem Gebiet des Kailash identifiziert. Der Kang Tise, wie die Bönpos den Kailash nennen, lag im Zentrum des Königreiches Zhang Zhung, das so zu einem irdischen Abbild von Olmo Lungring wurde. Der Kailash beherbergt nach altem Glauben die Seele des Schneelandes. Solche »Seelenberge« des Bön, La Ri genannt, sind überall in Tibet zu finden und gelten nicht nur den Bönpos als heilig.

Von diesem mythischen Berg stieg Tönpa Shenrab Miwoche, der Begründer des Bön in der Menschenwelt, zur Erde herab. Er war einer von drei Brüdern, die im Sidpa-Yesang-Himmel die Bön-Lehren studierten. Als sie Shenlha Okar, den Gott des Mitgefühls, fragten, wie sie das Leid der fühlenden Wesen lindern könnten, riet ihnen der Gott, in drei aufeinanderfolgenden Weltzeitaltern den Menschen zu dienen. Dagpa lehrte als erster, in dem Weltzeitalter, das dem gegenwärtigen vorausging, Shepa wird im kommenden erscheinen, Shenrab aber stieg in diesem Weltenalter mit seinen zwei engsten Schülern vom Himmel herab. Nach menschlicher Zeitrechnung soll er im Jahr 1857 v. u. Z. als Sohn eines Königs geboren worden sein. Schon früh begann er mit der Verbreitung der Bön-Lehren, wurde dabei aber von dem Dämonen Khyabpa Lagring behindert, den er schließlich bekehrte und zu seinem Schüler machte. Einmal stellte er diesem Dämon nach, weil der ihm seine sieben Pferde gestohlen hatte, und gelangte auf dieser Verfolgungsjagd nach Zentraltibet. Shenrab betrat das Schneeland am Berg Kangpo Bönri und focht dort eine Reihe magischer Schlachten mit seinem Widersacher aus. Der Kangpo Bönri im Südosten Tibets ist der neben dem Kailash heiligste Berg der Bönpos. Eine Legende geht sogar davon aus, daß Shenrab den Kangpo Bönri selbst erschaffen hat. Der Dämon wollte ihm dem Zugang nach Tibet versperren, indem er sich auf einem schwarzen Teufelsberg über ihn erhob. Shenrab schuf daraufhin den Kangpo Bönri, der weit höher emporragte als der Berg seines Gegners.

In der Umgebung der Bönri-Bergkette mit ihren drei Gipfeln soll auch das Volk der Tibeter entstanden sein, und zwar aus der Ehe eines Affen mit einer Bergdämonin, die sechs Kinder gebar – die Ahnväter der tibetischen Stämme. Auch am Kangpo Bönri zeigt sich die Verbundenheit zwischen Bönpos und Buddhisten. Auf seinem Umrundungsweg mit zahlreichen heiligen Stätten des Bön wandern nicht nur Bön-Pilger, sondern auch Buddhisten. Es ist der einzige heilige Berg Tibets, den selbst die Buddhisten nach Bön-Art umkreisen – gegen den Uhrzeigersinn.

Shenrab nutzte seine Anwesenheit in Tibet, um den Menschen die Lehren des Bön nahezubringen. Da die Tibeter zu dieser Zeit aber noch nicht für die höheren Weisheiten reif waren, lehrte er nur »die vier Wege der Ursachen«, bei denen es vor allem um die Austreibung von Dämonen und die Beziehung zu Schutzgeistern ging. Außerdem führte er die Gebetsfahnen in Tibet ein. Seine Lehren sollen sich später nach Zhang Zhung verbreitet haben, wo sie für spätere Generationen bewahrt wurden. Tönpa Shenrab Miwoche starb im Alter von 82 Jahren.

Auch die Lehren des »reformierten« Bön werden auf Shenrab zurückgeführt, der sie in drei Zyklen vermittelt haben soll – den »Neun Wegen«, den »Vier Pforten des Bön und der Fünften, der Schatzkammer« und den »Äußeren, Inneren und Geheimen Unterweisungen«.

Die »Neun Wege« ähneln dem neunstufigen Pfad der Nyingmapa, des von Padmasambhava begründeten ältesten buddhistischen Ordens Tibets. In beiden Lehrsystemen steht Dzogchen, die »große Vollkommenheit«, der »höchste, direkte und unmittelbare Pfad zur Verwirklichung«, an der Spitze, doch unterscheiden sich die unteren Abteilungen dieser Stufenwege deutlich voneinander. Während die Nyingmapa auf den traditionellen Lehrinhalten des Hinayana- und Mahayana-Buddhismus aufbauen und über die verschiedenen Tantrastufen zum Dzogchen gelangen, schließen die »Neun Wege« des Bön zahlreiche Aspekte der traditionellen tibetischen Kultur ein. Dazu gehören Astrologie, Orakel und Wahrsagekunst, Besänftigung und Austreibung von Dämonen und Geistern, magische Riten zur Vernichtung von Feinden und zur Erlangung von Reichtum, Begräbnisrituale, aber auch Vorschriften für Laien und Mönche, tantrische Praktiken und anderes. Auch der neunstufige Weg des Bön gipfelt in der Lehre und Praxis von Dzogchen.

Die beiden anderen Lehrzyklen des Bön greifen die Inhalte des neunstufigen Weges in abgewandelter Form auf. Auch hier gibt es immer wieder Parallelen zum Buddhismus. So entsprechen die »Äußeren, Inneren und Geheimen Unterweisungen« des Bön den buddhistischen Lehren von Sutra, Tantra und Dzogchen.

Diese verschiedenen Lehren des Tönpa Shenrab Miwoche wurden gemäß den Bönpos in früheren Zeiten versteckt und später als »Termas« (Schätze der Lehre) von speziell dafür begabten, geistig hoch entwickelten Menschen wiederentdeckt oder wurden im Königreich Zhang Zhung überliefert. Zu letzteren gehören die ältesten Dzogchen-Lehren des Bön, die im »Zhang Zhung Nyan Gyud« (Mündliche Überlieferung von Zhang Zhung) festgehalten sind. Ein Schüler des Tapihritsa, des berühmten Bön-Dzogchen-Meisters aus dem 8. Jahrhundert, soll sie niedergeschrieben haben. Im Dzogchen, der innersten Kernlehre des Bön und des tibetischen Buddhismus, heben sich die Grenzen zwischen den beiden Religionen endgültig auf – die Essenz dieser hohen Lehre ist auf beiden Wegen identisch.

So verflochten tibetischer Buddhismus und Bön sind, so ähnlich gestaltete sich ihr Schicksal nach dem Überfall der Chinesen auf Tibet. Auch die Bön-Klöster wurden niedergerissen, ihre Schriften, Kunstwerke und heiligen Stätten zerstört, und viele Bönpos traten den bitteren Weg ins Exil an, wo sie wie die Buddhisten versuchen, ihre Kultur am Leben

zu erhalten. Bön-Klöster entstanden in Indien und Nepal, und hochrangige Lehrer trugen die Lehre des Bön auch in westliche Länder, etwa
S. H. Lobpön Tenzin Namdak, der als geistiges Oberhaupt der Tibeter
gilt, die sich zum Bön bekennen.

Die alten Rivalitäten zwischen Bönpos und Buddhisten sind bei den
Exiltibetern zumindest auf offizieller Ebene ausgeräumt. Der Dalai Lama
erkennt Bön neben den vier Hauptrichtungen des tibetischen Buddhismus als fünfte große tibetische Schule an, und die Bönpos sind auch im
Parlament und in der alle zwei Jahre zusammentretenden Nationalver-
sammlung der Exiltibeter vertreten.

Ein versunkenes Königreich

Zwischen Shiquanhe und dem Kailash liegen etwa 320 Kilometer – wenn man, wie die Lastwagen mit den Pilgern, der direkten Route folgt, entlang einer schneebedeckten Bergkette des Transhimalaya durch das Tal von Gar. In diesem Tal liegt Gartok, von dem in Beschreibungen früher Reisender zum Kailash immer wieder als wichtigem »Regierungssitz« die Rede ist. Sven Hedin schreibt über diese Ansiedlung: »Jetzt zeigt sich Gartok, das 4 467 m hoch liegt, die ›Hauptstadt‹ Westtibets und Residenz der beiden ›Garpune‹ oder Vizekönige. Das Ganze ist ein Dorf allereinfachster Art, einige weiße und schwarze Zelte nebst mehreren bescheidenen Hütten. Doch wenn man wie ich aus den Wüstengegenden um die Indusquellen herum kommt, wirkt Gartok doch wie eine Hauptstadt.«

Gartok war allerdings nur die Sommerresidenz der Garpune. Den Winter verbrachten sie in Gargunsa, im gleichen Tal, etwa vierzig Kilometer nordwestlich von Gartok.

Wer jedoch ins Herz des buddhistischen Königreiches Guge und des mythischen Bön-Landes Zhang Zhung vorstoßen möchte, muß zwischen Gargunsa und Gartok von dieser Piste abzweigen und den Gebirgszug auf zwei über 5 000 Meter hohen Pässen überqueren. Schier unendlich schweift der Blick von dort oben über Ketten von Schneegipfeln, über Yakalmen, Felsen und Ebenen. Nomaden haben ihre Yakhaarzelte in Senken aufgeschlagen, Schafherden ziehen über kahle Kuppen unter ewigem Schnee. Wenn schließlich die Straße wieder abwärts in das Tal des Sutlej führt, steht auf einmal der Hauptkamm des Himalaya als weißes Zackenband am Horizont, Hunderte Kilometer entfernt und doch scheinbar zum Greifen nahe unter ungetrübtem Himmel. Der Nanda Devi, mit über 7 800 Metern einer der höchsten Gipfel Indiens, ragt wie ein Eisjuwel hervor in dieser Perlenkette aus Schnee und Fels. Auch der Nanda Devi ist ein Heiligtum. Parvati wohnt auf seinen Höhen, Tochter des vergöttlichten Himalaya und Gattin des Shiva. Ihre Erscheinungsform als Göttin der Glückseligkeit hat dem Berg, dessen Bereich den Indern ähnlich verehrungswürdig ist wie Kailash und Manasarovar, seinen Namen gegeben.

Vor diesem Panorama des Himalaya aber, von der Spätnachmittags-sonne vergoldet, liegt die Canyonlandschaft von Guge, eine bizarre Traumwelt aus erodiertem weichen Gestein.

Am anderen Morgen führt unser Weg mitten durch dieses Wunder der Natur. Wind und Wasser haben die Felsen zu Formen geschliffen, die wie Menschenwerk scheinen, als seien groteske Architektenphantasien zu Stein geronnen. Tempel, Kastelle, Elfenschlösser, Kathedralen sind filigran aus Stein gebildet, bekrönt von vielzackigen Spitzen, Türmchen und Pfeilern. Brennendrote Büsche wachsen weit verstreut am Talbo-den, die einzigen Farbtupfer im eintönigen Ocker von Sand und Stein. Eine Himmelskuppel wie kobaltblaues Glas steht hoch über den mächtig sich emporreckenden Felsgebilden. Im sonnenheißen, lichtdurchfluteten Raum zwischen Himmel und Erde vibriert Stille. Ein verwunschenes Märchenland, versunken in jahrhundertealtem Vergessen.

In der Tat verlor das blühende Reich von Guge durch rasch fortschrei-tende Verkarstung und Versandung infolge zunehmender Trockenheit seine Lebensgrundlagen, so daß im 17. Jahrhundert die kulturellen und religiösen Zentren Tholing und Tsaparang aufgegeben werden mußten und die ansässigen Familien und Mönche bis auf einige wenige fort-zogen. Die Bauwerke verfielen und verschmolzen mit der wachsenden Wüste. Kurz bevor sich die Canyonlandschaft zum breiten Tal des Sutlej öffnet, sind die Ruinen einer Burg in den Felsen zu erkennen, doch las-sen sie sich kaum unterscheiden von der naturgeformten Zufallsarchi-tektur, aus der sie ragen. Das Auge vermag nicht mehr zu bestimmen, was Wind und Wetter schufen und was menschliche Hand. Das Sutlejtal ist zu beiden Seiten gesäumt von solchen zerbröckelnden Felsmassiven und Hügeln aus Sand und Löß. In einem südlichen Seitental des im Kai-lashgebiet entspringenden Sutlej hat der Geologe August Gansser 1936 eine Höhlenstadt in den Felsen gefunden, manche der Höhlen »ganz bedeckt mit den farbenprächtigsten Fresken«.

Der Eindruck, den er hatte, als er aus der gleißenden Helle tibetischen Mittags in die Dämmerung dieser Höhlentempel trat, ist jedem nachvoll-ziehbar, der jemals ein einsam gelegenes Kloster oder einen Tempel im tibetischen Kulturkreis besucht hat. Es ist kaum ein größerer Kontrast denkbar, als aus der kahlen, monochromen Landschaft in die Düsterkeit eines solchen Heiligtums zu treten, aus der sich erst allmählich die dun-kel glühenden Farben der Wandmalereien und die vergoldeten Gesichter

der Statuen lösen. Auch die bemühteste Anordnung kostbarer Museumsstücke in Tibetausstellungen kann die Atmosphäre selbst einfacher tibetischer Tempelräume nicht annähernd wiedergeben – die friedvoll
lächelnden, mit Schmuck und Kataks überhäuften Statuen der Buddhas
und Bodhisattvas, die oft verhüllten Bildwerke der vielköpfigen Schutzgottheiten und tantrischen Yidams mit ihren Schreckensmasken und
zahllosen Attributen, die mit Opfergaben, Tormas, Ritualgegenständen,
dampfendem Räucherwerk und flackernden Butterlampen beladenen
Altäre, die Reihen der in Seidenbrokat eingeschlagenen Bücher, die
Schreine mit Stupas, Reliquien, Thangkas und unzähligen kleinen Bron-
zen. In den Göngkhangs, den geheimen Tempeln der Schutzgottheiten,
nimmt die überall herrschende Düsterkeit noch zu, und in manchen
Nischen und Umrundungsgängen, die um die Hauptaltäre führen, wird
die Dunkelheit so dicht, daß die Malereien an den Wänden nur im
schwachen Schimmer einer mitgeführten Lampe vage erkennbar sind
und die Füße sich tastend ihren Weg suchen über den schwarzen, von
vergossener Butter klebrigen Boden.

Die tibetischen Pilger, die solche Heiligtümer aufsuchen, schenken
der geheimnisvollen Atmosphäre der Räume oder der Schönheit der
Kunstwerke wenig Beachtung. Sie kommen, um ihre Niederwerfungen
zu vollführen, um ihre Stirn an die Sockel der Statuen zu drücken, um
einige Tropfen heiliges Wasser in die hohle Hand zu bekommen, das
ein Mönch aus silberner Schnabelkanne spendet. Für Tibeter sind die
Statuen und Malereien keine Kunstwerke im westlichen Sinne, keine
Museumsstücke, die man ihrer Schönheit oder ihres historischen Wertes
wegen bewundert oder weil ein berühmter Künstler sie schuf. Die Kunst
Tibets dient ausschließlich der Religion. Die Bildwerke sind geschaffen
zur Anbetung und Verehrung, für den Gebrauch bei Riten und Meditation oder zur Veranschaulichung religiöser Lehre und Geschichte. Ihre
Schöpfer bleiben in den meisten Fällen anonym, und nicht selten ranken
sich Legenden um die Entstehung besonders geschätzter Statuen – him-
melswandelnde Dakinis hätten sie geschaffen, sie seien aus der Ferne
herbeigeflogen oder gar von selbst entstanden.

Dieser Zweck der Kunst, ausschließlich spirituellen Belangen zu
dienen, hat dazu geführt, daß sich die tibetische Kunst nicht mehr
verändert hat, seit die Stile und Einflüsse aus verschiedenen Kultur-
kreisen im 17. Jahrhundert zu einer Formensprache verschmolzen, die

auch jeder Nichtfachmann augenblicklich als »tibetisch« zu erkennen vermag. Es geht in dieser Kunst nicht um individuellen Ausdruck einer Künstlerpersönlichkeit, um größtmögliche Originalität oder um Reflexion des Zeitgeistes, sondern ausschließlich darum, die dargestellten Buddhas, Bodhisattvas, Schutzgottheiten und Yidams so »korrekt« wie nur möglich gemäß den strengen, bis ins kleinste Detail vorgegebenen Regeln der klassischen Ikonographie zu verbildlichen. Die Visionen fortgeschrittener Meditierender haben die Formen, Farben, Mudras (Gesten) und Attribute vorgegeben, und diese müssen so genau und detailgetreu wie nur möglich reproduziert werden, um anderen Meditierenden Vorbild für die eigene innere Vision zu sein. Nur so können diese überweltlichen Wesen, die vor dem inneren Auge des Meditierenden erscheinen oder deren Verbildlichungen in Tempeln und Schreinen stehen, zweifelsfrei identifiziert werden. Der »Wert« eines Kunstwerks wird ausschließlich an seiner Verehrungswürdigkeit bemessen, an seinem Nutzen für die religiöse Praxis. Daher ist es nicht ungewöhnlich, wenn alte Fresken frisch übermalt werden, Statuen neu gefaßt oder ein kostbares Thangka, vom Ruß der Butterlampen bis zur Unkenntlichkeit geschwärzt, nicht etwa als besonders wertvolles Stück ins Museum gebracht, sondern rituell verbrannt wird. An den Umrundungswegen der Klöster sieht man manchmal Pilger, die Steinreliefs mit kreischend bunten Farben »auffrischen« – selbstverständlich gemäß den ikonographischen Vorschriften. Dies ist nicht etwa Schändung eines Kunstwerks, sondern eine Handlung, die religiöse Verdienste bringt.

Erlebt man diese Kunst dann noch im Rahmen der mit ihr verbundenen Praxis, bei einer Puja der Mönche etwa, im dissonanten Tosen der rituellen Musik, im Chor der von dumpfen Trommeln stampfend begleiteten Rezitationen oder während der Tempelfeste, bei denen die friedvollen und schrecklichen Gottheiten auf Tanzplätzen und Klosterhöfen in prächtigen Maskentänzen und Mysterienspielen zum Leben erwachen, öffnet sich die ganze rätselhafte Pracht der tibetischen Kultur als spirituelles Gesamtkunstwerk. In Tibet selbst, dem Mutterland des Vajrayana, ist seit dem Überfall der Chinesen wenig geblieben von dieser religiösen Tradition – die Heiligtümer sind größtenteils zerstört, die monastische Praxis, die sakralen Feste behindert und stark eingeschränkt, doch selbst die wenigen erhaltenen Reste strahlen diese urtümlich magische Kraft aus, die auf westliche Besucher so unwiderstehlich faszinierend wirkt.

Ich hatte einmal das Glück, der Zeremonie eines tantrischen Kollegiums beizuwohnen, in der atemberaubend gelegenen Bergeinsiedelei Yerba in Zentraltibet, wo Padmasambhava, Atisha und viele andere Yogis und Heilige meditiert hatten und wo die Mönche, als sie sahen, daß ich ohne chinesischen »Aufpasser« gekommen war, mich gegen jede Gewohnheit aufforderten, ihr Ritual zu fotografieren, als wollten sie damit zeigen, daß der Geist Tibets, die Religion des Buddha, auch in Tibet noch am Leben sind. Zweifellos sind sie das, doch unter dem strengen Regime der neuen, atheistischen Herren des Schneelandes. Daher muß man, um die Geistigkeit Tibets unverfälscht und unbeeinflußt von Zerstörung und Unterdrückung zu erleben, ihr in anderen Bereichen des tibetischen Kulturkreises nachspüren, in den Tälern von Ladakh, Zanskar, Spiti und Lahoul etwa oder aber im Drachenkönigreich Bhutan, wo der Vajrayana-Buddhismus noch heute Staatsreligion ist. Erst wer die unberührten Dzongs, Tempel und Klöster dieses kleinen Landes im östlichen Himalaya gesehen hat, vermag wirklich zu ermessen, welche Schätze in Tibet vernichtet wurden.

Auch in dem entlegenen westtibetischen Königreich Guge zeigen sich deutlich die Spuren von Zerstörung und Verfall, doch hat hier schon lange vor den Chinesen die Natur ihr Werk der Verwandlung an den verlassenen Tempeln und Städten begonnen. Neben unserem Weg heben sich Reihen verfallener Chörten kaum erkennbar aus Geröll und Sand der Hügel. Solchen Wandel hat Buddha als grundlegende Bedingtheit allen Erdenlebens erkannt. Unbeständigkeit und Vergänglichkeit, der Kreislauf von Werden und Vergehen, bestimmt das leidhafte Dasein auf dem Rad von Tod und Wiedergeburt. In einer besonderen Kunstform, die nur in der tibetischen Kultur gepflegt wird, kommt dieses Prinzip beispielhaft zum Ausdruck: Vier speziell ausgebildete Mönche streuen in tagelanger Arbeit ein Mandala aus gefärbtem Sand für eine tantrische Einweihung. Vorsichtig, mit höchster Achtsamkeit führen sie jede Einzelheit, jedes Ornament, jedes Schriftzeichen akribisch genau gemäß den Vorschriften aus. Zum Abschluß der Zeremonie jedoch wird das so mühsam erstellte Mandala rituell zerstört und der Sand, aus dem zuvor Gottheiten, Tempel und heilige Zeichen gebildet waren, als formlos bunte Masse dem Wasser eines Flusses übergeben. Auch der Sutlej, den wir nun auf einer Brücke überqueren, um hinüber nach Tholing und Tsaparang, dem Herz Guges, zu gelangen, hat sicherlich oft den Sand heiliger Kreisbilder in seine Wasser aufgenommen und ihn vermischt und verwirbelt mit den Elementen der Natur.

Auf gleiche Weise sinken auch Königreiche zurück in die Gezeiten der Geschichte. Als der Pfeil eines buddhistischen Einsiedlers im Jahre 842 den tibetischen König Langdarma tötete, der den Buddhismus verfolgt und der Bön-Religion zu neuer Macht verholfen hatte, zerbrach das tibetische Großreich, und die Dynastie von Yarlung kam zu jähem Ende. Tibet zerfiel in kleine, sich bekriegende Fürstentümer und verschwand für über 150 Jahre aus dem Licht der Geschichte. Auch der von den Königen protegierte Buddhismus verlor seine gerade erst errungene Macht im Land des Schnees. Doch Abkömmlinge aus dem Geschlecht der Yarlung-Herrscher begründeten das westtibetische Reich Guge in jenen Provinzen, die einst zu Zhang Zhung, dem Herzland des Bön gehört hatten. Neben Purang und dem Bezirk von Kailash und Manasarovar zählten auch Ladakh, Zanskar, Lahoul und Spiti zu diesem Königreich, Täler, die heute Indien angehören und in denen sich die tibetische Kultur bis in die Gegenwart erhalten hat. Hier, im fernen Westen Tibets, wandten sich die Herrscher um die Jahrtausendwende wieder dem Buddhismus zu und begründeten eine goldene Epoche buddhistischer Lehre und Kunst.

König Yeshe Ö ließ sich zum Mönch ordinieren und sandte andere Mönche zu den Klosteruniversitäten Indiens, damit sie dort die reine Lehre des Buddha studierten, die in Tibet in den Wirren der Zeit fast verlorengegangen oder verfälscht worden war. Nur zwei von ihnen kehrten zurück. Einer davon war Ringchen Sangpo, der große Übersetzer, der dreimal für insgesamt 17 Jahre nach Indien wanderte, um bei berühmten buddhistischen Meistern zu studieren und Schätze von Schriften ins Reich seines königlichen Förderers zu bringen. Unter den zahlreichen Klöstern, die er gründete, war auch Tholing. Neben religiösen Lehrern brachte er kaschmirische Künstler – Holzschnitzer, Stukkateure und Maler – nach Guge, um die neuen Tempel und Klöster kostbar auszustatten. So erblühte in Westtibet nicht nur die Lehre des Buddha, sondern eine eigenständige Kunsttradition, in der sich der klassische indische Stil der Gupta und Pala, zentralasiatische Elemente aus den buddhistischen Oasenkönigreichen an der Seidenstraße und das Erbe Gandharas mit seinem vom Hellenismus beeinflußten Kunststil mischten. Nur in Ladakh und Spiti sind die Kleinode früher westtibetischer Kunst noch erhalten, etwa in den Klöstern Alchi, Manggyu und Tabo.

Das westtibetische Reich zerfiel schon im 12. und 13. Jahrhundert in einzelne, um Vorherrschaft ringende Teilstaaten und verlor seine Bedeutung gegenüber dem bevölkerungsreicheren Zentraltibet, in dem der Buddhismus sich in einer Vielzahl von Schulen und Klöstern neu entfaltete. Doch in der Spätzeit von Guge, dem zweiten goldenen Zeitalter, das kurz vor dem endgültigen Niedergang im 17. Jahrhundert das Königreich noch einmal erblühen ließ, entstanden in den Tempeln von Tholing und Tsaparang die bis heute erhaltenen unvergleichlichen Meisterwerke des »Guge-Stils«, zu dem nun auch newarische Künstler aus Nepal beitrugen. In dieser Spätzeit drangen die ersten Europäer nach Tibet vor, gelockt von den Mythen, die über das Schneeland berichtet wurden. Der portugiesische Jesuit Antonio de Andrade gelangte 1624 nach Westtibet und erhielt vom toleranten buddhistischen König Land bei Tsaparang, um eine christliche Kapelle zu errichten. Auch Moslems aus Turkestan unterhielten zu dieser Zeit eine Moschee in Tsaparang. Alle Versuche aber, die Tibeter zu einer anderen Religion als Buddhismus oder Bön zu bekehren, scheiterten. Als schließlich die Austrocknung des Landes immer mehr Familien aus Guge vertrieb, fiel das westtibetische Reich einschießlich der Regionen um den Kailash im Jahr 1650 unter die neu gestärkte tibetische Zentralmacht in Lhasa. Der letzte König wurde nach Ladakh ins Exil gezwungen. So wie einst das Bön-Land Zhang Zhung von König Songtsen Gampo dem tibetischen Großreich einverleibt wurde, übernahm nun der fünfte Dalai Lama als unbeschränkter geistiger und weltlicher Herrscher über ganz Tibet das Reich von Guge.

Zur Zeit König Yeshe Ös um die Jahrtausendwende jedoch stand Westtibet auf dem Gipfel seiner Macht und wurde zum Brennpunkt für die erneute Verbreitung des Buddhismus in Tibet. Als Yeshe Ö, dessen Mönchsname soviel bedeutet wie »Licht der Weisheit«, in die Hände der Garlog fiel, eines räuberischen Turkvolkes, mit dem er um die Goldminen von Gog kämpfte, bewies er seine tiefe Verwurzelung in der Lehre des Erhabenen. Als die Garlog von ihm verlangten, seiner Religion abzuschwören, lehnte er entrüstet ab. Daraufhin setzten die Räuber ein Lösegeld fest – der Körper des Gefangenen mußte in Gold aufgewogen werden. Der Neffe des Königs, Jangchub Ö, brachte unter großen Mühen tatsächlich den Großteil der geforderten Summe auf, aber die Garlog gaben sich damit nicht zufrieden. Der König ließ seinen Neffen wissen, er solle das Gold lieber dafür nutzen, buddhistische Gelehrte und Künstler aus Indien kommen zu lassen, als einen alten Mann aus der Gefangenschaft zu befreien. Schließlich machten die Garlog ihre Drohung wahr und richteten König Yeshe Ö hin. Jangchub Ö verwendete das Gold tatsächlich dafür, einen der bedeutendsten buddhistischen Meister seiner Zeit aus Indien nach Guge zu holen – Atisha, der mehrere Jahre in Westtibet lehrte, bevor er nach Zentraltibet weiterzog. Atisha spielte bei der Renaissance des Buddhismus in Tibet eine entscheidende Rolle. Er hob die Lehren des Buddha klar von ihren Vermischungen mit den Riten und Bräuchen des Bön ab, führte den Zölibat für die Mönche wieder ein und stellte das intensive Studium der Philosophie des Mahayana in den Mittelpunkt klösterlicher Ausbildung. Der von seinem engsten Schüler Drömtönpa begründete Orden der Kadampa mit ihrem 1057 erbauten Stammkloster Reting im zentralen Tibet war der Auftakt zur Gründung einer Reihe neuer buddhistischer Schulrichtungen und Klöster in ganz Tibet.

Tholing und Tsaparang sind Schatzhäuser westtibetischer Kunst, obwohl auch sie während der Kulturrevolution schwersten Schaden erlitten. In Tholing, wo Atisha lehrte und sein bedeutendstes Werk schrieb – ›Die Lampe für den Weg zur Erleuchtung‹ –, sind nur noch drei Tempel einigermaßen erhalten, die anderen wurden von den Roten Garden vernichtet. Auch in den Innenräumen der noch bestehenden Gebäude wüteten die chinesischen Fanatiker. Von den Statuen sind nur noch Sockel oder Trümmerteile erhalten, allein einige Wandmalereien, herrliche Beispiele westtibetischer Kunst, zeugen noch vom einstigen Glanz Tholings. Doch auch sie sind von Wassereinbrüchen in den schadhaft gewordenen Wänden und Decken teilweise zerstört.

Nicht anders erging es Tsaparang, nur wenige Kilometer entfernt von Tholing. Der große Chörten von Yeshe Ö erhebt sich zwischen den beiden politischen und spirituellen Zentren des alten Guge aus dem ausgetrockneten Land des Sutlej-Tales. Auf den ersten Blick erscheint auch der Burgberg von Tsaparang wie eine bizarre Laune der Natur, erst dann erkennt das Auge die von Menschenhand geschaffenen Mauern und Gebäude, die verfallenen Wohnhäuser und die weiß und rot getünchten

Akshobiya mit zwei Mahabodhisattvas. Wandmalerei in Tsaparang

Tempel, die vor über 350 Jahren von ihren Bewohnern und Mönchen aufgegeben worden waren. Anagarika Govinda, der sich mit seiner Frau Li Gotami im Jahre 1949 drei Monate auf dem menschenverlassenen Burgberg von Tsaparang aufhielt, um die Statuen und Fresken in den fünf Tempeln fotografisch und zeichnerisch aufzunehmen, war erfreut, daß diese unersetzlichen Kunstwerke in dem trockenen Klima vom Zahn der Zeit verschont geblieben waren. Er konnte nicht ahnen, daß nur wenige Jahre später chinesische Zerstörungswut über diesen im Vergessen versunkenen Ort hereinbrechen würde. Die Statuen Tsaparangs sind weitgehend zertrümmert oder schwer geschädigt, zu einem großen Teil erhalten blieben aber die Wandmalereien, von denen Govinda schreibt: »Die Fresken waren die vollendetsten, die wir je innerhalb oder außerhalb Tibets gesehen hatten.«

Ungebrochen sind ihre leuchtenden Farben, von filigraner Feinheit die Verzierungen in Gewändern und Aureolen der Figuren, von überwältigendem Ausdruck die Gesichter der Buddhas, Bodhisattvas und tantrischen Gottheiten. Trotz des beispiellosen Vandalismus der kommunistischen Horden liegt noch immer ein stiller Zauber über dem Burgberg von Tsaparang. Die verfallenen Wohngebäude scheinen zurückgesunken in den Fels, zahllose Höhlen, in denen später, als Tsaparang verlassen lag, Einsiedler lebten und meditierten, durchlöchern den Berg, Kammern und Gänge sind in den weichen Stein geschnitten, Nischen angefüllt mit Tsatsas, Votivgaben von Pilgern lange vergangener Zeiten.

Je höher man den Berg emporsteigt, desto grandioser öffnet sich der Ausblick. Über einen Bergrücken mit verfallenen Bauten und einem Chörten hinweg schaut man über das Tal des Sutlej, auf die sandfarbenen Canyons und Felsmassive von Guge und auf die Kette schneebedeckter Transhimalaya-Gipfel. Wieder ist man zur Gänze umschlossen von Stille, von einem Raum leeren Schweigens, der das Blut im Kopf singen macht. Auch von hier brachen einst Pilger zum Kailash auf, der irgendwo hinter diesem Gebirgszug liegt. Hier trafen sich Händler aus Kaschmir und Ladakh, aus Indien und den Oasen der Seidenstraße. Hier zogen die wenigen westlichen Reisenden vorbei, die Guge noch als lebendiges Königreich erlebten. Hier gingen Mönche ihren Übungen und Studien nach und füllten die Gebetshallen mit ihren Rezitationen. Hier meditierten Einsiedler und Yogis in Felsenhöhlen bei den verlassenen Tempeln. Die Stille, die ohne Zeit scheint, schlägt einen Bogen über die Jahrhunderte. Doch selbst solche für menschliches Maß gewaltige Spannen, in denen Königreiche entstehen und wieder versinken, sind nur Tropfen im Meer des Samsara, jenem Kreislauf der Geburten und Tode, aus dem die Anhänger der vier Religionen, die den Kailash als heiligen Berg verehren, Befreiung suchen.

Mutter Indien

Neben den Anhängern von Tibets »Urreligion«, den Bönpos, verehren die Gläubigen dreier großer in Indien entstandener Religionen den Kailash als heiligen Berg und irdische Erscheinung des Weltenpfeilers Meru: Hindus, Buddhisten und Jainas wurzeln im spirituellen Mutterboden Indiens. Ähnlich unüberschaubar wie das Gemisch von Völkern, Rassen, Stämmen und Sprachen ist die Vielfalt von geistigen Strömungen, Sekten, Schulen, Lehren und Kulten, die der bevölkerungsreiche Subkontinent hervorgebracht hat. Wie kaum ein anderes Land der Welt ist Indien von religiösem Denken durchdrungen und geprägt. Ein Blick auf die Entwicklung seiner verschiedenen geistigen Bewegungen zeigt, wie eng die vier Religionen, die den Kailash verehren, miteinander verflochten sind. Selbst die urtibetischen Bönpos, die seit der Verbreitung des Buddhismus im Schneeland von der Geisteswelt des Vajrayana »reformiert« wurden, sind über diesen »Umweg« mit »Mutter Indien« verbunden.

Über Indiens Religion der »vorarischen« Zeit, vor dem 2. vorchristlichen Jahrtausend, ist wenig bekannt. Die Drawidas in Zentral- und Südindien verehrten die Große Mutter und Tiergottheiten, die »Induskultur« mit ihren hoch entwickelten städtischen Zentren von Harappa und Mohenjodaro hinterließ Siegel, die bereits auf yogische Praktiken und Vorformen des Shiva in seiner Gestalt als Pashupati, Herr der Tiere, hindeuten. Auch Lingam und Yoni, Symbole für männliches und weibliches Geschlechtsorgan, die im Kult des Shiva eine zentrale Rolle spielen, waren schon in dieser frühen Zeit bekannt. Fruchtbarkeits- und Beerdigungsriten ähnelten denen im Mittleren Osten und legen Einflüsse aus den Hochkulturen Mesopotamiens nahe. Die Induskultur hatte ihren Zenit bereits überschritten, als durch die Einwanderungen der verschiedenen Stämme der Indoarier zwischen 1800 und 1600 v. u. Z. ein neuer Abschnitt indischer Geschichte begann.

In der folgenden vedischen Epoche wurde die Grundlage für die spätere Mannigfaltigkeit der religiösen Erscheinungsformen des Hinduismus geschaffen. Die vier *Vedas*, die zwischen 1500 und 600 v. u. Z. in Sanskrit, der Sprache der Indoarier, niedergeschrieben wurden, zählen zu den ältesten religiösen Schriften der Menschheit und entstammen einer mündlich überlieferten Tradition, die sich im Dunkel früher Vorzeit verliert. Gemäß indischer Legende ist Sanskrit die Sprache, derer sich auch die Götter seit Anbeginn der Zeit bedienen. Die Veden enthalten heilige Sprüche, Lieder, Hymnen und Opferformeln und richten sich an Gottheiten, die meist noch als Personifikationen von Naturkräften galten – so verkörpert Indra Regen und Donner, Agni das Feuer. Interessanterweise gibt es für einige dieser Gottheiten Entsprechungen in anderen Kulturen – in der Götterwelt Griechenlands und Roms und in Gottheiten aus dem Iran.

»Empfangen« wurden die Veden von jenen göttlich inspirierten Rishis, die viele Jahre im Gebiet des Kailash meditierten und für die Brahma den See Manasarovar schuf. Die Veden gelten als Schriften göttlicher Offenbarung, als »Shruti«, ebenso wie die Brahmanas, die Kommentare und Anleitungen zur vedischen Opferpraxis, und die späteren Upanischaden. Im Mittelpunkt der vedischen Religion standen Opferrituale für die Götter. Der vedische Kult kannte noch keine Tempel; die täglichen kleineren Opfer brachte der Vorstand des Haushalts am heimischen Herd dar, für die größeren wurde die heilige Flamme unter freiem Himmel auf steinernen Altären entzündet. Die Bitt- und Sühneopfer für die Götter bestanden aus Milch, Ghee (indische Schmelzbutter), Honig und Getreide, aber auch aus Tieropfern und aus dem Trank des Soma, dem berauschenden Lebenselexier, dem Wein der Unsterblichkeit, den Götter und Menschen gleichermaßen genossen. Zu den Schätzen, welche die Götter am Anfang der Zeit gewannen, indem sie den Milchozean umrührten und butterten, gehörte auch dieser Unsterblichkeitstrank.

Die Indoarier führten das Kastensystem ein, das bis heute den Hinduismus prägt. Aus den ursprünglich vier Hauptkasten entstanden 2000 bis 3000 Unterkasten, die meist mit bestimmten Berufen in Beziehung stehen. Die obersten drei Hauptkasten – Brahmanen (Priester und Erzieher), Kshatriyas (Herrscher, Adel und Krieger) und Vaishyas (Bauern, Händler, Handwerker und Kaufleute) ähneln den drei Ständen des europäischen Mittelalters, dem »Lehr-, Wehr- und Nährstand«. Die vierte Kaste der Shudras umfaßt Nichtarier und »abgestiegene« Arier, die sich mit der dunkelhäutigen Urbevölkerung vermischt hatten. Es ist die Kaste der »Unreinen«, der Knechte, Diener, Tagelöhner und Bettler. Gänzlich außerhalb des Kastenwesens stehen die Paria, die »Unberührbaren«.

Die Hierarchie der zahlreichen Unterkasten ist abhängig von ihrem Bezug zur obersten Kaste, den Brahmanen, und drückt sich aus in oft nebensächlichen Details des Alltags. So steht beispielsweise das Mitglied einer Kaste, von dem ein Brahmane in Wasser gekochte Nahrung annimmt, in dieser fein gestuften Hierarchie höher als einer, von dem der Brahmane nur ohne Wasser gekochte Nahrung akzeptiert. Dieser wiederum steht über der Kaste, von deren Mitgliedern ein Brahmane gar keine Nahrung annimmt. Eine Auflehnung gegen die Kastenordnung erscheint dem orthodoxen Hindu wie ein Verstoß gegen die ewig gültige Weltenordnung, denn die Zugehörigkeit zu einer bestimmten Kaste ist Ausdruck des Karma, welches die Geburt eines Menschen in dieser Welt bestimmt, und die Einhaltung der dadurch auferlegten Regeln und Gesetze sein Dharma, seine Lebenspflicht. In diesem Zusammenhang wird klar, welch revolutionäre Umwälzung Jainismus und Buddhismus bedeuteten, deren Gründer das Kastenwesen ablehnten und nicht in ihre Lehren übernahmen. Für viele Mitglieder niederer Kasten war der Übertritt zu diesen neuen Religionen auch Befreiung von drückenden gesellschaftlichen Zwängen.

Nur Mitgliedern der Brahmanenkaste war es gestattet, die zunehmend komplizierter werdenden Opfer durchzuführen. Die Vorbereitungen und Rituale rund um die Opfer traten immer stärker in den Vordergrund. Das schwierigste Opfer beispielsweise, das Ashvamedha, das Pferdeopfer, bei dem ein Pferd und Hunderte andere Tiere getötet wurden, benötigte ein Jahr der Vorbereitung und ein Jahr der Nachbereitung. Schon der geringste Fehler bei der Ausführung konnte statt der erhofften göttlichen Gnade Unheil bringen oder den stets lauernden Dämonen Zutritt zum Opfer verschaffen. Das Wissen der Brahmanen um die korrekte Opferpraxis wurde eifersüchtig gehütet und geriet schließlich zu einem Instrument gesellschaftlicher Macht. Die Brahmanen machten sich ihre Stellung als exklusive Mittler zwischen Menschen und Göttern zunutze, um zur führenden Kaste aufzusteigen. Schließlich wurde ihnen sogar die Macht zugesprochen, durch rechten Gebrauch der Riten und Formeln die Götter manipulieren zu können und sich so über sie zu erheben.

Die Epoche der indischen Religion, in der die vier Großkasten sich festigten und die Brahmanen ihre führende Stellung in der Gesellschaft etablierten, wird als Brahmanismus im Zeitraum zwischen 900 und

400 v. u. Z. eingeordnet. In dieser Epoche wurden auch die Upanischaden verfaßt, esoterische Gespräche zwischen Lehrer und Schüler, die ebenfalls als Shruti, als Offenbartes, gelten. In diesen Schriften geht es nicht mehr um Opfer und Ritual, auch nicht um die Wissenschaften wie Mathematik, Geometrie, Astronomie, Astrologie, Grammatik und andere, die in der brahmanischen Epoche ihre herausragenden, bis heute bewunderten Leistungen hervorbrachten, sondern um die Stellung des einzelnen Menschen in der Welt und seine Möglichkeit, Befreiung zu erlangen vom Rad der Wiedergeburten. Die Lehre von Karma und Reinkarnation gelangte zu ihrer vollen Ausprägung, und eben dieses Wissen um den ewigen Kreislauf des Samsara begann die exklusive Stellung der Priesterkaste in Frage zu stellen. Selbst die schwierigsten Opferriten konnten die Götter nur vorübergehend günstig stimmen oder vielleicht dafür sorgen, daß man, gemäß alter Vorstellung, nach dem Tod in ein Paradies einging. Aber auch das Leben in Paradiesen war endlich, die Götter selbst in ihren himmlischen Bereichen Vergänglichkeit und ewigem Wandel unterworfen. Zwar waren ihre Lebensspannen dank dem Trank des Soma ungleich länger als die der Menschen, doch waren auch die Unsterblichen letztendlich sterblich. Die Macht dieser Götter und ihre Bedeutung für das Heil des einzelnen Menschen traten folglich in den Hintergrund. Statt dessen rückte auch bei den Brahmanen die Frage in den Mittelpunkt, wie man endgültige Befreiung erlangen konnte von diesem Rad von Tod und Wiedergeburt, um Moksha, höchste Erleuchtung, zu erreichen. Diese Frage beherrscht die Upanischaden, und sie prägt bis heute das religiöse Denken des gesamten Hinduismus in seinen vielfältigen Ausprägungen.

Die Lehre von Brahman als Urgrund und Weltenseele, Atman als individualisiertem Teil dieser göttlichen Allheit und die mystische Einheit der beiden ist ein wesentlicher Aspekt dieser Denkströmungen, die vor allem im Vedanta ihre höchste und gültigste Ausprägung erfuhren. Die Götter wurden nun als vielfältige Erscheinungsformen dieses Bewußtseins-Urgrundes empfunden. Da die Erlösung nicht mehr von brahmanischen Ritualen und Opfern abhing, auch nicht von Wohlwollen und Gnade der Götter, sondern von der Bemühung jedes einzelnen Menschen, begann eine Bewegung der Weltflucht, in der sich auch Söhne von Fürsten und reichen Kaufleuten den Wanderasketen anschlossen, um in heiliger »Hauslosigkeit« die letzten Geheimnisse von Sein und Dasein zu ergründen. Doch auch der Weg, durch die Erfüllung seiner Lebenspflichten innerhalb der Kaste, in die man aufgrund des Karma seiner Vorleben hineingeboren war, innere Läuterung und eine für die Erlösung günstige Wiedergeburt anzustreben, war Ausdruck »neuen Denkens« im spirituellen Leben Indiens.

Auch Gautama Siddharta, der spätere Buddha, und Vardhamana, der als Begründer der Jain-Religion Mahavira genannt wurde, stammten aus der Kaste des Kriegeradels und verließen Familie und Reichtum, um in der Einsamkeit nach Befreiung aus dem samsarischen Kreislauf zu suchen. Schließlich brachen sie ganz mit der vedischen Tradition und öffneten völlig neue geistige Heilswege.

Im Hinduismus, dessen Epoche gemäß westlichen Religionswissen-schaftlern ab ca. 400 v. u. Z. die Ära des Brahmanismus ablöste (die Inder selbst machen keinen Schnitt zwischen Brahmanismus und Hinduis-mus), begründete die Besinnung auf individuelle Befreiung eine Unzahl von Lehren, Praktiken, Glaubensvorstellungen, philosophischen und reli-giösen Schulen, Strömungen und Lebensformen. Sie alle werden im Westen gewöhnlich unter dem Begriff Hinduismus zusammengefaßt. Das Wort »Hindu« wurde jedoch erst viel später von den Moslems eingeführt. Die Inder, in deren Sprache es gar kein Wort für Religion gibt, nennen den Hinduismus Sanatana-Dharma, was soviel bedeutet wie Ewige Wahrheit oder Ewiges Gesetz. Der Spruch, der sich schon in der ältesten vedischen Schriftensammlung, dem Rigveda, findet, kann als Motto dieser Viel-schichtigkeit gelten: »Es gibt nur eine Wahrheit, aber die Weisen nennen sie mit verschiedenen Namen.« Mahatma Gandhi fügte später hinzu: »Der Hinduismus ermöglicht es jedem, Gott nach seinem eigenen Gesetz zu verehren.« Etwa 80 Prozent der Inder bekennen sich gegenwärtig zur drittgrößten Weltreligion, in Nepal ist sie Staatsreligion.

Im Grunde ist der Hinduismus kein genau definierbares Glaubens-bekenntnis, sondern eine Klammer um eine breite Fächerung religiöser Strömungen. Er geht auf keinen Gründer zurück wie beispielsweise das Christentum, der Islam oder der Buddhismus, es gibt kein singuläres hei-liges Buch als Quelle aller Wahrheit, sondern eine ganze Reihe heiliger Schriften. Es finden sich vielfältige, teilweise scheinbar widersprüchli-che Theorien über Gott, die Entstehung der Welt und den Aufbau des Kosmos. Von Blutopfern in den Tempeln der Muttergottheit Kali bis hin zu den sublimen philosophischen Abhandlungen des Advaita-Vedanta über die bloß phänomenale Erscheinung der sichtbaren Welt und die Nicht-Dualität als einzige Wirklichkeit existieren im Hinduismus alle nur denkbaren religiösen Konzepte, welche die Menschheit hervorgebracht hat; und sie existieren friedlich nebeneinander und ineinander verschlungen – Naturreligion, Polytheismus, Monotheismus, Pantheismus, Monismus. Alle Einflüsse, die von außen auf den Hinduismus wirkten, wurden aufgesogen. Selbst die Gründer und Propheten anderer Religionen wurden in das nahezu unüberschaubare Pantheon integriert. Im 8. Jahrhundert flohen die Parsen, Anhänger der Religion des Zoroaster vor den Moslems aus Persien nach Indien, und kurz darauf begannen die Mohammedaner nach Indien vorzudringen. Beide Religionen haben den Hinduismus beeinflußt. Der Sikhismus, eine um 1500 von Guru Nanak begründete eigenständige Religion, basiert sogar auf einer Verschmelzung hinduistischer und muslimischer Lehren. Bis in die Gegenwart geben zahllose Gurus, Heilige und Denker dem spirituellen Leben Indiens immer neue Impulse. Ramakrishna, Vivekananda, der als erster den Hinduismus in Europa und Amerika etablierte, Sri Aurobindo, Yogananda und Ramana Maharshi sind nur die im Westen bekanntesten Persönlichkeiten.

Allen Hindus gemeinsam ist das Streben nach Moksha, nach Befreiung aus dem Kreislauf von Karma und Wiedergeburt, so verschieden die Wege zu dieser Befreiung auch scheinen mögen. Will man nach westlicher Art unterteilen und einordnen, lassen sich sechs vedagläubige Systeme mit jeweils umfangreicher Literatur und zahlreichen Unterschulen hervorheben. Das System des Vedanta gilt hierbei als die bedeutendste philosophische Schule Indiens. Shankara (788–820) war einer der Hauptvertreter dieses strikten Monismus und gilt als Erneuerer des Hinduismus in einer Zeit, als die Buddhisten die vedischen Glaubenssysteme immer mehr in den Hintergrund drängten. Der von Shankara vertretene Advaita-Vedanta gilt im Westen als die indische Philosophie schlechthin.

Ein weiteres der sechs vedagläubigen Systeme ist das Yoga, wiederum mit einer Vielzahl von Unterteilungen und Wegen. Die im Westen zumeist mit diesem System in Verbindung gebrachten Körper- und Atemübungen sind nur Vorstufen für das eigentliche, geistige Yoga, dessen meditative Praktiken als Weg zur Befreiung auch Buddhismus und Jainismus tiefgründig beeinflußten.

Eng mit Yoga verflochten sind die tantrischen Strömungen, die sich ab dem 5. Jahrhundert entwickelten und Hinduismus, Buddhismus und Jainismus gleichermaßen durchdrangen. Vor allem mit Shivaismus und Shaktismus stehen die tantrischen Lehren in enger Beziehung. Diese beiden Systeme gehören zu den drei hauptsächlichen theologischen Richtungen des Hinduismus, in denen sich monotheistische Formen ausprägten. Die dritte dieser Lehren ist der Kult, der Vishnu, die vedische Gottheit, die zusammen mit Brahma und Shiva die klassische Hindu-Trinität von Schöpfer, Erhalter und Zerstörer bildet, zum absoluten, höchsten Gott erhebt. Die monotheistischen Systeme lehnen die Gottheiten der anderen Schulen und die bunte Vielfalt des hinduistischen Pantheons nicht ab, sondern ordnen sie ihrem höchsten Gott Shiva, Vishnu oder der göttliche Mutter unter.

Vishnu greift aktiv in das Weltgeschehen ein, indem er sich in den verschiedenen Zeitaltern immer wieder auf Erden als Avatar inkarniert, um das Gleichgewicht zwischen Göttern, Dämonen und Menschen wiederherzustellen. Zu seinen besonders bekannten zehn Verkörperungen gehören Rama, Held des Versepos des Ramayana, der die Welt vom Dämonenfürsten Ravana befreite, und Krishna, eine der beliebtesten und am meisten verehrten Figuren des religiösen Lebens in Indien. Zahllose Legenden ranken sich um seine Geburt, sein Leben, seine Taten. In der Bhagavadgita, der wohl bekanntesten heiligen Schrift des Hinduismus, Teilstück des indischen Nationalepos Mahabharata, erteilt Krishna seine Unterweisungen dem jungen Helden Arjuna. »Der Gesang des Erhabenen« gilt nicht nur den Vishnuiten als heilig, sondern ist allen Hindus spiritueller Kerntext, der auch die Philosophen des Vedanta zu ausführlichen Kommentaren und tiefgründigen Auslegungen anregte. Auch Buddha gilt als Verkörperung des Vishnu. Sein Verdienst besteht gemäß hinduistischer Auffassung darin, daß er durch seine falsche Lehre die Dämonen in Verwirrung stürzte. Auf solche Weise lassen sich sogar geistige Widersacher als verehrungswürdige Heilige in das eigene System integrieren.

Im Shivaismus nimmt Shiva die Stelle von Vishnu als Mahadeva, höchste Gottheit, ein. Der Herr des Kailash hat 1008 Namen und vereinigt in sich die schöpferischen, gütigen und zerstörerischen Aspekte des universalen Gottes. Mit seinem kosmischen Tanz auf dem Gipfel des Kailash beginnt die menschliche Zeit, und er ist als göttlicher Yogi Herr der Asketen. Yogische und tantrische Systeme sind mit seinem Kult verbunden. Ursprünglich ein androgyner Gott, halb Frau, halb Mann, ist Shiva später in Vereinigung mit seiner Shakti Inbegriff der Quelle allen Lebens und zugleich Symbol für die Auflösung aller Polarität.

Im Shaktismus tritt die Shakti, der weibliche Aspekt, der sich von Shiva empanziert, in den Vordergrund und wird zur obersten Gottheit. In zahllosen Erscheinungsformen ist die Mahadevi sowohl liebende, gütige Muttergöttin, Gebärerin allen Lebens, Erlöserin, Trägerin der weiblichen Urenergie, aber auch zerstörende, grausame Göttin von Wandel und Tod, für die das Blut von Tieropfern fließt. Ihr Kult, deren Ursprünge schon für die Frühzeit Indiens aufzuspüren sind, ist eng mit tantrischen Lehren verknüpft und hat sehr stark auf den Vajrayana-Buddhismus gewirkt.

Innerhalb dieser drei großen theologischen Strömungen Indiens gibt es zahllose Sekten und Unterschulen und darüber hinaus existieren unzählbare weitere Gottheiten, Halbgötter, Dämonen, Helden und heilige Tiere wie beispielsweise die Kuh, die schon in vedischer Zeit als Symbol des Lichts galt. Aus den 33 Göttern, die das Rigveda nennt und die in drei Gruppen über die Bereiche des Kosmos – Himmel, Luftraum und Erde – gebieten, entwickelten sich im Lauf der Jahrhunderte 330 Millionen göttliche Wesen.

Viele Hindus gehören keiner der zahlreichen Richtungen und Schulen an, sondern beten in den Tempeln des Shiva ebenso wie in denen des Vishnu, opfern der Großen Mutter, verehren die lokalen Gottheiten ihrer Dörfer, baden in den heiligen Flüssen, feiern die religiösen Feste, nehmen an öffentlichen Zeremonien teil und führen die täglich wiederkehrenden Rituale am Hausaltar aus. Andere folgen einem Yogasystem oder meditieren ausschließlich über den formlosen Urgrund reinen Bewußtseins. Wieder andere ziehen als Sadhus, als Wanderasketen, alleine oder in kleinen Gruppen durch das Land und üben sich in unterschiedlichen, teilweise äußerst spektakulären Praktiken. Der Fakir auf dem Nagelbett ist im Westen zu einem – häufig auch karikierten – Synonym für das übersinnlich geheimnisvolle Indien geworden.

Fünf Heilswege bieten allen Hindus Gelegenheit, gemäß ihren unterschiedlichen Veranlagungen, Ausrichtungen und Neigungen den Pfad zur Befreiung zu gehen. Auf dem Tantra-Marga geschieht es durch magische Riten, auf dem Yoga-Marga durch die Übung von Körper und Geist, auf dem Karman-Marga durch verdienstansammelnde Werke wie Opfer,

Gebete, Riten und gute Taten, auf dem Jnana-Marga durch Einsicht und Erkenntnis in die tiefsten Geheimnisse des Seins und auf dem Bhakti-Marga durch bedingungslose Gottesliebe, die zur mystischen Einheit mit dem Universalen führt. Diese Wege ziehen sich durch alle Richtungen des Hinduismus und sind beliebig miteinander zu verbinden.

Solche Verschlungenheit in der Vielheit, solche Duldsamkeit gegenüber allen Formen spirituellen Wirkens, solches Nebeneinander unzähliger unterschiedlicher, sich teilweise scheinbar widersprechender Glaubens- und Praxisformen macht den einzigartigen Charakter des Hinduismus aus. In der großzügigen Toleranz dieser »Religion« ist es für viele Hindus völlig selbstverständlich, auch den heiligen Stätten anderer Glaubensrichtungen Verehrung entgegenzubringen, etwa am Altar der christlichen Gottesmutter Maria eine Blume zu opfern, am Grab eines Sufiheiligen zu beten oder vor der Statue eines Buddha ein Licht zu entzünden, ist alles »Heilige« doch Ausdruck gleichen Urquells. Daß sich in der jahrhundertelangen Reibung mit dem Islam auch im Hinduismus fundamentalistische Strömungen herausbildeten und es auch nach der Teilung Indiens immer wieder zu Gewaltakten zwischen fanatisierten Anhängern dieser beiden Religionen kommt, ist eine traurige Entwicklung in einem Glauben, dem Intoleranz eigentlich wesensfremd ist.

Im täglichen Leben gläubiger Hindus spielen die Rituale im häuslichen Alltag eine große Rolle, die Morgenandacht, das Feueropfer, das Rezitieren der Veden, das Singen von Mantren, Reinigungsriten, Waschungen, Blumen- und Speisespenden für Geister und Dämonen und vieles mehr. Auch in den Tempeln wird mit den Götterbildern aufwendiger Kult betrieben. Die Statuen werden geweckt, bekleidet, gespeist, verehrt und angebetet, in Prozessionen getragen und abends wieder zur Ruhe gelegt. Jede Kaste hat außerdem eigene Verpflichtungen und Vorschriften, die beachtet werden müssen. Feste, von dörflichen Tempelfeiern bis zu Anlässen, bei denen sich Menschenmassen von weither versammeln, gliedern den Jahreslauf. Bei dem nur alle zwölf Jahre stattfindenden mehrwöchigen Fest Kumgh Mela beispielsweise strömten im Jahr 2001 über 75 Millionen Gläubige ins nordindische Allahabad.

Buddhismus und Jainismus sind aus dem reichen geistigen Nährboden Indiens hervorgegangen, haben sich aber von seinem Hauptstrom abgetrennt. Zwar gibt es eine Vielzahl von Verknüpfungen und Gemeinsamkeiten, doch haben sich die beiden Heilswege, die etwa zur gleichen

Zeit entstanden, zu eigenständigen Religionen entwickelt. Der Buddhismus spielt nach seiner Auslöschung durch die islamischen Eroberer in Indien kaum mehr eine Rolle. Erst durch die tibetischen Flüchtlinge ist der tantrische Buddhismus des Diamantfahrzeugs an den Ort seines Ursprungs zurückgekehrt.

Während der Buddhismus sich über ganz Asien ausbreitete, blieb der Jainismus auf Indien begrenzt. Die Jainas sind eine sehr kleine Religionsgemeinschaft mit nur etwa 3,2 Millionen Gläubigen. Die Biographie ihres Neubegründers Vardhamana ähnelt jener des Buddha. Wie sein Zeitgenosse Gautama Siddharta entstammte er der Kaste des Kriegeradels und verließ nach dem Tod seiner Eltern als junger Mann Haus und Familie, um das Leben eines nackten Wanderasketen zu führen. Nach Jahren der Meditation und strengster Askese erlangte er unter einem Sal-Baum vollkommene Einsicht in das Rad von Tod und Wiedergeburt und wurde zum Jina, zum Sieger und Weltüberwinder. Ähnlich wie Buddha zog auch er viele Jahre als Wanderprediger umher und sammelte Schüler aus allen Kasten um sich. Mahavira, großer Held, wird er genannt, und gilt als 24. und letzter Tirthamkara, Furtbereiter. Der Ehrentitel Furtbereiter wird jenen Weisen zuerkannt, die im ewigen Strom von Leben und Tod eine Furt, eine Möglichkeit des Übergangs in das Absolute, gefunden haben. 23 Tirthamkaras wiesen diesen Weg vor Mahavira. Von ihnen ist jedoch nur sein unmittelbarer Vorgänger, Parshvanatha, historisch faßbar. Vermutlich hat Mahavira eine bereits bestehende Bewegung von Laien und Mönchen übernommen und reformiert.

Der Grund, warum die Lehre Mahaviras nicht ähnlich weite Verbreitung fand wie die des Buddha, liegt nicht zuletzt in ihrer extrem asketischen Ausrichtung und strengsten Ethik im Gegensatz zum »Mittleren Weg« des Buddhismus. Nur härteste Askese vermag im Jainismus das Gesetz von Karma und Wiedergeburt zu transzendieren und die ewigen Seelen aus den Fesseln der ungeschaffenen, ohne Anfang und Ende bestehenden materiellen Welt zu befreien. Den Jainas ist Karma, von dem acht verschiedene Erscheinungsformen genannt werden, eine Art Staub, welcher an der Seele haftet, sie an die Materie bindet und von dem sie durch Askese gereinigt werden muß. Wie die Buddhisten lehnen auch die Jainas einen allmächtigen Schöpfer ab, einen persönlichen Gott, der die Geschicke von Welt und Menschen lenkt. Nicht aus göttlicher Gnade, nur aus eigener Bemühung erwächst Befreiung. Da der Mensch sein negatives Karma, das ihn an diese Welt fesselt, selbst verursacht hat, kann nur er allein sich wieder davon reinigen. Schon Rishabha, der legendäre erste Furtfinder der Jainas beschritt diesen Weg. Er erlangte auf dem Gipfel des Kailash höchste Erleuchtung und starb dort, unerschütterlich aufrecht in seiner Meditationspose, den Hungertod durch Fasten, der als sicherster Weg zur Befreiung gilt.

Auseinandersetzungen über den wahren Weg des Asketen führten Ende des 1. Jahrhunderts n. u. Z. zur Spaltung der Jainas. Während die Digambaras, die Luftgekleideten, dem Vorbild Mahaviras treu blieben und nackt in der Welt wandeln, bedecken die Shvetambaras, die Weißgekleideten, ihren Körper. Weitere Untergruppen sowie Mönchs- und Nonnenorden bildeten sich heraus. Kostbar ausgestattete Tempel wurden an den Orten gebaut, an denen ein Furtbereiter geboren worden war oder Erleuchtung erlangt hatte. Tempelstädte mit Hunderten von Heiligtümern entstanden auf heiligen Bergen Indiens.

Rechte Erkenntnis des Gegensatzes zwischen Geist und Materie, rechte Einsicht in die Lehre Mahaviras und die heiligen Texte, die zwischen dem 2. und 5. Jahrhundert n. u. Z. zusammengestellt wurden, und rechter Lebenswandel durch die Befolgung der fünf grundlegenden Gebote (nicht töten oder verletzen, nicht lügen, nicht stehlen, sexuelle Enthaltsamkeit und Besitzlosigkeit) sind die drei Juwelen der Jainas.

Der im 10./11. Jahrhundert lebende Dichter Amitagati, welcher der Ethik der Jainas im ›Subhasitaratnasamdoha‹ – Sammlung von Juwelen schöner Sprüche – poetischen Ausdruck verlieh, schrieb:

> *Freundschaft mit allen Wesen,*
> *Freude an den Fähigkeiten der Guten,*
> *tiefes Mitleid mit Leidbefallenen,*
> *Gleichmut gegenüber denen,*
> *die mir nicht wohlgesonnen sind:*
> *Möge meine Seele diese Qualitäten*
> *für immer besitzen.*

Oberstes Gebot der Jainas ist die Achtung und Schonung alles Lebendigen. Strenggläubige fegen mit einem Besen den Weg vor ihren Füßen, tragen ein Tuch vor dem Mund und filtern ihr Wasser, um keinem Lebewesen unabsichtlich zu schaden. Eine Reihe weiterer Gebote und Verpflichtungen regelt das Leben von Laien und Mönchen – vegetarische Kost, das Fasten an bestimmten Tagen des Monats, die tägliche Meditation, Keuschheit und verschiedene ethische Maßregeln.

Solch strikte Gebote schränken einen gläubigen Jaina auch in der Wahl seines Broterwerbs ein. Viele Jainas sind in kaufmännischen oder akademischen Berufen tätig und stiegen in die gebildete Oberschicht und zu gesellschaftlichem Einfluß auf. Aus den Reihen der Jainas gingen bedeutende Gelehrte, Künstler und Politiker hervor. Die Kunst der Jainas ist höchst verfeinert. Die Marmortempel auf dem heiligen Berg Abu beispielsweise zählen zu den vollendetsten Tempelbauten Asiens. In den üppig und filigran ausgestalteten Heiligtümern sind die Furtbereiter dargestellt, in Meditationspose sitzend oder stehend, stets nackt und als perfekte Idealform ohne jeden individuellen Ausdruck verbildlicht.

Die Legende über den Fastentod des ersten Tirthamkara auf dem Gipfel des Kailash macht das Schneejuwel Tibets für die Jainas zum heiligen Berg, den sie Ashtapada, den Achtfüßigen, nennen. Die Götter, so berichtet die Legende weiter, verbrannten den Körper des Erleuchteten und führten auf diese Weise die Einäscherung als Form der Bestattung in der Menschenwelt ein. Sein Sohn Bharata, der erste Weltenherrscher Indiens, der dem Land den Namen Bharat gab, wollte am Kailash zur Erinnerung an seinen Vater einen prächtigen Tempel bauen, so kostbar, daß Bharats Söhne sich vor Räubern der Tempelschätze fürchteten. Sie errichteten daher Wassergräben, die sie durch die Umleitung des Ganges füllten. Dies erzürnte die Nagas, die in Gewässern wohnenden Schlangenwesen, so sehr, daß der Naga-König die Königssöhne vernichtete. Trotz seines großen Schmerzes versöhnte Bharata den Naga-König, indem er durch seine Enkel den Ganges wieder in das alte Flußbett, das ihn zum Meer führte, leiten ließ.

Wie viele Anhänger der Jain-Religion sich unter die indischen Pilger mischen, die jedes Jahr zum Kailash aufbrechen, ist nicht bekannt. Viele sind es sicherlich nicht, denn eines ihrer zahlreichen Gebote schreibt den Jainas Reisebeschränkungen vor – sie sollen sich im Norden nicht weiter als bis zum Himalaya bewegen. Und doch ist gerade der heilige Berg nördlich der Schneegipfel, welche die Ebenen und Dschungel Indiens von den Hochsteppen Tibets trennen, ein Symbol für die Verbundenheit der Religionen, die aus dem spirituellen Urgrund des indischen Subkontinents hervorgegangen sind.

Magische Kämpfe

Wer die Fahrt durch die Canyons von Guge nach Tholing und Tsaparang unternahm, wird noch einmal einen Umweg machen, um Tirthapuri zu besuchen, das bedeutendste Pilgerziel Westtibets nach Kailash und Manasarovar. Nur wenige Stunden vom Kang Rinpoche liegt es entfernt und gilt Buddhisten und Hindus gleichermaßen als heilig. Heiße Mineralquellen entspringen dort, ein Kloster liegt am Hang zwischen leuchtend orange und weiß gefärbtem Gestein, und in der Nähe finden sich Höhlen von Einsiedlern. Viele Lamas und Yogis der vergangenen Jahrhunderte haben sich hierher zurückgezogen. Berühmtester Gast in Tirthapuri war Guru Rinpoche, Padmasambhava, der mit seinen tantrischen Gefährtinnen, der Tibeterin Yeshe Tsögyal und der Inderin Mandarawa hier meditiert und Dämonen bezwungen haben soll. Die beiden waren allerdings die letzten Frauen, denen es gestattet war, in den Höhlen von Tirthapuri zu meditieren. Die intensive Rot- und Weißfärbung der Felsen soll auf die beiden Yoginis zurückgehen – der so gefärbte Ausfluß aus ihren Nasen galt als sicheres Zeichen für ihre herausragende spirituelle Entwicklung.

Die tibetischen Pilger suchen bestimmte rußgeschwärzte Höhlen auf, von deren Wänden sie Sindura kratzen, ein Pulver, das ihnen auf ihrem Weg durch das Bardo, den Zwischenzustand nach dem Tode, helfen soll, eine günstige Wiedergeburt zu erlangen, oder das mit Kräutern zu Medizin verarbeitet wird. In anderen Höhlen bringen sie Opfer dar, und im kleinen Kloster erweisen sie den versteinerten Fußabdrücken von Guru Rinpoche und Yeshe Tsögyal ihre Verehrung. Für die Tibeter und Inder, die zum Kailash unterwegs sind, ist Tirthapuri eine unverzichtbare Station der Pilgerfahrt. Eine Reise zum Kang Rinpoche wäre nicht vollständig, würde man nicht das Kloster umrunden und die berühmtesten Höhlen besuchen. Den Hindus gilt vor allem ein großer roter Felsen in der Nähe des Pilgerweges als heilig – er repräsentiert den Lingam Shivas.

Wir schlagen in Tirthapuri ein letztes Mal die Zelte auf, bevor wir endlich den Kailash sehen werden, kommen spät, nach langer Fahrt über den Transhimalaya, dort an. Der Mond ist fast voll. Wir haben die Reise so geplant, daß der Vollmond unsere Umrundung des heiligen Berges begleitet. Die Nacht ist klar und kalt. Spät noch gehen wir zur heiligen Quelle, wo tagsüber die Pilger nach Ringsels suchen, kleinen weißen Mineralablagerungen, denen magische Heilkräfte zugeschrieben werden. Die Dämpfe, die sich von den heißen Wassern erheben, wirbeln im Mondlicht, bevor sie im Schwarz der Nacht verschwinden. Die Wärme, die aus den Quellen aufsteigt, tut wohl in der Eisluft. Bleiches Schimmern liegt über den Felsen ausgebreitet. Im Mondschatten der Berge herrscht tiefste Finsternis. Als wir uns über steinige Pfade durch die von einem Bach durchrauschte kleine Schlucht zurücktasten zu unserem Lager, klingt von oben aus den Bergen Gesang. Wir stehen still und lauschen. Die Stimme eines Mannes, erfüllt von innerer Freude und doch von tiefem Ernst. Es ist ein Yogi, der im Dunkel der Nacht vor seine Höhle getreten ist, um seinem Herzen Luft zu machen, das erfüllt ist von strenger Askese und zugleich einem Glück, das wohl nur auf dem Grund jenes Ozeans des Geistes zu finden ist, der durch Meditation zur Ruhe kam.

Weit tönt das Lied der Yogi durch die Dunkelheit. So mag es geklungen haben, wenn ein anderer namhafter Gast der Höhlen Tirthapuris in der Bergeinsamkeit seine Gesänge der Erleuchtung anstimmte – Milarepa, Tibets berühmter Yogi und mystischer Dichter. Die hunderttausend Gesänge des Milarepa, der von 1052 bis 1135 lebte, sind das bedeutendste poetische Erbe, das Tibet der Welt geschenkt hat. Es sind Lieder, die spontan aus dem Herzen drangen und von Schülern oder Besuchern niedergeschrieben wurden, die ihnen lauschten. Viele waren Antworten auf Fragen, die Milarepa gestellt wurden, oder Beiträge zu spirituellen Disputationen. Niemand vermag zu sagen, wie viele Gesänge nur die Schneeleoparden und Wölfe der Berge vernahmen oder die Geister und Dämonen, die sich um die Höhle des Eremiten sammelten. Tiefe Einsichten in den Weg zur Befreiung enthalten diese Lieder, Einblicke in den Urgrund des Geistes, in die Methoden rechter Meditation. Für jene, die sie hörten, waren sie Anweisung auf ihrem eigenen Weg und zugleich Mahnung, die Schleier der Illusion von Leben und Tod zu heben und sich der religiösen Praxis zu widmen. Vielleicht ist das Lied, das der Einsiedler in dieser Nacht zum Himmel schickt, einer der Gesänge Milarepas, die Inspiration für viele Generationen von Yogis und Asketen darstellten.

Der Tor-Chörten Kangnyi am Beginn der Kailash-Umrundung

Ein kleiner Chörten vor der Südflanke des Kailash

Die Nordwand des Kailash im Morgenlicht

Mutter mit Kind beim Anstieg auf den Dölma La

Freude und Erleichterung nach der Überschreitung des Dölma La

Mädchen aus der Provinz Amdo

Nomade im Changtang

Junger Mönch

Indischer Wanderasket

Nomaden mit Yaks beim Manasarovar vor der Kette des Gurla Mandhata

Blick über den Manasarovar auf den Gurla Mandhata

Blick über die Chiu Gompa auf den Kailash

Gossul Gompa am Manasarovar

Die Bönri-Kette auf der Nordostseite des Manasarovar

Chakrasamvara (Demchok) in Vereinigung mit seiner weiblichen Entsprechung Vajravarahi (Dorje Phagmo). Thangka-Malerei.

Shiva mit seiner Gemahlin Parvati und ihrem Sohn Ganesha

Das „Weltentstehungsmandala", eine Wandmalerei aus dem Punakha Dzong in Bhutan,
zeigt den Weltenberg Meru in direkter Draufsicht.

Darstellung des Weltenberges Meru. Wandmalerei in einem tibetischen Kloster.

Blick von der Chukku Gompa auf den Kailash

Tsatsa-Khangs in Tirthapuri

Blick von Tsaparang über die Canyons von Guge zum Transhimalaya

Tantrische Zeremonie

Pilger umrunden den Tara-Stein auf dem Dölma La

Manimauer am Ende der Kailash-Kora

Zwei Kyiangs (tibetische Pferdeesel) im Changtang

Yaks an einem See im Changtang

Lhato (Geisterhäuschen) vor einer Kette des Transhimalaya

Es waren unzählige Männer – manchmal auch Frauen –, die überall im tibetischen Kulturkreis ihre Häuser und Familien verließen, um in strenger Klausur, oft viele Jahre lang, manchmal sogar eingemauert in ihren Höhlen, danach trachteten, die Natur des Geistes zu ergründen und Befreiung zu erlangen von der Bedingtheit des Daseins.

In einem dieser Lieder singt Milarepa von der notwendigen Erkenntnis dessen, was im Leben wirklich Wert besitzt:

Ich bin ein Yogi, der das Land durchwandert,
ein Bettler, der alleine reist,
ein Armer, der nichts besitzt.

Das Land, das mich geboren, ließ ich hinter mir,
meinem schönen Haus kehrte ich den Rücken
und meine reichen Äcker gab ich auf.

In der Bergeinsamkeit wohnte ich,
meditierte in Felsenhöhlen, von Schnee umsäumt,
und fand meine Nahrung gleich den Vögeln –
so ist es bis zum heutigen Tag.

Nicht kenne ich die Stunde meines Todes,
doch habe ich ein Ziel, bevor ich sterbe.
Dies ist die Geschichte von mir, dem Yogi,
doch nun gebe ich Dir einen Rat:

Du versuchst, den Dingen dieses Lebens zu gebieten,
versuchst und versuchst, stets klug und tüchtig zu sein,
planst immer, Deine Welt selbst zu lenken,
bist verstrickt in immer gleiche Beziehungen.
Inmitten all dieser Vorbereitungen für die Zukunft,
erreichst Du Deine letzten Jahre, ohne es zu bemerken,
erkennst nicht, daß Deine Stirn sich in Falten runzelt,
weißt nicht, daß Dein Haar grau geworden ist,
siehst nicht, daß die Haut um Deine Augen niedersinkt,
gestehst Dir nicht ein, daß Zunge und Nase nachlassen.

Selbst wenn die Boten des Todes Dich jagen,
singst Du noch und frönst Deinem Vergnügen.
Du weißt nicht, ob am Morgen Du noch lebst,
und doch machst Du Pläne für den nächsten Tag.
Du weißt nicht, wo einst Du wiedergeboren wirst,
und doch pflegst Du selbstgefällige Zufriedenheit.
Jetzt ist die Zeit, sich auf's Sterben vorzubereiten –
das ist mein aufrichtiger Rat für Dich.
Wenn seine Bedeutung Dich anrührt,
beginne Deine Meditation.

Am anderen Morgen, nach einer klirrend kalten Nacht im steif gefrorenen Zelt, vor der letzten Etappe zum Kailash, genießen wir die ersten wärmenden Sonnenstrahlen, als wir zur Gompa hinaufsteigen. Einst war es ein Zweigkloster von Hemis, einem der großen Klöster Ladakhs, ein Hinweis darauf, wie rege die alte Pilger- und Handelsstraße zwischen Ladakh und Westtibet begangen war. Doch auch diese abgelegene Gompa wurde während der Kulturrevolution verwüstet. Gompa ist das tibetische Wort für Kloster und bedeutet soviel wie »einsamer Ort«. Sven Hedin hat das Kloster von Tirthapuri in seinem ursprünglichen Zustand gesehen: »Eine hundert Meter lange, ungewöhnlich gut erhaltene Manimauer weist nach dem Kloster Tirthapuri hin, das sich an einem terrassenförmigen Abhang erhebt und das ein ganzes Trabentenkorps von Chörten umgibt.«

Heute ist das Kloster teilweise wieder aufgebaut, auch die Statuen von Guru Rinpoche und seinen zwei Gefährtinnen stehen in eher bescheidener handwerklicher Neuausführung wieder im Tempel. Die Chörten, von denen Hedin spricht, hat er aber vermutlich mit Tsatsa-Khangs verwechselt, die in der Tat überall in der Nähe des Klosters zu finden sind. Sie sehen zwar wie Chörten aus, sind aber Bauwerke zum Verwahren der Votivtäfelchen (Tsatsas), die Pilger an den Heiligtümern ablegen.

In der Nähe sind Männer damit beschäftigt, solche Tsatsas aus Ton herzustellen. Mit Hilfe von Modeln werden aus dem weichen Material, dem nicht selten Asche verstorbener Lamas beigemischt ist, kleine Stupas geformt oder flache Tafeln mit Reliefs von Buddhas und Gottheiten. Diese Miniaturkunstwerke trocknen auf Holzbrettern in der Sonne, bis Pilger sie mitnehmen zum Kailash, um sie niederzulegen an Manimauern, auf den Altären der Klöster oder an den zahlreichen heiligen Stellen der Kora.

Wir verweilen nicht mehr lange in Tirthapuri. Zu groß ist die Erwartung, an diesem warmen, wolkenlosen Tag zum ersten Mal den Kailash zu sehen. Die letzte Wegstrecke führt durch ständig sich weitende Ebenen. Die Piste scheint gerade in den tiefblauen Himmel zu führen. Kyiangs, tibetische Pferdeesel, galoppieren über die Steppe. Zwei Geier ziehen gemächliche Kreise. Weit am Horizont erheben sich die Schneegipfel des Gurla-Mandata-Massivs, zur Linken wächst eine Bergkette empor, in der schließlich, zuerst kaum erkannt und fast übersehen, der Kailash sichtbar wird, das kostbare Schneejuwel, das Ziel unserer langen Reise. Völlig unspektakulär tritt der Berg zum ersten Mal vor unsere Augen, ganz anders, als man sich diesen Anblick in der von Fotos und Beschreibungen geprägten Erwartung vorstellte. Später erst, wenn wir uns ihm zu Fuß nähern oder wenn wir ihn aus größerem Abstand vom See Manasarovar aus betrachten, offenbart er die einzigartige Schönheit seiner Erscheinung.

Auch Milarepa hatte diesen Blick vor Augen, als er den Weg zwischen Tirthapuri und dem Kailash wanderte. Er hat den Kang Tise in einem seiner Lieder besungen:

> *Die Prophezeiungen des Buddha sagen voll Wahrheit,*
> *daß dieser Schneeberg der Nabel der Welt ist.*
> *Ein Ort, wo die Schneeleoparden tanzen.*
> *Die Bergspitze, die Kristallpyramide,*
> *ist der weiße, glitzernde Palast von Demchog.*
> *Dies ist der großartige Ort vollendeter Yogis,*
> *hier erlangt man transzendente Vollkommenheiten.*
> *Kein Ort ist wundervoller als dieser,*
> *kein Ort ist erstaunlicher als dieser.*

Die Legende weiß, daß jene Reisenden, die ihre spirituellen Sinne geschärft haben, das Rezitieren dieser erleuchteten Yogis in der klaren Höhenluft des Kailash-Gebietes hören können. Auch wenn unsere innere Wahrnehmungsfähigkeit leider nicht so weit entwickelt ist, wird uns das Lied des Milarepa und das Wirken dieses spirituellen Poeten in den Tagen des Aufenthalts im Bezirk des Kailash begleiten. Der Yogi und Dichter, der ähnlich wie Padmasambhava wesentlich zur Verbreitung des Buddhismus in Tibet beigetragen hat, meditierte in verschiedenen Höhlen am Kailash und war der einzige Mensch, der je auf dem Gipfel des Kang Rinpoche stand – sieht man von Rishabha, dem legendären ersten Furtfinder der Jainas einmal ab. Erreicht hat Milarepa den Schneedom des Kailash allerdings nicht auf Bergsteigerart, sondern durch seine übersinnlichen Kräfte. Während Padmasambhava die Dämonen und Gottheiten des Bön besiegte und in den Buddhismus integrierte, ging Milarepa als Sieger aus einem magischen Zweikampf mit einem Bön-Priester um den Kailash hervor. Die Legende dieses Wettstreits um den heiligen Berg ist Hinweis darauf, daß die Bön-Religion während der zweiten Verbreitung des Buddhismus endgültig ihre Vormachtstellung in Tibet verlor, indem sogar das Zentrum des alten Bön-Reiches Zhang Zhung, der Kang Tise, die neunstöckige Swastikapyramide, in welcher die Seele des Schneelandes wohnt, von den Buddhisten übernommen wurde.

Die Legende vom Kampf um den heiligen Berg Tise erzählt, daß Milarepa, als er mit seinen Schülern zum Kailash kam, um dort zu meditieren, von dem Bön-Priester Naro Bön Chön gestört wurde. Milarepa wurde von den Gottheiten des Kailash und des Manasarovar verehrungsvoll begrüßt, der Bönpo aber wollte ihm den Meditationsplatz streitig machen und forderte ihn zum Wettstreit in der Zauberkunst auf. Der Sieger sollte fortan als rechtmäßiger Besitzer des heiligen Bezirks gelten. Milarepa, früher selbst ein Adept der schwarzen Magie, hatte diesen Künsten abgeschworen und die durch ihren Mißbrauch angesammelte Schuld in einer jahrelangen harten Schulung unter seinem buddhistischen Meister Marpa abgetragen. Nun wollte er sich nicht auf die Zurschaustellung solcher Fähigkeiten einlassen. Er, der einst zerstörerische Naturkräfte gegen seine Feinde gewendet hatte, war ein geläuterter Yogi geworden, der nach Erleuchtung strebte und, nur in ein dünnes Baumwollgewand gehüllt, jahrelang in der eisigen Kälte abgelegener Berghöhlen meditierte. Allein durch die Praxis des Thumo, der inneren Hitze, einer der sechs Yogas des Naropa, in die Marpa seinen Schüler eingeweiht hatte, vermochte Milarepa unter solch unmenschlichen Bedingungen zu überleben. Auf Wandmalereien und Thangkas sieht man den Yogi, dessen Name soviel bedeutet wie »Mila, der das Baumwollgewand der Asketen trägt«, oft mit grüner Körperfarbe abgebildet. Jahrelang, so weiß die Legende, hatte er sich nur von Gras und Brennesseln ernährt, die bei seiner Höhle wuchsen, bis sogar sein Leib die Farbe dieser Pflanzen annahm.

Durch Meditation und Askese geläutert wies Milarepa zuerst das Ansinnen des Bönpo zurück, indem er ihm sagte: »Ich will mich nicht mit einem Gaukler in Magie messen, der mit Hilfsmitteln Schaden stiftet und zur Täuschung der Augen seines Gegners greift.«

Dann aber ließ er sich auf den Wettstreit ein, um die Überlegenheit der buddhistischen Lehren und Praktiken über die schwarze Kunst des Bön unter Beweis zu stellen. Er warnte seinen Kontrahenten: »Du, der du dir nur die gewöhnliche Zauberkraft angeeignet hast, kannst es nicht mit der Geschicklichkeit, der Kraft von mir, dem Yogin, der die höchste und gewöhnliche Siddhi errungen hat, aufnehmen.«

Sie trugen eine Reihe von Wettkämpfen aus, die Milarepa ausnahmslos für sich entschied und deren Spuren rund um den Kailash von den Pilgern verehrt und bewundert werden. So wollte der Bönpo den Yogi zwingen, den heiligen Berg auf Bön-Weise gegen den Uhrzeigersinn zu umwandeln, Milarepa aber ergriff seinen Gegner und zog ihn in der Richtung, in der die Buddhisten den Pilgerweg gehen. In einem anderen Wettkampf hob der Bönpo einen gewaltigen Felsen in die Höhe und forderte Milarepa auf, es ihm gleichzutun. Der Yogi hob daraufhin mühelos den Bönpo samt seines Felsens in die Höhe.

Doch der Bön-Priester wollte seine Unterlegenheit nicht eingestehen und forderte Milarepa zu einem letzten und entscheidenden Duell auf. Am 15. Tag des Monats, dem Tag des Vollmonds, sollte der, der den Schneegipfel des Kailash als erster erreichte, den Berg in Besitz nehmen. Als der Tag gekommen war, rüstete sich der Bönpo schon früh am Morgen für den Wettkampf, legte einen grünen Mantel an und stieg auf seine Schamanentrommel, um zur Spitze der Eispyramide zu fliegen. Milarepa schlief friedlich, bis seine Schüler ihn aufgeregt weckten und meldeten, daß Naro Bön Chön bereits auf dem Weg zum Gipfel sei.

»Und?« antwortete Milarepa gelassen. »Hat er den Gipfel etwa schon erreicht?«

Die Schüler sahen, daß der Bönpo den Berg auf halber Höhe umflog, aber allen Anstrengungen zum Trotz nicht weiter nach oben gelangen konnte.

Milarepa wartete, bis die Sonne aufging, hüllte sich in sein Baumwollgewand, schnippte mit den Fingern und huschte auf den ersten Sonnenstrahlen im Handumdrehen zum Gipfel des Kang Tise. Oben saß er in Meditation und erblickte die Schutzgottheiten des heiligen Berges. Als der Bönpo seinen Gegner auf der Spitze des Kailash thronen sah, war er so überrascht, daß er seine Trommel fahren ließ und zur Erde herabstürzte. Die Trommel fiel auf die Südflanke des Kailash und riß jene Längsrinne in den Fels, die den Berg bis heute unverwechselbar zeichnet.

Nun war der Bönpo endgültig besiegt, und der Buddhismus hatte den heiligen Berg des Bön für sich erobert. Milarepa blickte voll Mitgefühl auf seinen geschlagenen Gegner und gestattete es den Anhängern der alten tibetischen Religion, den Kailash auch weiterhin auf ihre Art und Weise zu umrunden. Außerdem entsprach er ihrer Bitte, sich an einem Ort in der Nähe, von dem aus sie den Kang Tise sehen konnten, ansiedeln zu dürfen. Milarepa nahm eine Handvoll Schnee und warf sie nach Südosten auf einen Berg, der heute Bönri – Berg des Bön – heißt und zu dessen Füßen das Bönri-Kloster liegt. Manche Bön-Pilger, die zum Kailash kommen, umrunden auch den fast 6000 Meter hohen Bönri auf einem Pilgerweg. Ihr Kloster jedoch wurde von den Chinesen vollkommen zerstört.

Milarepa faßte seinen Sieg über den Bönpo in ein langes Lied, in dem er die Gründe für seinen Triumph aufzählt und in dem es unter anderem heißt:

> … so habe ich,
> der tibetische, in Baumwolle gekleidete Yogin,
> durch die Gnade meines Lehrers Marpa
> und durch das Mitgefühl der erhabenen Jinas
> hier auf dem Tise,
> dem König der Berge des Kontinents,
> einen Bönpo durch die Religion besiegt
> und die religiöse Überlieferung
> der Lehre des Buddha erstrahlen lassen.

Milarepa war der erste und einzige Mensch, der den Gipfel des Kang Rinpoche erreichte. Zwar hält sich in Bergsteigerkreisen zäh das Gerücht, einer der Stars des modernen Sensationsalpinismus habe den Kailash in einer Vollmondnacht über den Westgrat heimlich bestiegen, es aus Wertschätzung der tibetischen Religion aber nie öffentlich eingestanden, doch ist das vermutlich nur eine moderne Legende, die sich um den Kailash rankt.

Wie gering die chinesischen Besatzer den tiefen Respekt der Tibeter gegenüber ihrem heiligsten Berg schätzen, wurde deutlich, als die Chinesen im Jahr 2001 erstmals einer Expedition die Genehmigung erteilten, den Kailash zu besteigen. Eine spanische Bergsteigergruppe hatte die Erlaubnis für diese Erstbesteigung erwirkt – ob durch gute Beziehungen oder durch viel Geld ist nicht bekannt. Zwar hatte die chinesische Regierung schon Mitte der achtziger Jahre dem Südtiroler Alpinisten Reinhold Messner angeboten, die Erstbesteigung des Kailash zu unternehmen, der aber hatte abgewunken, nachdem er den heiligen Berg auf dem Pilgerweg umrundet hatte. »Natürlich habe ich abgelehnt«, sagte der Bezwinger aller Achttausender der Welt später, »es wäre nicht sehr intelligent gewesen, es anders zu machen. Man sollte nicht in Bergstiefeln auf zu Stein gewordenen Göttern herumtrampeln.«

Um die Einfühlsamkeit der spanischen Bergsteiger hingegen war es weit schlechter bestellt angesichts der seltenen Chance zur Erstbesteigung eines solch berühmten Berges. Sie führten abstruse Rechtfertigungen für ihr Vorhaben an, die religiösen Gefühle von Millionen von Menschen mit Füßen zu treten – die Besteigung sei eine kollektive Aktion, um den selbstzerstörerischen Kurs der Menschheit zu ändern, und man wolle eine Botschaft des Friedens vom Gipfel aussenden. Doch dazu kam es nicht. Eine Lawine von Protesten von religiösen Führern, Bergsteigerverbänden und Tibet-Hilfsgruppen aus aller Welt brachte erst die Sponsoren der Expedition, dann zwangsläufig auch die Bergsteiger zur Einsicht. Sie verzichteten freiwillig auf die Besteigung des heiligen Berges, und kurz darauf verlautbarten die Chinesen, sie hätten eigentlich nie eine Genehmigung erteilt.

Überhaupt gehen die Chinesen mit Reisegenehmigungen zum Kailash recht willkürlich um. Vor allem tibetische Pilger bekommen dies zu spüren. Sie müssen zahlreiche bürokratische Hürden überwinden und teure Gebühren bezahlen. Außerdem wird die Kailash-Region immer wieder vorübergehend geschlossen, meist ohne Angabe von Gründen. Tibetischen Regierungsangestellten wurde es 2002 sogar verboten, zum Saga Dawa Fest am Kailash zu reisen, das in diesem Jahr als besonders glücksverheißend galt.

Die Lehre des Erhabenen

Als Atisha vor tausend Jahren aus Indien ins Königreich Guge zog und die zweite Verbreitung des Buddhismus in Tibet ihren Anfang nahm, hatte sich die Lehre des Buddha längst über große Teile Asiens verbreitet. Ceylon, Burma, Java, Thailand, China, Japan, Korea und viele Gebiete Zentralasiens waren von der Lehre des Erhabenen berührt. In ihrem Ursprungsland Indien jedoch, wo der Buddha gelebt und gelehrt hatte, wo die bedeutendsten Pilgerstätten lagen und die maßgebenden Klosteruniversitäten, zu denen Studenten aus der gesamten buddhistischen Welt strömten, wurde der Buddhismus durch eine Renaissance des Hinduismus, vor allem aber durch die Heere muslimischer Eroberer immer weiter zurückgedrängt. Bereits im 7. Jahrhundert, als König Songtsen Gampo den Buddhismus erstmals in Tibet einführte, hatten sich die Buddhisten Indiens auf ihre Kerngebiete im heutigen Bihar und Bengalen zurückgezogen, von wo die Lehre des Erhabenen einst ausgestrahlt war. Dort erlebte die indisch-buddhistische Kunst, Kultur und Philosophie eine letzte Blüte, bevor sie nach der Jahrtausendwende von den Muslimen endgültig ausgelöscht wurde. Die Tempel und Klöster, die Universitäten und Bibliotheken, die Statuen, Bücher und Malereien wurden bis auf wenige Fragmente niedergerissen, zerschlagen, verbrannt. Allein die Bibliothek der Klosteruniversität Nalanda enthielt neun Millionen Bände, und es heißt, daß sie sechs Monate lang gebrannt hat. Viele der wichtigen Schriften des Mahayana-Buddhismus blieben nicht mehr in ihren originalen Sanskrit-Manuskripten erhalten, sondern nur in Übersetzungen, zum Beispiel ins Tibetische. Nach dem Untergang des Buddhismus in Indien wuchs Tibet zu einem neuen Zentrum buddhistischer Kultur und prägte dabei dieser Religion einen unverwechselbaren Stempel auf.

Als die Muslime dem indischen Buddhismus den Todesstoß versetzten, ging eine Ära zu Ende, die ungefähr 1 500 Jahre gewährt hatte. Zwar sind sich moderne Forscher uneins über die genauen Lebensdaten des historischen Gautama Buddha, doch beginnt die buddhistische Zeitrechnung im 6. vorchristlichen Jahrhundert. In vielen Chroniken wird Buddhas Geburt um das Jahr 563 v. u. Z. festgesetzt, eine Konferenz von Wissenschaftlern verlegte erst vor kurzem die Lebenszeit des Erhabenen in das 4. bis 5. vorchristliche Jahrhundert. Für die Mönche und Laien überall in der buddhistischen Welt aber, die Zuflucht genommen haben zu den drei Juwelen – zum Buddha, zu seiner Lehre (Dharma) und zur Gemeinschaft derer, die diesen Weg praktizieren (Sangha) – sind solche Fragen korrekter Datierungen oder religionswissenschaftlicher Überlegungen kaum von Bedeutung. Ihnen steht das Ideal vor Augen, für das die historische Figur des Gautama Buddha Beispiel und Vorbild ist – daß es dem Menschen aus eigenem Bemühen möglich ist, Befreiung vom Daseinskreislauf zu erlangen, ohne abhängig zu sein von einer Priesterschaft, einem Erlöser oder der Gnade eines Gottes.

Die Zeit Buddhas war eine des spirituellen Umbruchs nicht nur in Indien. Der Philosoph Karl Jaspers nennt diese Epoche eine »Achsenzeit«, »den tiefsten Einschnitt der Geschichte«. In China wirkten Konfuzius und Lao-tzu, in Persien Zoroaster, in Griechenland die vorsokratischen Philosophen und in Indien neben Buddha auch Mahavira, der Begründer der Jain-Religion. Zugleich wurden die jüngeren Upanischaden verfaßt und die Lehre von Karma und Reinkarnation in ihrer ganzen Tragweite ausformuliert. Die Opferrituale der vedischen Periode genügten den Menschen nicht mehr in ihrer Suche nach dem Sinn und innersten Wesen des Daseins. Asketengemeinschaften zogen in die Berge und Wälder, um aus eigener Kraft Erleuchtung zu erlangen.

Dem Prinzen Siddharta Gautama, Sohn eines Fürsten aus dem Geschlecht der Sakya und geboren in die Kaste der Kshatriyas, der Herrscher und Krieger, waren von seinem Vater andere Ziele gesetzt. Obwohl die Legende weiß, daß sich schon bei Siddhartas Geburt Wunder ereigneten, daß er rein und unbefleckt nicht aus dem Schoß, sondern aus der Seite seiner Mutter hervortrat, daß er gleich nach seiner Geburt sieben Schritte in jede Himmelsrichtung tat und dabei Lotosblüten aufblühten, und obwohl ein Weiser, der das Kind betrachtete, die 32 körperlichen Merkmale des Erleuchteten an ihm erkannte, lebte der junge Prinz für viele Jahre ein Leben in Vergnügen und Luxus. Siddhartas Vater sorgte dafür, daß der Thronfolger in seinem Palast wie in einem goldenen Käfig verschont blieb von allen häßlichen und schmerzlichen Einflüssen der Welt.

Geführt von seinem Reitknecht Channa unternahm der Jüngling jedoch vier heimliche Ausflüge in die Welt außerhalb des Palastes, die ihn im tiefsten Inneren erschütterten und eine existentielle Krise auslösten. Bei seinem ersten Ausritt sah er einen Greis, beim zweiten einen Pestkranken, beim Dritten einen Toten. Niemand hatte ihm bislang von Alter, Krankheit und Tod gesprochen, von der Bedingtheit menschlichen Daseins. Auf seinem vierten Ausritt erblickte er einen Wanderasketen, einen, der alle Sinnesgenüsse aufgegeben hatte, um inneren Frieden zu finden. Der Konflikt im Herzen des Prinzen kam nicht mehr zu Ruhe. Selbst die raffiniertesten Freuden des Palastlebens vermochten seine Gedanken nicht mehr abzulenken von diesen aufwühlenden Erlebnissen in der »wirklichen« Welt. Im Alter von 26 Jahren, in der Nacht, als sein Sohn Rahula geboren wurde, verließ er Familie und Palast, ließ seine Reichtümer zurück, scherte sein Haar, legte Schmuck und seidene Gewänder ab und zog das Bettlerkleid eines Wanderasketen an. Erst suchte er Unterweisung bei Brahmanen und Lehrern des Yoga, in den Jahren darauf unterzog er sich den schärfsten Formen der Askese, bis er sich fast zu Tode hungerte, doch die brennenden Fragen in seinem Inneren fanden keine Antwort.

So erkannte Siddharta, daß der Weg völliger Lebensverneinung ebensowenig zur Befreiung führt wie Reichtum und Sinnesgenuß, sondern nur der »Mittlere Weg« der Meditation, der alle Extreme vermeidet. Er zog weiter und ließ sich schließlich im heutigen Bodh Gaya unter einem Feigenbaum nieder, wo er schwor, sich nicht eher zu erheben, bis er letztgültige Erkenntnis gefunden hätte. In seiner Versenkung erlangte er Einsicht in all seine früheren Existenzen, Wissen über den Zustand der Welt, über die Wirkungsweise des Karma, die Verkettung von Ursache und Wirkung, und Bewußtheit darüber, wie man die Geistesgifte von Begierde, Haß und Unwissenheit zu besiegen vermag. Mara, der Versucher, der verhindern wollte, daß ein Mensch den Ausweg aus dem Meer des Samsara, des Kreislaufes von Tod und Wiedergeburt, fände, warf all seine magischen Kräfte in den Kampf, um Siddharta Gautama vom Erlangen seines Zieles abzuhalten – Schmeicheleien, Drohungen, Versprechungen, Angriffe mit Heeren von Dämonen und Verlockungen durch seine reizvollen Töchter. Keine dieser Anfechtungen vermochte den Meditierenden zu berühren. Als er nach der Vollmondnacht des Mai den Morgenstern aufgehen sah, erblickte er die Welt zum ersten Mal mit den

Augen eines Erleuchteten – aus dem Prinzen und Asketen Siddharta Gautama war der Buddha geworden. Mit der rechten Hand berührte er die Erde, um sie als Zeugin anzurufen für seine Verwirklichung.

Nach anfänglichem Zögern begann der Buddha zu lehren. In seiner ersten Rede vor fünf Asketen faßte er die grundlegende Lehre von den »Vier Edlen Wahrheiten« in Worte, die noch heute für alle buddhistischen Schulen gilt:

> *Die Wahrheit vom Leiden, die besagt, daß alles Dasein*
> *im Kreislauf der Wiedergeburten leidhaft ist.*
> *Die Wahrheit von den Ursachen des Leidens –*
> *Verlangen und Anhaftung an vergänglichen Dingen.*
> *Die Wahrheit von der Beendigung des Leidens*
> *durch des Menschen eigene Bemühung.*
> *Die Wahrheit vom achtfachen Pfad,*
> *der zur Überwindung des Leidens führt.*

Über vierzig Jahre zog der Buddha lehrend durch Indien. Anhänger aus allen Schichten, darunter Könige und Fürsten, sammelten sich um ihn und nahmen die strengen Regeln seines Mönchsordens auf sich. Im Alter von 80 Jahren trat der Erhabene in meditative Versenkung ein und starb. Er benannte keinen Nachfolger. Sein Leichnam wurde verbrannt, Asche und Reliquien an acht Stammesfürsten verteilt. Seine Lehre verbreitete sich rasch.

Obwohl schon bald nach dem Hinscheiden Buddhas das erste Konzil einberufen wurde, um die Lehren des Erhabenen zu kodifizieren, kam es zu Aufspaltungen in mehrere Schulen. Ungeachtet der unterschiedlichen Lehrmeinungen in den verschiedenen Zweigen des Buddhismus gibt es eine Reihe grundlegender Aussagen, die für alle Richtungen gleichermaßen Gültigkeit besitzen, so die schon genannten »Vier Edlen Wahrheiten«, der »Edle Achtfache Pfad« und die »Vier Siegel«, die als Zusammenfassung der buddhistischen Philosophie gelten können – nämlich daß alles, was aus Ursachen und Umständen besteht, vergänglich ist; daß alle Dinge und Erfahrungen, die dem Menschen begegnen, glückliche und unglückliche gleichermaßen, letztlich zu Leiden führen; daß alle Phänomene leer und ohne Selbst sind; und daß Nirvana, der Zustand des Erwachens, der Erleuchtung, den großen Frieden bedeutet.

111

Auch das Entstehen aller Phänomene in Abhängigkeit und – daraus abgeleitet – die Lehre von Karma und Wiedergeburt, sind Lehrinhalte, die allen buddhistischen Schulen gemeinsam sind. Bezüglich der letztlichen Realität der Welt und ihrer Phänomene gibt es sechs unterschiedliche Lehrmeinungen, welche die Philosophie der verschiedenen buddhistischen Schulen bestimmen.

Um die Zeitenwende kam es zu einer neuen, einschneidenden Spaltung der rasch sich verbreitenden Lehre – in Indien entwickelte sich der Mahayana-Buddhismus. Mahayana bedeutet so viel wie »großes Fahrzeug«. Die alten buddhistischen Schulen wurden von den Anhängern des Mahayana im Gegensatz dazu als Hinayana, »kleines Fahrzeug«, bezeichnet. Mahayana brachte eine revolutionäre Neuerung: Während die traditionellen buddhistischen Lehren davon ausgegangen waren, daß nur der Mönch, der sich von der Welt abwendet und die strengen Ordensregeln befolgt, die der Buddha eingeführt hatte, Befreiung vom Daseinskreislauf zu erlangen vermag, war es im Mahayana grundsätzlich jedem Menschen möglich, Erleuchtung zu erreichen. Dieser Schritt öffnete den Buddhismus von einem exklusiven Heilsweg für Mönche zu einer Volksreligion und brachte auch ein neues spirituelles Ideal hervor: Nicht länger ging es nur um die Befreiung des einzelnen, sondern um die Befreiung aller Menschen. Dem Arhat, der für sich selbst Erleuchtung erlangt hat, stand der Bodhisattva gegenüber, der freiwillig auf sein Eingehen in das Parinirvana verzichtet, um allen anderen Wesen in liebendem Mitgefühl zur Befreiung aus dem Daseinskreislauf zu verhelfen. Diese altruistische Einstellung kommt sehr schön in einem Vers aus dem ›Bodhicaryavatara‹ (Eintritt in das Leben zur Erleuchtung) des indischen Mahayana-Mystikers Shantideva aus dem 7./8. Jahrhundert zum Ausdruck:

Alles Glück dieser Welt
entspringt dem Wunsch nach Glück für die anderen.
Aller Schmerz dieser Welt
entspringt dem Wunsch nach dem eigenen Glück.

Waren die Mönche des Hinayana in ihrem Streben nach Erleuchtung im wesentlichen auf sich selbst gestellt, so konnten sich die Anhänger des Mahayana an die Bodhisattvas wenden, von denen jene der höheren Stufen, die transzendenten Bodhisattvas, über göttliche, übernatürliche

Fähigkeiten verfügen und entsprechend wirksam Hilfe zu leisten vermögen. Demgemäß erweiterte das »große Fahrzeug« auch die Vorstellung vom historischen Buddha. War er im ursprünglichen Buddhismus nur ein Mensch gewesen, der den Weg zur Befreiung gegangen war, um nach seinem Tod für immer im Parinirvana zu erlöschen, betrachtete das Mahayana den Buddha ebenso wie alle Buddhas der Vergangenheit und Zukunft als überweltliche Wesen, eins mit dem Absoluten, mit unendlichen vielfältigen Körpern, die jeder zeitlichen Bedingtheit enthoben sind und sich in der relativen Welt nur verkörpern, um den leidenden Wesen zu helfen.

Während die verschiedenen Schulrichtungen des Hinayana im Laufe der Zeit ausstarben, so daß heute nur noch die Schule des Theravada die ursprüngliche Form des Buddhismus vertritt – vor allem in Sri Lanka und Südostasien –, verbreitete sich Mahayana über Indien und die zentralasiatischen Reiche an der Seidenstraße bis nach China, Japan und Korea.

Als der Buddhismus im 7. Jahrhundert Tibet erreichte und dort auf die Bön-Religion traf, hatte im indischen Mahayana eine weitere wesentliche Entwicklung stattgefunden. In den drei großen Religionen des damaligen Indien – Hinduismus, Jainismus und Buddhismus – waren gleichzeitig Strömungen aufgetreten, die als Tantra bezeichnet werden. Tantra stützt sich auf Übungen des Yoga, magische Rituale und andere esoterische Traditionen, die nur mündlich direkt vom Lehrer an ausgewählte Schüler weitergegeben werden, zusammen mit Einweihungen, geheimen Praktiken und Kraftübertragungen. Nicht für alle Menschen geeignet, gilt der tantrische Weg zwar als der gefährlichste, aber auch als jener, der am schnellsten zur Befreiung führt. Aus der Verbindung der Philosophie des Mahayana mit der magischen Praxis des Tantra entstand die dritte Hauptschule des Buddhismus: Vajrayana, das »diamantene Fahrzeug«, das nach seiner Auslöschung in Indien vor allem in den Himalayaländern und Tibet auf fruchtbaren Boden fiel und wiederum eine Vielzahl von Unterschulen hervorbrachte.

Der tibetische König Songtsen Gampo, der 629 im Alter von 13 Jahren den Thron bestiegen hatte, wurde von zwei seiner Frauen mit dem Buddhismus in Kontakt gebracht, der nepalischen Prinzessin Bhrikuti und der chinesischen Prinzessin Wangchen. Die ersten buddhistischen Tempel entstanden, darunter der Jokhang in Lhasa, das Hauptheiligtum Tibets mit der Statue des Jowo Rinpoche. Mit dem Buddhismus erreichten wichtige Kulturgüter das Schneeland – eine Schrift wurde eingeführt, eine frühe Form des tibetischen Kalenders, die Astrologie, Maß- und Gewichtseinheiten. Buddhistische Lehrer kamen ins Land, gründeten Tempel und verbreiteten die neue Religion vor allem in der adeligen Schicht, während das Volk, aber auch Teile des konservativen Adels weiterhin dem Bön anhingen, dessen Priestern es tatsächlich gelang, nach Songtsen Gampos Tod die ausländischen Missionare zeitweise wieder aus dem Land zu drängen.

Auch König Trisong Detsen, der 754 Herrscher des tibetischen Großreiches wurde und es zu seiner größten Blüte führte, war zuerst dem Bön geneigt, rief später aber buddhistische Lehrer – etwa den berühmten Santarakshita – ins Land und ließ buddhistische Schriften aus Indien und China ins Tibetische übersetzen. Schließlich faßte er den Plan, die neue Religion dauerhaft in Tibet zu verwurzeln, indem er ein Kloster bauen ließ und Mönche ansiedelte. Das rief den Widerstand nicht nur der Bön-Anhänger hervor, sondern auch der zahllosen Gottheiten und Dämonen, die Tibet bevölkerten und die offenbar keinerlei Veranlassung spürten, sich einer fremden Religion zu unterwerfen. König Trisong Detsen mußte auf Anraten von Santarakshita einen berühmten Magier zu Hilfe holen, um seinen Plan durchzusetzen. Mit dem Lehrer und Tantriker Padmasambhava betrat eine der schillerndsten Figuren des gesamten tibetischen Kulturkreises die Bühne der Geschichte. Der »Lotosgeborene« war nicht nur ein profunder Kenner der Philosophie des Mahayana, sondern auch ein Meister magischer Praktiken und tantrischer Rituale, mit Hilfe derer er Tibets Dämonen- und Geisterwelt bezwang und in den Dienst der neuen Lehre stellte. Auch wenn nach der Ermordung des letzten buddhistischen Königs Rapalchen die Bön-Religion noch einmal die Oberhand in Tibet gewann und später das tibetische Großreich zerfiel, bis die Könige von Guge die zweite, endgültige Verbreitung des Buddhismus einleiteten, ist Padmasambhava bis heute eine der am höchsten verehrten Figuren des Vajrayana in Tibet, Bhutan, Ladakh und den anderen Bereichen der tibetisch-buddhistischen Sphäre. Selbst die Anhänger des Bön vermochten sich dem Einfluß des Guru Rinpoche, des »kostbaren Lehrers«, nicht zu verschließen. In ihren späteren Schriften gingen sie davon aus, daß Padmasambhavas Vater ein großer Bön-Meister mit Namen Dranpa Namkha gewesen sei, die Macht des Guru Rinpoche also aus den Quellen des Bön stammte.

Padmasambhava als Guru Rinpoche. Tibetanischer Blockdruck

Guru Rinpoche hingegen bemerkte gemäß der buddhistischen Legende zum Thema Eltern: »Ich bin nicht aus einem Mutterleib geboren, sondern durch Erscheinung.« Überhaupt scheint mangelndes Selbstbewußtsein nicht die Schwäche des »Lotosgeborenen« gewesen zu sein. Als er dem tibetischen König Trisong Detsen, der ihn eingeladen hatte, zum ersten Mal begegnete, erwartete der König, daß sein Gast ihm Ehre erweise, wie es einem König gebühre. Padmasambhava aber zählte seinem Gastgeber in einem ausführlichen Gesang erst seine vielfältigen spirituellen und magischen Fähigkeiten auf, bevor er den König selbst ansprach:

»König von Tibet,
du rotgesichtiger Wilder,
dein Geist ist aufgeblasen
von weltlicher Eitelkeit.
Stolz ist die Ursache,
im Samsara geboren zu werden.
Bist nicht du es,
der Herrscher von Tibet,
der geschmückt ist mit der Zier
der fünf giftigen Geistesbefleckungen?
Deine Lungen sind aufgebläht
von deiner großen Herrschaft.
Ich werde mich nicht niederwerfen
vor dem König von Tibet,
den Kleidern aber, die du trägst,
erweise ich meine Reverenz.«

Daraufhin, so Yeshe Tsögyal, die tantrische Gefährtin und Biographin Padmasambhavas, hob Guru Rinpoche die Hand in einer Geste der Huldigung, und Lichtstrahlen, die aus seinen Fingern schossen, verbrannten das Gewand des Königs. Die könglichen Minister bekamen es mit der Angst zu tun, König Trisong Detsen jedoch verneigte sich in Ehrerbietung. Meister Padma wurde daraufhin zum Palast geführt, wo er sich auf goldenem Thron niederließ. Der König wurde sein getreuer Schüler.

Weitere Demonstrationen seiner übernatürlichen Macht ließen nicht auf sich warten. Der vom König befohlene Bau des ersten buddhistischen Klosters in Tibet ging nur schleppend voran, weil die ortsansässigen Dämonen, Geister und Gottheiten massiv dagegen vorgingen. Sie schickten Stürme, Unwetter und Krankheiten und rissen nachts die tagsüber errichteten Mauern wieder ein, bis Padmasambhava eingriff. Er unterwarf durch seine magischen Künste auch diese Feinde des Buddhismus und stellte sie in seine Dienste. Nun schafften sie Baumaterial heran und halfen des Nachts, so daß der Tempel wie durch ein Wunder emporwuchs. In der Form eines Mandala ist dieses Kloster Samye angelegt und veranschaulicht so die Kosmologie des Buddhismus mit dem Weltenberg Meru im Zentrum des Universums. Die Tatsache, daß Padmasambhava die meisten Dämonen und Gottheiten nicht tötete, sondern sie als Schützer der buddhistischen Lehre verpflichtete, zeigt deutlich, daß die alte Glaubenswelt des Bön nicht abgelehnt und zerstört, sondern integriert wurde. Nur die Dämonen, die sich nicht zum Buddhismus bekehren ließen, wurden von Guru Rinpoche getötet und zerstückelt, in einem Ritual, das noch heute die sakralen Tänze in vielen Klöstern des tibetischen Kulturkreises nachvollziehen.

Überall in den Himalayaländern, die vom Vajrayana-Buddhismus berührt wurden, weisen Tempel, Klöster, Höhlen und heilige Stätten, wo er Abdrücke seiner Hände, seiner Füße, seines Körpers hinterließ, auf das Wirken des kostbaren Lehrers Padmasambhava hin. Er verbarg Termas – »Dharmaschätze« –, geheime Schriften, die erst für spätere Generationen gedacht waren und von besonders begabten Tertöns (Schatzfindern) bis zum heutigen Tag aufgefunden werden. Das Tibetische Totenbuch, die im Westen bekannteste Schrift des Vajrayana-Buddhismus, ist eines dieser Termas, die Padmasambhava verborgen hatte. Auch in Guge, im Gebiet des Kailash, hat Guru Rinpoche seine Spuren hinterlassen, am heiligen Berg selbst, wohin er sich zur Meditation zurückzog, an der heiligen Quelle von Tirthapuri und in der Chiu-Gompa am Manasarovar, wo er die letzten Tage seines irdischen Lebens verbrachte.

Obwohl die erste Verbreitung des Buddhismus in Tibet nicht von langer Dauer war und die Lehre des Erhabenen erst nach der Jahrtausendwende endgültig im Schneeland Fuß faßte, blieb Padmasambhava bis heute eine zentrale Figur im religiösen Leben nicht nur des von ihm begründeten Nyingma-Ordens. Er genießt bei allen Tibetern höchste Verehrung, und das Mantra, das seinen inneren Beistand herbeiruft, wird von Gläubigen im gesamten Bereich des tibetischen Buddhismus rezitiert.

Das große Mandala

Die sinkende Sonne zaubert goldenen Schimmer auf Ebenen und Berge. Der See Manasarovar liegt still wie ein Spiegel, dunkelblau, von unergründlicher Tiefe. Mit der Dämmerung steigt Kälte aus der Erde, die durch alle Schichten der Kleidung unter die Haut kriecht, doch ich will den Hügel nicht verlassen, auf den ich schon am Nachmittag gestiegen bin. Rot erglüht die Bergkette des Bönri hinter dem Manasarovar, bevor die Schatten, die faltige Hänge hinaufwandern, die weiß überzuckerten Kuppen erreichen. Zuletzt leuchten nur noch die Schneegipfel von Kailash und Gurla Mandhata, funkelnde Eisjuwelen im letzten Tageslicht, unter einem Himmel, über den schon das Indigo beginnender Nacht wischt. Keine Gebetsfahnen krönen diesen Hügel, nur ein zerfetztes weißes Tuch ist an einen Stecken gebunden und bewegt sich matt im Wind.

Reste von Kleidungsstücken und Knochen liegen zwischen den Felsen. Vielleicht bin ich, ohne es zu wissen, auf einen Luftbestattungsplatz gelangt, an dem die Tibeter nach alter Sitte ihre Toten zerstückeln und den Geiern zum Fraß vorlegen, damit der Verstorbene noch im Tode anderen Wesen dienlich sein kann. Schon im Leben üben sich manche Yogis in der Selbstaufgabe ihres vergänglichen Körpers. In der Chöd-Praxis, die auf den 1117 verstorbenen indischen Asketen Phadampa Sangye zurückgeht und von seiner Schülerin und Yogini Machig Labdrönma in Tibet verbreitet wurde, opfert der Praktizierende seinen Leib symbolisch den Dämonen, um die falsche Vorstellung von einem Ich an der Wurzel zu durchschneiden. Es ist eine Praxis für die Unerschrockenen, die das Mysterium des Todes durchschaut haben. Friedhöfe und Leichenäcker, wo dieses Ritual gewöhnlich ausgeführt wird, sind für solche Yogis keine Orte des Grauens mehr, sondern Stätten natürlicher Verwandlung. Doch die Kuppe meines Felsenhügels hat auch für einen Reisenden aus dem Westen, wie ich es bin, einer Kultur entstammend, in welcher Tod und Sterben vielen Menschen als tabuisierte, absurde Sinnzerstörung erscheinen, nichts Grausiges und Dunkles. Im Gegenteil, nie zuvor war ich an einem Ort von solch überweltlicher Erhabenheit, denn von hier oben vermag man in einem grandiosen Rundblick die Kailash-

Region in ihrer Gesamtheit zu überschauen. Nun verstehe ich die Worte, die Bheema, einer der Pandava-Helden des Mahabharata, ausspricht, als er nach seiner Durchquerung des Himalaya den heiligen Bezirk erreicht: »... der Berg Kailasa und nahe bei ihm der schöne Lotos-See ... Es war kühl, klar und überirdisch.« Mir wird bewußt, daß ich auf diesem Hügel im Zentrum eines natürlichen Mandala stehe, daß mein Blick in allen Himmelsrichtungen heilige Berge und Seen findet, die mit unsichtbaren Kraftlinien aufeinander bezogen sind.

Selbst der Kailash, der Weltenpfeiler, die irdische Erscheinung des kosmischen Berges Meru und als solcher Mittelpunkt eines universalen Mandala, ist von diesem Blickpunkt aus gesehen eingebunden in eine kleinere Ordnung, in die Symmetrie seiner unmittelbaren Umgebung. In diesem Mandala nimmt der heilige Berg die Position im Norden ein, wo sein Schneedom als einzeln stehender Gipfel hoch einen Zug des Transhimalaya überragt.

Ihm gegenüber, im Süden, säumt die Kette des Gurla Mandhata den Horizont, deren Spitze gut 1000 Meter höher liegt als die des Kailash. Ewiger Schnee bedeckt den Gipfelaufbau des Berges, der nach dem König Mandhata benannt ist, der zu Füßen dieses Gebirges seine spirituellen Übungen und Gebete verrichtete. Vorbei an diesem Bergzug über den fast 5000 Meter hohen Gurla La führt der Weg hinunter nach Purang, wo sich die Hindu-Pilger treffen, die von Indien und Nepal kommen, und wohin die Nomaden des Changtang ziehen, um ihre Produkte bei nepalischen Händlern zu tauschen und im Höhlentempel Tsegu ihre Gebete zu verrichten. Memo Namgyal nennen die Tibeter den Gurla Mandhata – Sohn des Sieges –, und sein Gipfel ist Wohnsitz der Göttin Lhamo Yangtshen, von der die Bauern Purangs Regen für ihre Felder erbitten. So ist der Gurla Mandhata weibliches Gegenstück zum Kailash, dem Thron von Shiva und Demchok.

Zwischen den beiden Bergen dehnt sich die Ebene von Barkha, durchwandert nur von wenigen Nomaden, die auf den Hochsteppen ihre Herden weiden. Zwei Seen machen dort das große Mandala der Natur vollkommen – der Manasarovar im Osten meines Hügels und der Rakshastal im Westen. Wie das Prinzip von Yin und Yang, die Polarität von Licht und Dunkel, männlich und weiblich, stehen diese Seen zueinander und sind harmonisch eingebunden in das Gegenüber von Kailash und Gurla Mandhata.

Der Rakshastal mit seiner länglichen Form, in der sich mit etwas Phantasie eine Mondsichel erkennen läßt, gilt als Manifestation der lunaren Kräfte, des Weiblichen, des Unbewußten, der Nacht und der Finsternis. Von schwerem Tintenblau und dämmriger Tiefe ist sein Wasser. Obwohl er näher am Kailash liegt als der Manasarovar, obwohl er gespeist wird von den Schmelzwassern des Kang Rinpoche und an windstillen Tagen ein perfektes Bild des Götterthrones widerspiegelt, meiden ihn die Menschen. Nur im Frühling, wenn der See noch zugefroren ist, kommen Eiersammler, um auf einer seiner beiden kleinen Inseln, auf der Wasservögel brüten, Beute zu machen. Kein Pilgerweg umrundet den See der Schatten, und nur ein einziges Kloster – Tsegye Gompa – wurde an seinem nordöstlichen Ufer erbaut. Eine unheimliche, fast bedrohliche Atmosphäre scheint sein Gewässer zu umgeben, still und drückend. Langak Tso nennen ihn die Tibeter, See der dunklen Gottheiten. Sein Sanskritname Rakshastal verweist auf die Rakshasas, böse Dämonen der Hindu-Mythologie, die in seinen Tiefen hausen. König der Rakshasas ist Ravana, bekannt aus dem Versepos des Ramayana als Entführer von Ramas Gemahlin Sita, der erst mit Hilfe des Affenkönigs Hanuman besiegt wird. Als Ravana einst eine Audienz bei Shiva auf dem Gipfel des Kailash verlangte, wurde er abgewiesen, da sich Shiva gerade mit seiner Gattin Parvati zurückgezogen hatte. Voll trotzigen Aufbegehrens zerrte der Dämonenkönig am heiligen Berg und erschreckte die schöne Parvati. Da drückte Shiva den Berg mit seiner Zehe nach unten, bis Ravana vor Schmerz aufschrie. Diese Szene ist in einem Felsrelief aus dem 8. Jahrhundert am Kailashanta-Tempel im westindischen Ellora dargestellt, einem aus Vulkangestein gehauenen, dem Shiva als Herrn des Kailash geweihten Tempel. Die Schmerzensschreie des Ravana sind bis heute hörbar, wenn ein Sturm über den Rakshastal braust und die düsteren Wasser zu Wellen aufpeitscht.

Trotz seines dämonischen Rufes, der manche Reisende sogar veranlaßte, ihn »Teufelssee« zu nennen, ist der Rakshastal von makelloser Schönheit. Der Schweizer Geologe August Gansser, der 1936 den Kailash umwanderte, schreibt über den ersten Anblick des Sees: »Wieder stampfen wir durch Sand und Geröll über eine Anhöhe, als wir plötzlich über einigen Hügelzügen eine blauleuchtende Wasserfläche erblicken. Die Sonne scheint wieder, und nie habe ich ein intensiveres Blau gesehen, als die Wasser des Raksastal, des ›dämonischen Sees‹, der, eingerahmt von violettbraunen Bergen, wie ein seltener Edelstein vor uns leuchtet.«

Anfangs, so weiß die Legende, war das Wasser des Rakshastal giftig. Doch als ein goldener Fisch aus dem Manasarovar von einem Feind verfolgt wurde, grub er auf seiner Flucht einen Kanal durch den schmalen Isthmus, der die beiden Seen trennt. Da der Rakshastal 15 Meter tiefer liegt als der Manasarovar, floß das heilige Wasser durch den Kanal und neutralisierte im Laufe der Zeit das Gift des Dämonensees.

Ganga Chhu nennen die Tibeter diesen Kanal und beobachten aufmerksam seinen Wasserstand. Dieser Name hat wohl auch die frühen Tibetforscher verwirrt, die davon ausgingen, daß der Ganges, Indiens heiligster Fluß, im Umkreis von Kailash und Manasarovar entspringt. Über viele Jahre war der Kanal ausgetrocknet, so daß Sven Hedin Anfang des 20. Jahrhunderts sogar seine Existenz anzweifelte. Erst seit die bedrückendsten Jahre Tibets während der Kulturrevolution vorüber sind, fließt in dem salzverkrusteten, gewundenen Kanal wieder Wasser vom Manasarovar in den Rakshastal. Die Tibeter, denen diese Verbindung Zeichen dafür ist, daß der männliche Manasarovar mit dem weiblichen Rakshastal Verkehr pflegt wie Bräutigam und Braut, erkennen darin ein glückliches Omen für die Zukunft des Schneelandes.

Nach Osten hin begrenzt der Manasarovar das große Mandala. Hinter seinem nordöstlichen Ufer ragt das Massiv des Bönri auf, des heiligen Berges der Bönpos, den Milarepa den Anhängern des Bön als »Entschädigung« für den Kailash zuwies, nachdem er das Schneejuwel im magischen Kampf für den Buddhismus erobert hatte. Rund wie eine Sonne ist der Manasarovar. Er steht für die Kräfte des Tages, des Lichts, des Männlichen und des Bewußten. In zahllosen Nuancen von Dunkelblau bis Türkis schimmert die weite Fläche des Wassers im stets sich wandelnden Licht Westtibets. Der König aller heiligen Seen, eine der ältesten und am höchsten verehrten sakralen Stätten der Hindus, zählt mit seiner Lage auf 4 558 Metern über dem Meeresspiegel zu den höchstgelegenen Süßwasserseen der Erde. Die Tibeter nennen ihn Tso Mapham (Unbesiegter See) oder Tso Rinpoche (Kostbarer See), die Jainas gaben ihm den Namen Padma Hrada (Lotosquelle). Die Empfindungen, die ein Hindu-Pilger bei seinem Anblick oder bei einem Bad in seinen eiskalten Wassern fühlt, deutete schon im 5. Jahrhundert der Dichter Kalidasa an:

»Wenn die Erde des Manasarovar den Körper berührt oder wenn man in seinen Wassern badet, so wird man zum Paradies des Brahma gelangen. Wer sein Wasser trinkt, wird in den Himmel Shivas eingehen und wird von den Sünden aus hundert Leben befreit sein.«

»Er ist majestätisch ruhig und würdig wie ein blau-grüner Smaragd oder ein reiner Türkis«, schreibt Swami Pranavananda, der seit 1928 regelmäßig den heiligen Bereich besuchte und den Kailash 23mal, den Manasarovar 25mal umrundete. Für die Hindus ist der Anblick des Manasarovar ein Höhepunkt ihrer Reise ins Gebiet des Kailash. Auch wir treffen bei einer Wanderung am westlichen Ufer des Sees zwei Inder – ungewöhnlich, so spät im Herbst, denn die Saison für indische Pilger ist eigentlich der Sommer, wenn das Klima nördlich des Himalaya erträglicher scheint und die Pässe, über welche die Pilger nach Tibet wandern, schneefrei sind. Erschöpft sitzen die beiden im Sand, geschwächt von der Höhenkrankheit, kaum ansprechbar, in viel zu dünner Kleidung für das eisige Klima. Gedankenverloren schweifen ihre Blicke über die türkis schimmernden Wasser, in die 1949 auch ein Teil der Asche Mahatma Gandhis gestreut wurde. Aller Erschöpfung zum Trotz glänzt freudiges Leuchten in ihren Augen, als hätten sie endlich den Ort erreicht, von dem sie ein Leben lang träumten. Doch sie werden wohl nicht nackt in die eisigen Fluten steigen, wie das die indischen Sadhus tun, die auf geheimen Wegen zu Manasarovar und Kailash pilgern, um die rituellen Waschungen auszuführen, die eine Wiedergeburt in den Paradiesen der Götter gewährleisten. Auf dem Rückweg vom Kailash, auf einer kalten Paßhöhe, begegnet uns einer dieser heiligen Wanderer. Gekleidet nur in ein Baumwolltuch, die nackten Füße in Plastiksandalen, einen Stab in der Hand, schreitet er an unserem Wagen vorbei. Schon weit im Oktober, auf einer Höhe von über 5 000 Metern, lenkt er seine Schritte unverdrossen in Richtung Kailash und Manasarovar, die von diesem Paß noch Hunderte von Kilometern entfernt liegen.

Um in der kahlen Ödnis des tibetischen Hochlandes einen Ort für rituelle Reinigung zu schaffen, hat Brahma den Manasarovar entstehen lassen. Einst, so erzählt die Legende, seien seine Söhne in der Gestalt von Rishis, jenen Sehern und Heiligen, denen die Veden offenbart wurden, zum Kailash gewandert, um dort zu meditieren und zu beten. Zwölf Jahre lebten sie in strenger Askese und übten sich in der Kunst der Versenkung, bis sie Shiva und Parvati auf dem Gipfel des heiligen Berges erblickten. Doch es gab weit und breit kein geeignetes Gewässer, um die rituellen Waschungen auszuführen. Daher schuf Brahma den Manasarovar aus seinem Geist. Dies klingt noch im Namen des heiligen Sees an – »Manas« ist das Sanskritwort für den »inneren Sinn«, den individualisierten Verstand, das Mentale. Als Brahma den See erschuf, sahen die Rishis den Lingam des Shiva aus seiner Mitte wachsen, jenes Symbol in Form eines Phallus, das die Schöpfungskraft Shivas verbildlicht und das sich überall im Kulturkreis der Hindus als steinerner Kegel oder Säule findet. Und die Rishis erblickten auf den Wassern des Sees auch die Rajahansas, die himmlischen Schwäne des Shiva. Irdische Schwäne und viele andere Wasservögel bevölkern den See noch heute – Wildgänse, Enten, Kraniche leben vor allem an seinen sumpfigen südlichen Ufern.

Unweit der Stelle, an der die beiden Hindus rasten, bei einem reich mit Gebetsfahnen geschmückten Mast, der einen Ort kennzeichnet, an dem die Pilger beten und sich niederwerfen, haben tibetische Nomaden ihre leichten Reisezelte aufgeschlagen. Sie kommen aus dem Changtang, aus der Gegend um Gertse, und verweilen nach der Umkreisung des Kailash am heiligen See. Die Männer in dicken Fellmänteln sitzen vor den Zelten, die Frauen, reich geschmückt mit Korallen und Türkisen, die zahlreichen dünn geflochtenen pechschwarzen Zöpfe weit über den Rücken fallend, hantieren mit Kochgeschirr am offenen Feuer. Die Gesichter mancher Frauen sind mit Döja dunkelrot und schwarz bemalt, einer aus Molke eingekochten Paste, die vor der Sonne schützen soll, jungen Nomadenfrauen aber auch als Make-up zur Erfüllung ihres Schönheitsideals dient. Scheu blicken sie auf die »Indschis«, die Fremden aus dem Westen, wissen nicht recht, wie man mit ihnen umgehen soll. Einige mit freundlichem Gruß überreichte Dalai-Lama-Fotos brechen das Eis. Nun sind wir umgeben von lachenden Gesichtern, von dieser nicht zu übertreffenden Fröhlichkeit, die den Menschen Tibets angeboren scheint. Tiefe innere Zufriedenheit und Glück drücken sich darin aus, eine Heiterkeit des Herzens, die verlorengegangen scheint in der westlichen Welt.

Die tibetischen Pilger denken nicht daran, in die eiskalten Fluten des Manasarovar zu tauchen. Man wolle den heiligen See nicht verunreinigen, heißt es mit verschmitztem Lächeln. Statt dessen füllen sie sein Wasser in Flaschen, sammeln Steine und Muscheln und halten Ausschau nach der begehrtesten Trophäe, die man am Manasarovar finden kann – einen ans Ufer gespülten Fisch. Unsere Sherpas, die wir aus

Nepal mitgebracht haben, um der wenig ersprießlichen Betreuung durch chinesische Reisebegleiter zu entgehen, hatten Glück. Sie fanden einen großen, schon halb zerfallenen Fisch im sumpfigen Uferbereich unweit von unseren Zelten und zeigen ihren selbst in der kalten Höhenluft äußerst streng riechenden Schatz mit jubelnder Freude. Sie werden den Fisch trocknen und später zu einem Pulver zerreiben, dem magische Heilkraft zugeschrieben wird. Niemand jedoch käme auf den Gedanken, im heiligen See Angel oder Fischernetz auszuwerfen. Gilt das Töten von Lebewesen überall in Tibet als üble Tat, die viel negatives Karma ansammelt, so wäre es gerade hier im Mandala des Kailash ein nicht wiedergutzumachendes Sakrileg.

Der ans Land geworfene Fisch ist ein Geschenk des Sees oder vielmehr ein Geschenk des Naga-Königs, dessen Palast sich tief im Manasarovar befindet. Auch jede Muschel, jeder bunte, glattgeschliffene Kiesel, jede Vogelfeder stammt von ihm und bringt dem, der sie findet und ehrt, Glück und Wohlstand. Nagas sind halbgöttliche Wesen, die als Schlangen, Kröten und Frösche erscheinen können und meist in tiefen Gewässern leben. Sie stehen in hoher Achtung bei den Buddhisten, denn Nagarjuna, einer der bedeutendsten Philosophen und Lehrer des Mahayana-Buddhismus, der im 2./3. Jahrhundert Abt der berühmten nordindischen Klosteruniversität Nalanda war, soll die heiligen Schriften des Prajnaparamita von einer Naga-Prinzessin erhalten haben. Seine Lehren des Madhyamika, der Schule des Mittleren Weges, sind in ihren verschiedenen Auslegungen die philosophische Grundlage auch des tibetischen Buddhismus. Wird Nagarjuna an der Wand eines Tempels oder Klosters im Bild dargestellt, erscheint er in der klassischen Ikonographie stets mit einem von Schlangen umzüngelten Kopf.

Die Nagas des Manasarovar leben von goldfarbenen Früchten, die reif vom Jambu-Baum fallen, der inmitten ihres Sees emporwächst, unsichtbar für menschliche Augen. Die Früchte, die nicht von den Nagas verzehrt werden, sinken hinab zum Grund und verwandeln sich dort in Gold. Tatsächlich gab es immer wieder Goldfunde in der Region um den Manasarovar. Schon der Jesuitenpater Desideri, der 1715 als erster Europäer den heiligen See erblickte, schrieb darüber: »… gibt es an den Ufern und im Sande um diesen See herum viel Goldstaub, den die Flüsse, die vom Kailash und anderen naheliegenden Bergen herabfließen, von der Oberfläche jener Berge wegschwemmen. Tibeter und eine Anzahl Kaufleute treffen sich von Zeit zu Zeit am See, um nach solchem Golde zu suchen und es zu sammeln, und sie ziehen großen Gewinn daraus. Ferner ist der See ein Gegenstand großer Verehrung unter jenem abergläubischen Volke; daher wallfahrten sie dann und wann nach dieser Gegend und umwandern mit großer Andacht den ganzen See, weil sie glauben, daß sie sich dadurch vieler Vergebung versichern und viele besondere Ablässe erlangen.«

Einmal wurde sogar ein Goldklumpen in der Größe eines Hundes ausgegraben und als Geschenk nach Lhasa zum Dalai Lama gesandt. Der aber ließ die kostbare Gabe des Naga-Königs zurückbringen und wieder an ihrem Fundort vergraben, besaß er doch kein adäquates Gegengeschenk.

Die Legende vom Naga-König rührt daher, daß der Manasarovar mit dem mythologischen See Anavatapta gleichgesetzt wird, dessen Wasser alle irdischen Unreinheiten abwäscht und in dessen Mitte ein Baum mit den Früchten wächst, die alle Leiden zu heilen vermögen. Medizinkräuter wachsen an seinen Ufern, und Buddhas und Bodhisattvas sitzen auf großen, auf dem See schwimmenden Lotosblüten. An diesen See, und somit also an den Manasarovar, wurde Buddhas Mutter, die Königin Maya, versetzt, um sich zu reinigen, bevor sie den Erhabenen zur Welt brachte. Erst als die Wasser des heiligen Sees sie berührt hatten, nahte der Buddha in der Gestalt eines weißen Elefanten aus der Richtung des Kailash und ging in ihren Leib ein.

Solche Legenden klingen in den Ohren der Pilger, welche die »Perle aller Seen« auf der etwa 90 Kilometer langen Kora umwandern. Drei oder vier Tage benötigen sie dazu, manchmal auch länger, denn vor allem im Frühjahr und Sommer zwingen sumpfige Stellen zu Umwegen, und es müssen zahlreiche in den See mündende Bäche und Flüsse durchwatet werden. Manche hartgesottenen Tibeter kommen daher im Winter bei extremen Minusgraden, wenn sie auf gefrorenem Grund unmittelbar entlang der Uferlinie gehen können. Doch nur ein Bruchteil der Pilger, die zum Kailash kommen und den heiligen Berg umkreisen, nimmt auch die Kora um den Manasarovar auf sich. Manimauern liegen auf ihrem Weg, drei kleine Seen im Nordosten auch, von denen einer, der Kurgyal Chungo, von luftwandelnden Dakinis aufgesucht wird, die dort ihr rituelles Bad nehmen, Uferbezirke, in denen Heilkräuter wachsen, heiße Quellen und Geysire in Ambupuk, Einsiedlerhöhlen und Klöster.

Vor dem chinesischen Überfall auf Tibet säumten acht Klöster den Manasarovar. Die Zahl acht ist wichtig im Buddhismus. Den achtfachen Pfad lehrte der Buddha, acht Speichen hat das Dharma-Chakra, das Rad der Lehre, und die acht Kostbarkeiten oder glücksverheißenden Zeichen finden sich überall im tibetischen Kulturkreis. Doch die acht Klöster wurden ausnahmslos während der Kulturrevolution zerstört; nicht alle errichtete man in neuerer Zeit wieder. Ihre Namen seien hier genannt: die Ruinen der Cherkip Gompa, des kleinsten Klosters, liegen im Norden des Sees, dann folgen in der Richtung, in der die buddhistischen Pilger wandern, die Langpona Gompa, die Seralung Gompa im Osten, die Ruinen und Höhlen von Ambupuk – etwas abseits vom See bei heißen Quellen –, die Ruinen der Yerngo Gompa und die Trugo Gompa im Süden, die Gossul Gompa an einem steilen Uferstück im Westen und die Chiu Gompa, die auf einem zerklüfteten Felssporn über den Verbindungskanal von Manasarovar und Rakshastal wacht.

Die Chiu Gompa liegt unmittelbar unterhalb meines Hügels, von dem aus ich das Mandala des Kailash überblicke. Guru Rinpoche soll in diesem Kloster seine letzten sieben Tage auf Erden verbracht haben. Ein sehr junger Novize, fast ein Kind noch, öffnet mit einem gewaltigen Schlüssel die Türen und zeigt auch die heiligste Stätte des Klosters, die Höhle, in der Padmasambhava meditierte. Die Kunstwerke im Kloster stammen meist aus neuerer Zeit, denn die alten Schätze wurden von den Roten Garden vernichtet. Doch wie in allen Klöstern Tibets wird in den letzten Jahren manches, das Mönche oder Gläubige rechtzeitig in Sicherheit bringen und verstecken oder vergraben konnten, zurückgebracht, meist kleine Statuen und Ritualobjekte, Relikte des alten, für immer untergegangenen Tibet.

Auch die Gossul Gompa am steil abfallenden Westufer wurde zerstört und ihrer Schätze beraubt. Einen unvergleichlichen Schatz aber vermochten die Chinesen nicht zu zerstören – den Ausblick vom Dach des Klosters über die schimmernde stille Fläche des Manasarovar, ein Blick, der augenblicklich das Herz in unendliche Weiten öffnet. Wasser und Himmel, Berge und Wolken fließen zusammen in einem Raum absoluter Stille und unbeschreiblichen Friedens. Selbst Sven Hedin, ein nüchterner Wissenschaftler, dem jede Schwärmerei fern lag, klingt bei seiner Beschreibung des Blicks vom Dach dieses Klosters ergriffen: »Alles ist so unbeschreiblich still, so duftig, durchsichtig und flüchtig, so fein und empfindlich, daß man kaum zu atmen wagt. Nie hat ein Gottesdienst, ein Hochzeitsmarsch, eine Siegeshymne oder eine Beerdigung einen mächtigeren Eindruck auf mich gemacht! Sollte mein Geschick mich zwingen, mein Leben in einem der Klöster Tibets zu verbringen, so würde ich ohne Besinnen Gossul Gompa wählen.«

Ein wichtiges Anliegen Sven Hedins bei seinen Forschungen in der Region des Kailash war die Suche nach den Quellen zweier großer Flüsse des indischen Subkontinents, an denen er schließlich tatsächlich stand, »in dem Bewußtsein, daß ich der erste Weiße war, der bis zu den Quellen des Indus und Brahmaputra vorgedrungen war«. In der weiteren Umgebung des Kailash entspringen noch zwei andere Flüsse, der Karnali und der Sutlej. Einst glaubte man, die vier Flüsse würden aus dem Manasarovar hervortreten und siebenmal den geheiligten Bereich umfließen, bevor ihre Wasser in die vier Himmelsrichtungen davonströmten. Auch die Tatsache, daß vier so bedeutende Flüsse ihren Ursprung in der Kailash-Region haben, trug zum Ruhm des heiligen Berges bei, rückte ihn ins Zentrum der Welt und machte ihn zum irdischen Abbild der Weltenachse Meru. Das kosmische Mandala, welches der Kailash repräsentiert, wird durch die vier Flüsse, die hier entspringen, vollkommen. Die Tibeter haben den Quellen dieser Flüsse Namen gegeben, die sie in Beziehung setzen zu vier Dhyani-Buddhas – den Jinas, Tathatagas oder transzendenten Buddhas –, die im Mahayana-Buddhismus eine wichtige Rolle spielen. Sie sind nicht durch Raum und Zeit begrenzt, sondern immer gegenwärtig und zeitlos und erscheinen dem Praktizierenden in der Meditation. Senge Khambab – »Fluß aus dem Löwenmaul« – nennen die Tibeter den Indus, der nördlich des Kailash entspringt und später das Tal von Ladakh durchfließt. Der Löwe ist Throntier des transzendenten Buddha Vairochana, des Sonnengleichen. Entsprechend ist der Karnali, »der Fluß aus dem Pfauenschnabel«, der nach Süden fließt, Nepal durchschneidet und in den Ganges mündet, dem Amithaba, dem Buddha grenzenlosen Lichts, zugeordnet, der den Pfau als Throntier führt. Der nach Westen fließende Sutlej ist der »Elefantenmaulfluß« und dem Akshobya zugehörig, der Tsangpo schließlich, der parallel zur Himalayakette als Lebensader Tibets nach Osten fließt, um später in einer scharfen Kehre den Himalaya zu durchbrechen und sich als Brahmaputra in die Ebenen Assams und Bangladeschs zu ergießen, gilt als »Pferdemaulfluß« und ist dem juwelengeborenen Ratnasambhava geweiht.

Der Kailash und der Weltenberg Meru als Quelle vier heiliger Flüsse findet seine Parallele in den Paradiesvorstellungen der nahöstlichen Religionen. Auf dem Paradiesberg tritt ihre Quelle aus den Wurzeln des Lebensbaumes hervor und entsendet vier Flüsse in die vier Himmelsrichtungen. Der Glaube an ein Paradies als Ort uranfänglicher Vollkommenheit, Reinheit und Seligkeit, als Symbol des goldenen Zeitalters himmlischen Friedens, existiert in zahlreichen Kulturen überall auf der Welt. Die Suche nach dem irdischen Paradies, dem Abglanz einer solchen überweltlichen, Zeit und Raum entrückten Region, wurzelt tief in der Sehnsucht der Menschheit. Immer wieder wurden bestimmte Gegenden als irdisches Paradies bezeichnet, kaum eine aber verdient dieses Attribut so sehr wie das große Mandala des Kailash, von dem Anagarika Govinda auf seiner Pilgerreise nach Westtibet sagte: »Ich glaube kaum, daß es einen Ort auf Erden gibt, der erhabener und würdiger wäre, mit dem Paradies identifiziert zu werden, als die Kailash-Manasarovar-Region, die die Tibeter den Nabel des Jambudvipa (der menschlichen Welt), das Zentrum aller Länder, das Dach der Welt nennen und beschreiben als das Land des Goldes und der Juwelen, die Quelle der vier großen Flüsse, die von der Kristallpagode des Kailash gekrönt und mit dem magischen Türkisspiegel des Manasarovar geschmückt ist.«

Ozean der Weisheit

Als Milarepa im magischen Wettstreit mit dem Bönpo auf den Strahlen der Morgensonne zum Gipfel des Kailash flog und den heiligen Berg für die Buddhisten in Besitz nahm, war die zweite Verbreitung des Buddhismus in Tibet bereits in vollem Gange. Milarepas Sieg über den Bön-Priester ist Sinnbild für diese endgültige Verwurzelung der neuen Religion im Land des Schnees.

Schon ehe der große indische Lehrer Atisha im Jahr 1042 ins Königreich Guge kam, hatten im östlichen Tibet kleine Gruppen von Mönchen begonnen, verlassene buddhistische Tempel und Klöster neu zu beleben. Sie gehörten der Schule der Nyingma an, von Padmasambhava im 8. Jahrhundert begründet, und sie hatten die Wirren der Zeitenläufte nach dem Zerfall des tibetischen Großreiches im Verborgenen überstanden. Allmählich sickerten sie ins zentrale Tibet ein, und dorthin zog auch Atisha, nachdem er mehrere Jahre in Guge die Lehre des Buddha verkündet hatte. Atisha starb 1054 in dem von ihm selbst gegründeten Dölma-Tempel von Nethang, sein Schüler Dromdön gründete drei Jahre später das Kloster Reting als Stammsitz des Ordens der Kadam, welcher den von Atisha eingeführten Regeln mönchischer Disziplin und Gelehrsamkeit folgte.

In dieser Zeit neuen Aufbruchs des Buddhismus in Tibet entstand eine Reihe verschiedener Orden und Schulen. Im 11. und 12. Jahrhundert wirkten auf dem Dach der Welt viele herausragende Persönlichkeiten, die Klöster, Tempel und buddhistische Schulrichtungen begründeten. War Tibet zur Zeit seiner größten weltlichen Macht schon einmal mit dem Buddhismus in Berührung gekommen, hatte Padmasambhava die feindlichen Dämonen gebannt und Samye, das erste Kloster, gegründet, so erreichte die Lehre des Erhabenen zu jener Zeit nur den Königshof und Teile der adeligen Schicht. Nun aber begann sich der Buddhismus auf breiter Basis durchzusetzen. Selbst die Religion des Bön öffnete sich diesem Einfluß und glich sich in vielen Aspekten dem tantrischen Buddhismus an.

Bis zum heutigen Tag haben sich im tibetischen Kulturkreis vier Hauptschulen des diamantenen Fahrzeugs erhalten:

Die Nyingma, die »Schule der Alten«, pflegt die aus dem Bön übernommenen magischen Praktiken am stärksten. Zwar haben auch die Nyingmapas Klöster, doch ein Großteil der Anhänger dieser Schule sind Laienpraktizierende, Yogis und Ngapas oder Gomchen, verheiratete Lamas, die oft ihren Lebensunterhalt mit okkulten Dienstleistungen für die Bevölkerung verdienen. Das wichtigste Meditationssystem der Nyingmapa ist Dzogchen, »die große Vollkommenheit«, ein neunstufiger Weg zur Einsicht in die Natur des Geistes und zur Befreiung, der in abgewandelter Form auch von den Bönpos gelehrt wird.

Die Schule der Kagyü – der Name bedeutet soviel wie »mündliche Übertragungslinie« – geht auf Milarepa und dessen Lehrer Marpa zurück. Marpa war dreimal nach Indien gewandert, um die Lehren und Praktiken des Vajrayana-Buddhismus von dem Mahasiddha Naropa zu empfangen. Dessen Lehrer wiederum war Tilopa, der verschiedene tantrische Strömungen in Indien zusammengeführt und erstmals Mahamudra, »das Große Siegel«, gelehrt hatte, das wichtigste Meditationssystem der Kagyüpa. Ähnlich dem Dzogchen der Bönpos und Nyingmapa führt es zur Erkenntnis des wahren Wesens des Geistes. Neben Mahamudra sind die »Sechs Yogas des Naropa« und die Praxis des Chöd, in welcher es darum geht, die falsche Vorstellung von einem Ich zu durchschneiden, wichtige Praktiken der Kagyüpas, die sich später in vier Hauptschulen und acht Unterschulen aufspalteten und sich wie die Nyingmapas über den gesamten tibetischen Kulturkreis verbreiteten. So ist beispielsweise Druk-Kagyü bis heute die führende und staatstragende buddhistische Schule im Königreich Bhutan.

Die Sakyapa gründeten ihr Stammkloster Sakya im Jahr 1073 in der Provinz Tsang im südlichen Zentraltibet. Ihr Gründer entstammte der Kadamapa-Tradition des Atisha. Die Sakyapa waren die ersten, die weltliche mit geistlicher Macht zu verbinden wußten, so daß sie im 13. Jahrhundert zu den Herrschern Tibets aufstiegen. Von diesem Zeitpunkt an war die Entwicklung des tibetischen Buddhismus unauflöslich mit den weltlichen und politischen Belangen des Landes verschlungen.

Den Sakyapas gelang es, religiösen Einfluß auf die Mongolen zu nehmen, die unter Dschingis Khan ein Weltreich begründet hatten und bis nach Tibet vorgedrungen waren. War Tibet von Indien aus zum Buddhismus bekehrt worden und hatte die Lehre des Erhabenen das einstmals gefürchtete Kriegervolk dazu bewogen, sich fortan hauptsächlich mit religiösen Dingen zu beschäftigen, so ergriff der Buddhismus nun die neuen Herren der Welt, die Mongolen. Schon Großkhan Mönke bekehrte sich unter dem Sakya-Lama Sakya Pandita zum Buddhismus. Sein Bruder Kubilai Khan, der ganz China unter die Herrschaft der Mongolen zwang und die Yüan-Dynastie begründete, nahm hohe tantrische Einweihungen von seinem Sakya-Lehrer Phagpo Lodrö und belehnte ihn zum Dank mit der Macht über ganz Tibet. Am Hofe Kubilais in Peking lernte Marco Polo tibetische Lamas kennen, über deren sagenhafte magische Fähigkeiten er in seinen Reiseaufzeichnungen ›Il Milione – Die Wunder der Welt‹ berichtet.

Wie in allen Ländern und Kulturen der Erde bescherte die Vermischung von religiösen und politischen Interessen auch Tibet Machtkämpfe und Auseinandersetzungen. Das Land auf dem Dach der Welt war nie der friedliche, durch und durch spiritualisierte Mönchsstaat, wie das verklärte Tibetbild des Westens es gerne betrachtet. Nicht nur weltliche Fürsten und Regenten rangelten um die Macht, auch die verschiedenen Schulen des Buddhismus griffen mitunter zum Mittel der Gewalt, um ihren Einfluß durchzusetzen. Manchmal bekriegten sich konkurrierende Klöster sogar mit Mönchsarmeen. Als die Mongolen aus China vertrieben wurden, lösten vorübergehend die Kagyüpas die Sakya-Mönche in der Gunst der chinesischen Kaiser ab. In Tibet begann erneut eine Epoche der Zerrissenheit, nur daß sich nun auch geistliche Herren in die unaufhörlichen Rivalitäten und Kämpfe mischten.

Im Jahre 1357 wurde in Osttibet der große Reformator Tsongkhapa geboren, der Gründer der vierten Hauptschule des Vajrayana-Buddhismus, die sich schließlich in Tibet gegen alle anderen durchsetzen sollte. Tsongkhapa gehörte zuerst den Kadampa an, doch gingen ihm die Maßnahmen dieser Schule gegen den Verfall der Mönchsregeln und den Mißbrauch der buddhistischen Lehre nicht weit genug, so daß er seinen eigenen Orden begründete. Die Gelugpas, die »Tugendhaften«, fanden sofort regen Zulauf. Die Gelugpas legen Wert auf strenge Mönchsdisziplin, Gelehrsamkeit und gründliches Studium der Philosophie des Mahayana-Buddhismus.

Im Westen werden sie oft als »Gelbmützen« bezeichnet, im Gegensatz zu den »Rotmützen«, ein unscharfer, eher irreführender Begriff, der die anderen, älteren Orden zusammenfaßt. Die Unterschiede der diversen Schulen sind geringer, als man angesichts ihrer Konflikte miteinander glauben möchte. Ihre Differenzen beziehen sich vor allem auf die Kommentare zu den buddhistischen Schriften, auf Feinheiten der Ritualpraxis und die Bevorzugung bestimmter Meditationsgottheiten in den unterschiedlich aufgeteilten Stufen des tantrischen Weges. Jede Schule kennt eigene meditative Methoden und pflegt eigene philosophische Sichtweisen, die buddhistischen Kernlehren und Ziele des Weges aber sind bei allen die gleichen. Daher betrafen die Auseinandersetzungen zwischen den Schulen weniger religiöse Fragen, sondern vor allem Belange weltlicher Macht. Im 19. Jahrhundert entstand die sogenannte Rime-Bewegung mit der Absicht, sektiererische Abgrenzungen zwischen den Schulen zu überwinden, doch war es auch zuvor schon üblich, daß sich manche Lamas Belehrungen und Einweihungen von Lehrern verschiedener Schulen erteilen ließen.

1409 begründete Tsongkhapa das Kloster Ganden, das später zum geistigen Zentrum Tibets erblühen sollte – und das nach seiner Zerstörung durch die Chinesen den »Widerstand des Geistes« in Tibet symbolisiert. In der Nähe der Hauptstadt Lhasa etablierten sich die Gelugpas in den 1416 und 1419 gegründeten Großklöstern Sera und Drepung. Auch die »Gelbmützen« errangen die Macht in Tibet mit Hilfe verschiedener mongolischer Herrscher. Der 1542 an die Macht gekommene Altan Khan führte den Buddhismus in einer zweiten Missionierungswelle und teilweise mit drastischen Mitteln in der Mongolei ein und verlieh seinem Lehrer Sönam Gyatso, dem vierten Großlama der Gelugpa nach Tsongkhapa, den Ehrentitel »Dalai Lama«, was soviel bedeutet wie »Lama von ozeangleicher Weisheit und Mitgefühl«. Der Dalai Lama, der »Ozean der Weisheit«, ist bis heute die herausragende Symbolfigur Tibets. Posthum wurde den beiden Vorgängern von Sönam Gyatso dieser Titel ebenfalls verliehen, was Sönam folglich zum 3. Dalai Lama machte.

Ein System, das Anfang des 13. Jahrhunderts vom Karmapa, dem Oberhaupt der Karma-Kagyü eingeführt und von anderen Schulen übernommen wurde, stellt seitdem auch bei den Gelugpas die Nachfolge der Dalai Lamas sicher: das System der Tulkus, der bewußten Wiedergeburten. Diese spirituelle Form der Erbfolge ist für viele Menschen im Westen das faszinierendste und zugleich rätselhafteste Phänomen der tibetischen Kultur. Mittlerweile gibt es in den Ländern, in denen der Vajrayana-Buddhismus verbreitet ist, Hunderte solcher Inkarnationslinien, in denen ein Lama mit einem hohen Grad geistiger Verwirklichung seine nächste Wiederverkörperung bewußt wählt und als Kind von einer Kommission aufgefunden, geprüft und schließlich als legitime Wiedergeburt anerkannt und inthronisiert wird. Manchmal hinterläßt der verstorbene Lama entsprechende Hinweise oder gar einen Brief, in dem Umstände seiner Wiedergeburt genannt werden, meist jedoch gehen die mit der Suche beauftragten Mönche Orakelsprüchen, wundersamen Erscheinungen und Visionen nach. Der gegenwärtige 14. Dalai Lama hat in seiner Autobiographie den Prozeß seiner eigenen Auffindung und Anerkennung ausführlich geschildert. Nach der Zerstörung des alten Tibet hat sich diese Tradition nach Indien und Nepal und sogar in westliche Länder ausgebreitet.

Daß dieses System der Wiedergeburten auch mißbraucht wurde zu Zwecken politischer Macht, versteht sich fast von selbst. Erst 1995 wurde die vom Dalai Lama anerkannte, in Tibet aufgefundene Wiedergeburt des Panchen Rinpoche, des zweithöchsten Würdenträgers Tibets, von den chinesischen Besatzern entführt und durch ein Kind kommunistischer Eltern ersetzt. Vom echten Tulku und seiner Familie fehlt seither jede Spur. Menschenrechtsorganisationen nennen ihn den jüngsten politischen Gefangenen der Welt. Der Panchen Rinpoche gehört ebenfalls der Schule der Gelugpa an. Der fünfte Dalai Lama verlieh diesen Titel im Jahr 1642 seinem Lehrer Lobsang Choekyi Gyältsen. Der letzte Panchen Rinpoche floh nicht mit dem Dalai Lama ins Exil, sondern blieb in Tibet, um vermittelnd tätig zu sein, verschwand aber 1964 wegen kritischer Äußerungen für 14 Jahre in chinesischen Gefängnissen und verstarb 1989 unter ungeklärten Umständen in seinem Stammkloster Tashi Lhünpo in Shigatse.

Die höchstrangige und von der tibetischen Bevölkerung am meisten verehrte Inkarnationslinie Tibets aber ist die der Dalai Lamas, nicht zuletzt deshalb, weil der Dalai Lama auch als irdische Verkörperung des transzendenten Bodhisattvas Avalokiteshvara gilt, des Bodhisattvas unendlichen Mitgefühls. In den Tempeln des tibetischen Kulturkreises wird Avalokiteshvara (tib. Chenresig) oft in seiner elfköpfigen und tausendarmigen Erscheinungsform dargestellt. In dieser Darstellung offenbart sich sein allumfassendes Mitgefühl am meisten – die tausend ausgestreckten Hände, die alle ein Auge besitzen, symbolisieren die helfende Allgegenwart des »milde herabblickenden« Avalokiteshvara, dessen Hände und Augen überall hin reichen, um das Leiden der Wesen im

Kreislauf von Tod und Wiedergeburt zu sehen und zu lindern. Und sein Kopf, so weiß die Legende, sei bei der Betrachtung dieses Leidens vor Entsetzen in zehn Stücke zersprungen. Amithaba, der Buddha grenzenlosen Lichts, formte aus jedem dieser Stücke einen ganzen Kopf und fügte noch ein Abbild seines eigenen hinzu. Das auch im Westen weithin bekannte Mantra »Om Mani Padme Hum« – »Kleinod in der Lotosblüte« –, das die tibetischen Pilger unablässig zum Drehen ihrer Gebetsmühlen rezitieren, ist dem Avalokiteshvara zugehörig.

Die tiefe Ehrfurcht, die dem Dalai Lama von den Tibetern entgegengebracht wird, gilt also weniger seiner menschlichen Form, seiner Person, sondern dem geistigen Prinzip, das er verkörpert. So wird verständlich, wenn Mönche und Nonnen im heutigen Tibet sich lieber aus ihren Klöstern vertreiben, einsperren und foltern lassen, bevor sie Schmähschriften gegen den Dalai Lama unterzeichnen, wie die chinesischen Besatzer dies immer wieder zu erpressen suchen. Ein regimetreuer, der Partei gefügiger Dalai Lama wäre für die chinesischen Machthaber der Schlüssel zur endgültigen Eroberung Tibets. Schon verlautete aus chinesischen Regierungskreisen, man werde die nächste Wiedergeburt des Dalai Lama selbst bestimmen und in sein Amt einsetzen – wie man es bereits mit dem Panchen Rinpoche getan hat –, der 14. Dalai Lama aber konterte mit der Aussage, er werde sich auf keinen Fall in chinesisch besetztem Territorium wiederverkörpern.

Um dem Schicksal zu entgehen, als Machtinstrument der Chinesen mißbraucht zu werden, floh im Winter 2000 auch die noch minderjährige Inkarnation des Karmapa, der dritthöchsten Inkarnationslinie Tibets, unter abenteuerlichen Umständen ins indische Exil.

Doch zurück zum »großen« fünften Dalai Lama, dem es mit Hilfe des Mongolen Gushri Khan gelang, die Macht der Gelugpa in Tibet zu verwurzeln und alle rivalisierenden Fürsten und Orden auszuschalten. Viele Mönche der anderen Schulen und zahlreiche Anhänger des Bön flüchteten aus Tibet, nach Bhutan, Ladakh und in andere Himalayagebiete, wo sich ihre Schulen bis heute etablieren konnten und wo sie, Jahrhunderte später, von dem chinesischen Vernichtungsfeldzug in Tibet verschont blieben. Der fünfte Dalai Lama aber stieg zum unbeschränkten geistigen und weltlichen Oberhaupt Tibets auf. Es gelang ihm zum ersten Mal seit den Zeiten des tibetischen Großreiches vor der Jahrtausendwende, Tibet zu vereinen und auch die westlichen Provinzen mit dem heiligen Bezirk von Kailash und Manasarovar unter der Oberherrschaft Lhasas seinem Reich einzugliedern. Als der fünfte Dalai Lama 1680 starb, hinterließ er ein stabiles Staatswesen auf einem neuen Höhepunkt der Macht. Es gab einen durchorganisierten Beamtenapparat, die Anteile der Klöster am Grundbesitz waren genau geregelt, und die Schule der Gelugpa hatte sich zur führenden geistigen Institution des Landes aufgeschwungen. Der Tod des »großen Fünften« wurde zwölf Jahre geheimgehalten, um diese Stabilität nicht zu gefährden und um den Potala, den neuen Klosterpalast der Dalai Lamas in Lhasa, ein Weltwunder der Architektur, ungehindert fertigstellen zu können.

Unter den folgenden Dalai Lamas versank Tibet wieder in Unruhen, Machtkämpfen und Zwistigkeiten. Der sechste Dalai Lama war alles andere als ein »tugendhafter« Gelug-Mönch. Er schlich nachts heimlich aus dem Potala fort, um sich in den Schenken von Shol, dem Stadtviertel von Lhasa unterhalb des Palastes, zu vergnügen und Liebeslieder zu dichten, die noch heute in Tibet gesungen werden. In einem seiner Verse geht der Dalai Lama auf die Ambivalenz dieser Lebensweise ein:

In meinem Palast, dem Ort des Himmels auf Erden,
Nennt man mich Rigdzin Jamyang Gyatso,
Den reinkarnierten Chenresig.
Doch unten an meinem Palast,
In der kleinen Stadt Shol,
Nennt man mich Chelpo Dangzang Wangpo, Wüstling.
Denn zahlreich sind meine Mätressen.

Dem Ansehen des Dalai Lama bei der Bevölkerung tat solcher Lebenswandel keinen Abbruch, denn der Status eines Tulku ist nun einmal angeboren und unveränderlich, auch wenn die eine oder andere Inkarnation ein wenig aus der Art schlägt. Allerdings kam es im alten Tibet auch vor, daß verboten wurde, die Wiedergeburt eines Lama zu suchen, der sich besonders schwerwiegender Verfehlungen schuldig gemacht hatte. Auch um das Wohl des Staates kümmerte sich der sechste Dalai Lama wenig. Die politische Macht lag in Händen von »Desis« und Regenten, die auch die Zeiten der Minderjährigkeit der wiedergeborenen Dalai Lamas zu überbrücken hatten. Oftmals verspürten sie anscheinend wenig Lust, die Macht an ihre mündig gewordenen Schützlinge abzugeben – der neunte, zehnte, elfte und zwölfte Dalai Lama starb schon vor Erreichen der Volljährigkeit. Auch Mongolen und Chinesen mischten sich immer wieder in die Wahl des Dalai Lama und andere Angelegenheiten Tibets ein und suchten ihren Einfluß im Schneeland zu wahren. Die Chinesen brachten den Osten Tibets zunehmend in ihren Einflußbereich und stationieren sogar in Lhasa eine Garnison und zwei »Ambane« als Sonderbevollmächtigte des Kaisers. In Tibet blühten nun Intrigen, Korruption, Ämtermißbrauch und Ausbeutung. Ein mittelalterliches Rechtssystem mit drakonischen Strafen sorgte für Ordnung, das Bildungsmonopol lag bei den Klöstern, Regierung, Adel und Geistlichkeit teilten sich als Feudalherren den Grundbesitz. Wichtige Staatsämter waren von einem Adeligen und einem Mönch zugleich besetzt, die gesellschaftlichen Klassen und die Hierarchien der Adelsschicht und der Klöster streng aufgeteilt und völlig verkrustet. Ein Drittel der männlichen Bevölkerung lebte in Klöstern. Zur übrigen Welt hin war Tibet hermetisch abgeschottet, kein Fremder durfte das Land betreten. Nur einigen wenigen Abenteurern, Forschern und englischen Handelsabgesandten gelang es, heimlich nach Tibet vorzudringen.

Vor allem die Engländer bemühten sich, das geheimnisumwitterte, verschlossene Tibet zu erforschen, nicht allein aus wissenschaftlicher Neugierde, sondern vor allem aus handfesten politischen und wirtschaftlichen Interessen. Schon in der zweiten Hälfte des 18. Jahrhunderts reisten George Bogle und Alexander Hamilton nach Tibet, und es gelang ihnen sogar, das Vertrauen des sechsten Panchen Rinpoche zu gewinnen, der jedoch nicht die Befugnis besaß, allein über die Aufnahme von Handelsbeziehungen zu entscheiden. Nachdem auch weitere Handelsmissionen keine konkreten Ergebnisse gebracht hatten und Tibet auf seiner Politik der Isolation beharrte, griffen die Engländer zu drastischen Mitteln. Die Expedition von Francis Younghusband erzwang 1904 die gewünschten exklusiven Handelsrechte mit militärischer Gewalt.

Die Kampagne der Engländer fiel in die Zeit des 13. Dalai Lama, der 1894 sein Amt angetreten hatte. Unter diesem Dalai Lama begannen vorsichtige Reformen, die aber zumeist am Widerstand der konservativen Kräfte im Land scheiterten. Obwohl nun neben englischen Handelsgesandten einige wenige westliche Wissenschaftler die Genehmigung zur Einreise nach Tibet erhielten, blieb das Land weiterhin verschlossen und isoliert. Zweimal mußte der Dalai Lama ins Exil flüchten, einmal vor den Engländern, dann vor chinesischen Truppen, die mordend und plündernd in Tibet einrückten und bis nach Lhasa vorstießen. Aber auch die über 3000 Jahre alte Macht der Kaiser von China neigte sich ihrem Ende zu. 1912 dankte der letzte Kaiser noch im Kindesalter ab. Die Tibeter nutzten die Schwäche des großen Nachbarstaates und jagten sämtliche verbliebenen chinesischen Soldaten aus dem Land und mit ihnen die beiden in Lhasa residierenden Ambane. 1913 erklärte der Dalai Lama die Unabhängigkeit Tibets. Doch er beging einen schwerwiegenden Fehler – er versäumte, die Souveränität seines Staates völkerrechtlich abzusichern. Status und Grenzen Tibets wurden zwischen Tibetern, Briten und Chinesen zwar verbindlich ausgehandelt, doch die Chinesen ratifizierten diesen Vertrag von Simla nicht.

1933 starb der 13. Dalai Lama. Seine Wiederverkörperung wurde am 6. Juni 1935 in Amdo im Osten Tibets geboren und 1940 als 14. Dalai Lama Tensin Gyatso inthronisiert. Ihm war beschieden, sein Volk durch die härteste Zeit in der Geschichte Tibets zu führen. 1949 proklamierte Mao Tse Tung die kommunistische Volksrepublik China, ein Jahr später begann der Überfall der Roten Armee auf Tibet. Der Widerstand der Tibeter, die sich dem modern hochgerüsteten chinesischen Heer mit vorsintflutlichen Waffen entgegenstellten, war rasch gebrochen. Die Staatengemeinschaft sah tatenlos zu und ignorierte die Hilferufe Tibets.

1951 wurde eine tibetische Delegation in Peking gezwungen, ein Abkommen zu unterzeichnen, das Tibets »Heimkehr ins chinesische Mutterland« zum Inhalt hatte, vom Dalai Lama und der tibetischen Regierung aber nie anerkannt wurde. Im gleichen Jahr zogen die ersten chinesischen Soldaten in Lhasa ein, während in den tibetischen Ostprovinzen, die näher an China lagen, bereits die Maßnahmen der Umstrukturierung, Enteignung und Kollektivierung sowie die Übergriffe auf Klöster und Mönche begannen. Kurz darauf brach im Osten ein Guerillakrieg gegen die Besatzer los, der rasch auf Zentraltibet übergriff. Am 10. März 1959 kam es in Lhasa zum Volksaufstand, der blutig niedergeschlagen wurde und in dessen Wirren der Dalai Lama ins indische Exil flüchtete, gefolgt von Zehntausenden seiner Landsleute. In Tibet aber begannen ein Genozid und die systematische Zerstörung von Land, Kultur, Kunst und Religion, die bis zum heutigen Tag anhält. 1965 wurde Tibet gemäß der erprobten Praxis in erfolgreichen Eroberungskriegen –

divide et impera (teile und herrsche) – von den neuen Herren zerschlagen. Was heute als »Autonome Region Tibet« gilt, umfaßt nur mehr die Hälfte der eigentlichen Landfläche Tibets. Die andere – östliche und bevölkerungsreichere – Hälfte wurde mehreren chinesischen Provinzen zugeschlagen. Von den insgesamt sechs Millionen Tibetern leben gerade noch zwei Millionen in der »Autonomen Region«, in der von Autonomie allerdings nicht die Rede ist. Längst sind die Tibeter zur Minderheit im eigenen Land geworden – zwischen 8 und 12 Millionen Chinesen sind in Tibet eingewandert und kontrollieren Wirtschaft, Politik und öffentliches Leben.

Die Zerstörung des alten Tibet und die Flucht der geistigen Elite ins Exil bewirkte zugleich aber die Verbreitung der über Jahrhunderte verborgenen religiösen Kultur des Schneelandes über die ganze Welt. Der Dharma, die Lehre des Buddha, hat die Länder des »rotwangigen Mannes« erreicht, wie jene Prophezeiung des Padmasambhava vorhersah. Nicht nur der Dalai Lama hat Zehntausende von Anhängern in den westlichen Industrienationen, auch andere Lehrer aus allen tibetischen Schulrichtungen des Buddhismus und des Bön sowie anderer buddhistischer Zweige wie Zen oder Theravada wirken höchst erfolgreich im Westen. Angeblich ist der Buddhismus die am stärksten wachsende Religion in manchen westlichen Staaten. Zugleich schlagen dem Dalai Lama und Tibet weltweit große Wellen von Sympathie und Hilfsbereitschaft entgegen. Unzählige Tibet-Hilfsorganisationen mit politischer, humanitärer oder kultureller Ausrichtung engagieren sich für die Befreiung Tibets, für die Tibeter im Exil und für den Erhalt der tibetischen Kultur, Religion und Medizin. Die Verleihung des Friedensnobelpreises an den geistigen und weltlichen Führer der Tibeter im Jahre 1989 war Ausdruck der internationalen Hochachtung für die unermüdlichen Bemühungen des Dalai Lama, die einmalige Kultur Tibets im Exil zu bewahren und auf friedliche Weise Lösungen für die Zukunft seines Landes unter der chinesischen Zwangsherrschaft anzustreben.

Einige Monate vor meiner Reise zum Kailash hatte ich Gelegenheit, den Dalai Lama bei seinem mehrtägigen Besuch in München mit der Kamera zu begleiten, und ich konnte mich selbst von der natürlichen Bescheidenheit, menschlichen Wärme und fröhlichen Herzlichkeit dieses Tibeters überzeugen, der sich bei aller Berühmtheit und weltweitem Ansehen selbst nur als »einfacher Mönch« empfindet. Scheint der Dalai

Lama vielen Menschen im Westen bloß sympathisch und vertrauens-
würdig, so verkörpert sich in ihm die Hoffnung der Tibeter im Exil und
im besetzten Tibet auf ein Ende des Leidens unter der chinesischen
Besatzung, und mehr noch, in ihm verkörpert sich das Ideal des Bodhisattva, der nur Wiedergeburt annimmt, um anderen Wesen auf ihrem
Weg zur Befreiung zu helfen. Wie hoch verehrt der »Ozean der Weisheit«
nicht nur im Schneeland ist, zeigt eines der Langlebensgebete, die von
tibetischen Buddhisten auf der ganzen Welt für den gegenwärtigen Dalai
Lama rezitiert werden:

> *Im herrlichen Reich Tibet,*
> *umringt von einer Kette von Schneebergen,*
> *liegt die Quelle allen Glücks*
> *und aller Hilfe für die Wesen*
> *in Tenzin Gyatso, dem personifizierten Chenresig.*
> *Möge sein Leben sicher sein für Hunderte von Kalpas.*

Das Schneejuwel

Die Schönheit des Manasarovar, das dämonische Dunkel des Rakshastal und die majestätische Erscheinung des Gurla Mandhata wären mehr als genug, um Pilger und staunende Besucher in diesen entlegenen Winkel der tibetischen Hochebene zu locken, doch wird dies alles überstrahlt vom Ruhm des Kailash, dem Schneejuwel, dem heiligsten aller Berge. Er hob seinen Kristalldom schon vor Millionen von Jahren, ehe der Himalaya entstanden war, in den Himmel.

Ebenmäßig, wie von Götterhänden gebildet, ist die Form des Weltenpfeilers, eine schneebedeckte Pyramide aus geschichtetem Konglomerat brauner Farbtönung. Glatt und makellos krönt ewiges Eis den Kang Rinpoche, den »kostbaren, juwelengleichen Schnee«. Durch die mächtige Längsrinne und ein querlaufendes Felsband scheint dem Kailash ein Kreuz eingeprägt, das seine Südwand in vier Teile gliedert. Die Pilger entdecken beim Näherkommen auch die Haken an diesem Kreuz und erkennen das heilige Symbol der Swastika am »Ersten der Berge«. Daher rührt der Name, den die Bönpos von ihrem mythischen Weltenberg auf den Kang Tise, sein irdisches Abbild, übertrugen: Yungdrung Gutse, neunstöckiger Swastikaberg.

Wer den Kang Rinpoche in seiner ganzen Erhabenheit bewundern möchte, muß sich entweder von ihm entfernen, ihn vom Manasarovar und Rakshastal aus betrachten oder über Vorhügel hinweg nahe an ihn heranwandern. Von Darchen, der winzigen Ansiedlung im Süden des Kailash, dem Ort, wo die Pilger sich rüsten für die Kora, die Umwandlung des Berges, sieht man nur seine Schneespitze hinter Felszacken und Anhöhen hervorlugen.

Darchen, das ist eine Handvoll niedriger tibetischer Häuser um einen mit Yakgehörnen geschmückten Chörten, einige Zelte von Pilgern, eine Herberge aus ebenerdigen Gebäuden an einem ummauerten rechteckigen Hof, von dem der Blick weit nach Süden über die Ebene bis zum Gurla Mandhata schweift. Eine Nacht müssen wir in dieser Karawanserei verbringen, bevor am anderen Morgen die Kora beginnt, in einem kahlen, verwahrlosten Raum, dessen einziger Komfort aus vier eisernen Bettgestellen besteht. Waschen kann man sich, wenn man in einem Kübel eisiges Wasser vom Brunnen auf der anderen Seite des Hofes holt.

Wir entfliehen diesem wenig gastlichen Ort und wandern das Tal des Gyentak Chhu hinauf, in Richtung des heiligen Berges, dessen weiße Spitze manchmal kurz erscheint, dann wieder verschwindet. Steil geht es an der Flanke einer Schlucht hinauf und weiter über karg bewachsene Hochalmen zur Gyentak Gompa, einem massiv wie eine Burg wirkenden Gebäude, dem größten Kloster des Kailash-Bereiches. Achi Dölma, die Schutzgöttin des Drikung-Kagyü-Ordens, behütet den Tempel. Anhänger dieser Unterschule der Kagyüpa haben das Kloster und die in der Nähe stehenden Chörten nach der Zerstörung während der Kulturrevolution renoviert. Freundlich werden wir empfangen von der Handvoll junger Mönche, die hier, in unmittelbarer Nähe des Kailash, leben. Sie zeigen uns die Räume des Klosters und führen uns hinauf aufs Dach, von dem aus sich ein unbeschreiblicher Ausblick über die Ebene, die Seen und den Gurla Mandhata eröffnet. Nur der Kailash verbirgt sich hinter dem Hügelkamm auf der Rückseite des Klosters, das eingebettet in ein natürliches Amphitheater am Hang steht.

Als ich einige Zeit nach unserer Reise das Oberhaupt des Drikung-Kagyü-Ordens, S. H. Drikung Kyabgon Chetsang, bei einem seiner Besuche in Deutschland treffe, möchte er meine Fotos des Kailash sehen. Als er das Porträt eines der fröhlich lachenden Mönche der Gyentak Gompa betrachtet, lacht auch er und berichtet, daß er diesen Mönch erst vor kurzem getroffen habe. Er selbst habe den Kailash zwar nie mit eigenen Augen gesehen und seine dortigen Klöster besucht, erzählt er, aber er sei einmal weit in den Westen Nepals gereist, dorthin, wo man hinüberschauen könne nach Tibet, und einige Mönche aus den Klöstern am Kailash seien zu ihm gekommen, um Belehrungen und Einweihungen vom Oberhaupt ihrer Schule zu empfangen, darunter eben dieser auf dem Foto.

Drikung Chetsang wird das Schneeland wohl nie wieder betreten. Sein Lebensweg ist beispielhaft für ein tibetisches Schicksal zwischen altem Tibet und Exil. Geboren in eine Adelsfamilie Lhasas, wird er im Alter von drei Jahren als Wiedergeburt eines der beiden Oberhäuper des Drikung-Ordens anerkannt und inthronisiert. In die Zeit seiner traditionellen Ausbildung fällt der chinesische Überfall. Das Stammkloster der Drikung wird zerstört, die Mönche vertrieben, der Tulku in eine chinesische Schule gesteckt. Später dann fünf Jahre Zwangsarbeit, eine abenteuerliche Flucht nach Indien, die Suche nach der längst schon geflohenen Familie in den USA, Fußfassen im Westen, Geldverdienen in Aushilfsjobs, zugleich Fortsetzung des religiösen Studiums. Schließlich Rückkehr nach Indien, erneute Mönchsordination durch den Dalai Lama, Vollendung des Studiums unter den berühmtesten tibetischen Lamas, dreijähriges Meditationsretreat und Übernahme seiner Funktion als Oberhaupt der Drikung-Kagyü-Schule. Gründung von Klöstern im Exil, Ausbildung und Organisation der rasch wachsenden Mönchsgemeinschaft, Vorträge und Seminare in der ganzen Welt.

So herrlich der Ausblick vom Dach des Drikung-Klosters auch sein mag, uns drängt es, endlich den Kailash in seiner ganzen Pracht zu bewundern. Während die Handvoll Mitreisender, die mit uns zur Gyentak Gompa hinaufgewandert ist, auf dem gleichen Weg nach Darchen zurückkehrt, nehmen meine Frau und ich den schmalen Saumpfad, von dem wir vermuten, daß er quer über einen Berghang und einen Sattel hinüber zur Silung Gompa ins Nachbartal führt. Obwohl wir uns nun schon längere Zeit in Höhen über 4 500 Metern aufhalten, ist der Anstieg auf den Sattel mühsam. Die Luft ist dünn, und es scheint, als müsse man doppelt atmen für jeden Schritt. Wieder umfängt uns eine Glocke vibrierender Stille. Hoch am Himmel zieht ein Raubvogel seine Kreise. Weit entfernt, an einer Bergflanke, weiden Schafe. Vögel hüpfen über die Felsbrocken am Weg. Murmeltiere stehen wie kleine Männchen vor ihren Löchern und blicken uns neugierig an. Sie scheinen nicht scheu. Nie wurden sie gejagt in diesem sakralen Bezirk, bis die Chinesen kamen, und es scheint noch heute, als sähen die Tiere in den Pilgern und Hirten, die hier vorbeikommen, nicht die geringste Bedrohung. Es mag weit hergeholt scheinen und nach romantischer Schwärmerei klingen, doch ließ mich auf dieser Wanderung im inneren Bezirk des Kang Rinpoche der Gedanke nicht los, die Region um den heiligen Berg sei mit dem Gralsbereich europäischer Mythologie zu vergleichen, in dem die Tiere als heilig gelten und die Natur aus selbstverständlichem tiefen Respekt heraus unangetastet bleibt. Auch der Gral symbolisiert ein kosmisches Zentrum, eine Quelle höchster Geistigkeit, ähnlich dem Kailash.

Von solchen Gedanken beflügelt steigen wir den gerade fußbreiten Steig hinab in das Tal des Silung Chhu, eines klaren Gebirgsflusses, der die Schmelzwasser von der Eiskrone des Kailash in den Rakshastal führt. Auf der Ostseite des Flusses steht ein einfacher Chörten, und von dort aus nun offenbart sich zum ersten Mal der heilige Berg unverstellt. Wie eine überweltliche Erscheinung ragt seine Südwand mit der tiefen Längsfurche vor uns auf, nahe und unnahbar zugleich.

Ich weiß nicht, wie lange wir auf zwei Felsen beim Chörten saßen, um den Anblick des Berges schweigend in uns aufzunehmen. Der Nachmittag neigt sich, und die späte Sonne schenkt der Schneekappe und dem Gestein des Kailash einen warmen goldenen Ton. Auf der anderen Seite des Flusses liegt die Silung Gompa, ein winziges Gebäude nur. Die Tür ist verschlossen. Aus dem Tempel dringt der dumpfe Schlag einer einzelnen Ritualtrommel und das monotone Rezitieren eines Mönches, der seine abendliche Puja hält. Das rhythmische Beten der einsamen Stimme mischt sich mit dem Rauschen des Flusses. Sonst ist kein Laut zu vernehmen im weiten Himmelsraum um den heiligen Berg.

Kloster und Chörten zu beiden Seiten des Gebirgsgewässers sind das Tor zur »inneren Kora«, dem Pilgerweg, der, dem Tal flußaufwärts folgend, bis an den Sockel des Kailash heranführt und den Neten Yelakzung umrundet, eine Felspyramide unmittelbar vor der Südwand des heiligen Berges. Nandi nennen die Hindus diesen Felsen, nach dem Stier Shivas, dessen steinernes Bildnis vor den Shiva-Heiligtümern Indiens aufgestellt ist. Zwei winzige Seen liegen vor dem Nandi, Rakta (Tso Kapala) und Durchi (Tso Kavali), jener, so heißt es, mit schwarzem, dieser, in dessen Tiefe der Schlüssel liegen soll, der das Geheimnis des Kailash öffnet, mit milchig weißem Wasser. Unmittelbar vor dem Berg standen einst dreizehn Chörten mit den sterblichen Überresten von Meistern aus der Schule der Drikung Kagyü. Die Mönche der Gyentak Gompa erzählten, daß diese Chörten schrittweise wieder aufgebaut werden.

Nicht nur die einbrechende Dämmerung hält uns zurück, den Pfad zur Basis des Kailash weiter zu gehen, der offen und einladend vor uns liegt. Ein ungeschriebenes Gesetz gebietet, daß nur Pilgern, die den heiligen Berg dreizehn Mal umkreist haben, gestattet ist, die »innere Kora« zu gehen. Niemand ist da, die Einhaltung dieses Gebotes zu überwachen. Niemand könnte es auch, denn wie wollte man prüfen, wie oft ein Pilger den Weg um den Kang Rinpoche gewandert ist. Doch keinem der Gläubigen würde es einfallen, das Gebot zu brechen, nicht zuletzt aus Furcht vor der geheimen Macht des heiligen Berges, der angeblich selbst bestimmt, wer in seine Nähe gelangen darf oder wer schon auf der Anreise durch Unfälle oder andere Begebenheiten zurückgewiesen wird. Westliche Reisende, die, von Neugier getrieben, im inneren Bereich des Kailash umherwanderten, berichten von einem unaussprechlichen »Etwas«, das sie zurückhielt, weiter in die verbotene Zone vorzudringen. »Was konnte ich diesem vollkommenen Ort mehr geben, als seine Heiligkeit unangetastet zu lassen?« schreibt die amerikanische Autorin Kerry Moran, die sich einige Monate im Gebiet des Kailash aufhielt und den Berg immerhin zehnmal umrundet hatte.

Als wir durch das Tal des Silung Chhu nach Darchen zurückwandern, entlang dem klaren, über glattgeschliffene Steine springenden Gletschergewässer, drehen wir uns alle paar Schritte um nach dem heiligen Berg, sehen den sonnenvergoldeten Fels, die schneebedeckten Terrassen, sehen die Längsfurche in scharfem Seitenlicht plastisch herausgearbeitet, bis uns schließlich eine Biegung des Flusses diesen Anblick entzieht. Nur die Schneespitze späht noch hinter den Hügeln hervor.

Dort oben, im ewigen Eis, menschlichem Auge unsichtbar, nur für jene zu erkennen, deren Blick sich geweitet hat in die Räume innerer Vision, thront eine mächtige Gottheit. Für die Hindus ist es Shiva, der Herr der Yogis, der Zerstörer der Avidya, der Nicht-Erkenntnis, der Auflöser aller Weltlichkeit, doch auch die Verkörperung von Entsagung und Mitgefühl. Er sitzt in tiefer Meditation auf einem Tigerfell als höchster Yogin, nackt, das lange Haar auf dem Haupt aufgetürmt, eine Kette aus Schädeln um den Hals, seine Blöße nur mit Asche verhüllt. Seine Meditation, sein Blick aus dem feurigen dritten Auge an seiner Stirn, löst die Welt der Illusion auf, welche die Menschen im ewigen Kreislauf von Tod und Wiedergeburt gefangenhält. Zugleich entfaltet sich rings um ihn die himmlische Pracht der Götterbereiche. Die Shiva-Purana beschreibt den Wohnort des Gottes wie folgt:

> *Auf des Kailasas Gipfel winkt gleichfalls Wonneort,*
> *Es glänzen tausend Reihen von stolzen Häusern dort,*
> *Sie glühen gleich den Flammen im glutumschlung'nen Kranz,*
> *Von prächt'ger Edelsteine helleuchtend buntem Glanz.*

Und die Linga Purana ergänzt: »Die Stadt ist erbaut in elf konzentrischen, übereinandergelagerten Ringen rings um den Gipfel des Kailasa.

Der Palast des Shiva liegt zuoberst, ist rund und liegt genau auf dem Gipfel des Kailasa.«

Shivas Gefährtin, die Göttin Parvati, weilt bei ihm. Die Tochter Himavats, der Verkörperung des Himalaya, wohnt in ihren vielfältigen Erscheinungsformen auch auf anderen Schneegipfeln des vergöttlichten Himalaya, auf dem Kailash aber ist sie Uma, Shivas Gemahlin und Shakti. Die Hindu-Tantriker, die Shiva in sexueller Vereinigung mit seiner Shakti visualisieren, sehen in dem Gott das transzendente Absolute und in seiner weiblichen Entsprechung die dynamischen schöpferischen Kräfte. Die Vereinigung des göttlichen Paares ist Urpunkt der Schöpfung, die Zwei in Einem, aus deren Wechselbeziehung die Welt erwächst.

Eine Legende der Hindus erzählt, wie es Parvati gelang, den asketischen Shiva zu verführen. Die geringeren Götter hatten herausgefunden, daß nur ein Sohn, gezeugt aus Shivas machtvollem Samen, die Dämonen bezwingen könnte, welche die Erde tyrannisierten. Daher sandten sie Parvati, die schöne Tochter des Himavat, zu ihm. Tausend Jahre verbrachte sie in Meditation und Askese in seiner Gegenwart, ohne daß sich sein göttliches Augenmerk auf sie richtete. Kama-Deva jedoch, ein niemals alternder Jüngling, die Personifikation der Liebe und des Begehrens, schoß von seinem Bogen aus Zuckerrohr einen seiner Blumenpfeile auf Shiva. Obwohl der Gott das Geschoß der Liebe mit einem blitzenden Flammenstrahl aus seinem dritten Auge zu Asche brannte, hatte der Pfeil ihn berührt. Der Gott der Yogis verliebte sich in Parvati. Sie feierten Hochzeit im prächtigen Palast von Parvatis Vater und vereinigten sich auf dem Gipfel des Kailash. Dem göttlichen Liebesakt entsproß ein Sohn, Karttikeya, der, mit übernatürlichen Kräften begabt, die Welt von den Dämonen befreite. Karttikeya steht auch für den Planeten Mars und unter dem Namen Skanda für den Gott der Krieger, der den Kampf aber nur denen bringt, die keine Erkenntnis besitzen, jenen aber, die nach spiritueller Entfaltung streben, Kraft verleiht für diesen Weg. Auch die populäre elefantenköpfige Gottheit Ganesha gilt als Sohn von Shiva und Parvati.

Kalidasa, Indiens größter Dichter aus dem 5. nachchristlichen Jahrhundert, hat diese Legende in der »Kumarasambhava« nacherzählt und die Götter noch mehr »vermenschlicht«. In seiner Darstellung will der schönen Parvati keiner der möglichen Schwiegersöhne gefallen, die ihr von ihren Eltern vorgestellt werden. Doch sie verliebt sich in den einsamen Gott Shiva, der auf dem Gipfel des Kailash weilt. Parvati versucht, seine Aufmerksamkeit durch extreme Askese zu erzwingen. Es gelingt ihr – der Gott tritt in Gestalt eines Wanderasketen in ihre Hütte und entbrennt bei ihrem Anblick in Liebe. Doch auch Shiva muß altem Brauch gemäß beim Vater der Braut um die Hand seiner Angebeteten anhalten. Wie jeder Hindu-Bräutigam erscheint er mit einer Prozession am Hofe des Himavat; sein Gefolge besteht aber aus Kobolden, Dämonen und Friedhofsgeistern, so daß die Brautmutter Menaka vor Entsetzen in Ohnmacht fällt. Erst im Brautgemach offenbart Shiva der Geliebten seine strahlende göttliche Schönheit. Im achten Gesang schildert der Dichter die Liebesfreuden des Paares. Erst zögert die Braut schamhaft, dann gibt sie sich rückhaltlos ihrem Gatten hin. Das Liebesspiel währt sieben Tage, während derer Shiva der Sonne verbietet, aufzugehen.

Die großen Hindu-Epen Ramayana und Mahabharata gehen nicht auf solche Erzählungen von der Verführung des Shiva und der Zeugung des Karttikeya ein. Ihnen zufolge hatte der Sohn Shivas keine Mutter, sondern wurde geschaffen, indem Shiva seinen Samen dem Feuer übergab und dieses im heiligen Fluß Ganges aufging.

Die Vereinigung von Shiva und Parvati, die göttliche Hochzeit, ist Sinnbild für die Einheit von weiblichem und männlichem Prinzip, die Einheit der polaren Urelemente der Schöpfung. Gott und Göttin sind Vater und Mutter der Welt, universale Eltern. In der Vereinigung mit seiner Shakti, der Mahadevi, der Urmutter, der göttlichen Urenergie, offenbart sich der schaffende, zeugende Aspekt des Shiva, dem gewöhnlich in der Trinität von Brahma, Vishnu und Shiva nur die Rolle des Zerstörers und Auflösers zufällt. Seinem schöpfenden Aspekt trägt das Symbol des Lingam Rechnung, des phallusförmigen Kultbildes, das zu Ehren des Shiva errichtet wird, gemeinsam mit der Yoni, dem Mutterschoß als Zeichen für die Quelle allen Lebens und als Symbol für Shivas Gemahlin.

Der Kailash selbst hat die Form eines gigantischen Lingam. Für die indischen Pilger *ist* der Kailash der Lingam Shivas in wahrhafter Manifestation. Allein das Anblicken des heiligen Berges, das Darshan, bringt sie in den Genuß von Shivas Segen und tiefster innerer Läuterung. Der Shiva, der auf dem Kailash verehrt wird, gilt vielen Hindus als universale Gottheit, die den gesamten Bogen des Daseins umspannt, die Leben und Tod, Fruchtbarkeit und Askese, Erschaffung und Vernichtung in sich vereinigt und solche Polaritäten in der von ihm verwirklichten Einheit aufhebt. Seine populäre Darstellung als tanzender Shiva weist nicht nur darauf hin, daß er auch als Gott des Schöpferischen, Kreativen, als Meister von Musik, Tanz und Künsten verehrt wird, sondern daß er in seinem kosmischen Tanz Tandava die Welt hervorbringt, sie in Bewegung hält und wieder unter seinen tanzenden Füßen zerstampft. Mit dem Tanz Shivas auf dem Kailasa beginnt unsere Zeit, und aus seinen tänzerischen Bewegungen schlägt der Funke, der die Welt durchdringt und sie schließlich zerstört. Der vollendete Kreislauf von Werden, Sein und Vergehen drückt sich in ihm aus.

Auch die Buddhisten sehen auf dem Gipfel des Kailash eine Gottheit in Vereinigung mit ihrer weiblichen Entsprechung: die tantrische Gottheit, die im Tibetischen Demchok, in Sanskrit Chakrasamvara genannt wird, und die Yogini Dorje Phagmo (Vajravarahi, »Diamant-Sau«). Die Ähnlichkeiten von Demchok und Dorje Phagmo mit Shiva und Parvati sind offensichtlich. Selbst das Tigerfell, auf dem Shiva sitzt, ist in die Ikonographie von Chakrasamvara übernommen – er trägt es um die Hüften geschlungen. Auch die Kette aus Totenschädeln, die Shivas Haupt und Hals schmückt, findet sich bei Demchok wieder. Zwischen vielen Gottheiten des Hinduismus und des tantrischen Buddhismus gibt es solche Entsprechungen, die sich nicht nur auf ikonographische Details und andere Äußerlichkeiten beziehen. Wie sollte es auch anders sein, sind diese Gottheiten doch Verkörperungen abstrakter Prinzipien, Energien und Geisteszustände, archaische Bilder und Erscheinungen universalen Geistes, die unabhängig sind von bestimmten Religionen.

Aller Verschiedenheiten und aller philosophischer Differenzen von Hinduismus und Buddhismus zum Trotz sind diese inneren Verknüpfungen und Entsprechungen offenkundig und äußern sich auch im alltäglichen religiösen Leben. So besuchte ich beispielsweise einmal den Mahakala-Tempel in Kathmandu, dessen schreckenerregendes Bildnis von Buddhisten und Hinduisten gleichermaßen verehrt wird. Tibetische Händler drängen zusammen mit indischen Sadhus in das winzige Heiligtum und gießen als Opfergabe Rum, Whisky und anderes Hochprozentiges in den weit aufgerissenen Rachen der Gottheit. Die Eintracht, in der Pilger aus vier Glaubensrichtungen den Kailash in Verehrung umrunden, steht ebenfalls für solche unsichtbaren Verbindungslinien von Religionen, die aus dem gleichen kulturellen Umfeld erwuchsen und sich gegenseitig stark beeinflußten. Shivas Gattin Parvati hat ebenfalls ihre Entsprechung im tibetischen Pantheon. Die wichtigste weibliche Schutzgottheit des Vajrayana-Buddhismus, Palden Lhamo (Sri Devi), die besondere Schutzgöttin Lhasas, der Dalai Lamas und der Panchen Rinpoches, gilt als buddhistische Form von Mahakali, der großen Schwarzen, einer zornvollen Erscheinungsform Parvatis.

Auch die Legende spiegelt solche Bezüge wider, interpretiert freilich aus der Sicht der jeweiligen Religion und oft dazu neigend, Zusammenhänge so darzustellen, daß die eigene Lehre Oberhand gewinnt. So heißt es beispielsweise in einem buddhistischen Text, daß in mythischer Vorzeit Bhairava, »der Furchterregende, Schreckliche«, eine zornvolle Erscheinungsform des Shiva, die acht Leichenäcker und 24 Gegenden von Jambudvipa beherrschte, dem von der Menschheit bewohnten Kontinent am Fuße des Weltenberges Meru. Auch die Region des Kailash gehörte zu seinem Reich. Bhairava stellte als Zeichen seiner Macht an all diesen Orten steinerne Lingams auf, phallusförmige Symbole des Shiva. Die Dämonen und andere Wesen begannen, diesen Bildwerken Blutopfer darzubringen, und verwandelten dadurch ihre Umgebungen in Orte des Grauens und geistigen Niedergangs. Da wurde vom Ur-Buddha Vajradhara die tantrische Gottheit Chakrasamvara ausgesandt, um diese Stätten zu reinigen und in sein Mandala einzubinden.

Ein anderer, ebenfalls buddhistischer Mythos geht davon aus, daß Buddha selbst den Mandalapalast in der archetypischen Form des Chakrasamvara schuf, um Shiva und Parvati auf dem Gipfel des Kailash die Tantras zu lehren. Es ist klar, daß die Hindus solche Zusammenhänge anders sehen und davon ausgehen, daß die Buddhisten in Chakrasamvara eigentlich den Shiva verehren, der seit Anbeginn der Zeit auf dem Kailash thront, nur eben in anderer Erscheinungsform und unter anderen Namen.

Einige Pilger legen ihr Augenmerk weniger auf Shiva oder Chakrasamvara, sondern sehen in der Gottheit auf dem Kailash den Kubera, den Herrn und Beschützer der Schätze und Reichtümer, und erhoffen sich von einer Pilgerschaft neben geistigem Gewinn auch glücksverheißende Aussichten auf handfesten materiellen Wohlstand. Kubera ist der Halbbruder von Ravana, dem Herrn der Dämonen im Rakshastal und gilt ebenfalls als Anführer von Scharen dämonischer Yakshas und Rakshasas. Alaka, das göttliche Gefilde des Kubera auf dem Kailash (oder gemäß anderen Quellen auf einem Gipfel nordöstlich des heiligen Berges) ist Schauplatz einer Legende, die von dem Hindu-Poeten Kalidasa in bezaubernde Verse gefaßt wurde.

Kubera hatte einen Yaksha mit der Aufsicht über die goldenen Lotosblüten des Manasarovar betraut. Doch abgelenkt durch die Liebesfreuden mit seiner Gattin vernachlässigte der Yaksha seine Pflicht, und die an den acht Weltecken Wache haltenden Elefanten zertrampelten eines Nachts die kostbaren Blüten. Kubera verurteilte daraufhin den Yaksha, ein Jahr lang fern von seiner geliebten Frau in Indien in Verbannung zu verbringen. Der so Bestrafte verging vor Sehnsucht und bat schließlich eine der Monsunwolken, die nach Norden ziehen, seiner Gattin am Kailash einen Gruß zu überbringen. In der Tat ziehen regenschwere Wolken von den heißen Ebenen Indiens nach Norden und bleiben an der Südseite des Himalaya hängen, wo sie jedes Jahr für heftige Niederschläge, Bergrutsche und verschüttete Straßen sorgen. Nur einigen wenigen dieser Wolken gelingt es, den Zentralkamm des Himalaya zu überwinden und über der tibetischen Hochebene abzuregnen. Eine dieser Wolken nun wählte der Yaksha als Liebesboten, brachte ihr ein Blumenopfer, schilderte ihr den langen Weg zum Kailash und trug ihr seine Botschaft an die geliebte Frau auf. Kalidasa fand in dem 111 Strophen umfassenden Versepos ›Meghaduta‹ – Der Wolkenbote – zarteste lyrische Töne, die sogar Goethe begeisterten, der das Hauptwerk des indischen Dichters in englischer Übersetzung kannte. In einer Strophe (aus der ersten deutschen Übertragung von 1847) malt der Yaksha dem Wolkenboten das Ziel seiner Reise aus:

Der Berg Kailasa, dessen Haupt vom Arm des Ravana gespalten,
Zu dessen Spiegelglanz sich beschau'n die himmlischen Gestalten,
Der rings im dichten Glanze strahlt, als säh' man Shivas Antlitz lachen,
Er wird Dir in dem Blütenschnee der luft'gen Höh'n ein Lager machen.

Obwohl Chakrasamvara, der buddhistische Herr des Kailash, stets in Vereinigung mit seiner weiblichen Entsprechung dargestellt wird, hat diese tantrische Gottheit nichts zu tun mit der sehnsuchtsvollen Liebeslyrik des Kalidasa und dem gänzlich sinnlichen Genüssen hingegebenem Hof des Kubera. Der Sanskritname Chakrasamvara bezieht sich auf das Mandala, in dessen Zentrum in einem Pagodenpalast die gleichnamige Gottheit thront, umgeben von zahlreichen anderen Gottheiten, Göttinnen und Schützern. Wörtlich übersetzt bedeutet Chakrasamvara »Rad der Glückseligkeit« (Chakra = Rad, Samvara = höchste Glückseligkeit). Der tibetische Name Demchok steht aber auch für »Der das Rad anhält«. Gemeint ist damit das Rad von Samsara, von Tod und Wiedergeburt, der leidvolle Kreislauf des Lebens, von dem die Lehre des Buddha Befreiung verheißt.

Chakrasamvara ist die Personifizierung eines buddhistischen tantrischen Systems, das im 8. Jahrhundert in Indien entstand und sich, wie andere Tantras auch, in Tibet verbreitete. Während in Indien der tantrische Buddhismus von den Muslimen vollständig ausgerottet wurde, erhielt sich seine komplexe Bilderwelt und Ritualpraxis in Tibet bis zum heutigen Tag. Das System des Tantra ist vermutlich der am meisten fehlinterpretierte Aspekt der tibetischen Kultur. Im Westen benutzen Autoren diesen Begriff gerne, um ausgefallenen Sexualpraktiken oder Methoden zur Erlangung übersinnlicher Kräfte eine exotisch-mystische Aura zu verleihen. Der Tantrismus entstand im 5. oder 6. Jahrhundert in Indien und beeinflußte gleichzeitig die drei großen Religionen Hinduismus, Buddhismus und Jainismus. Zwar wurden die Tantras zwischen dem 6. und 10. Jahrhundert auch schriftlich festgehalten, doch spielt der Guru, der gemäß der Tradition des Vajrayana-Buddhismus den Buddhageist verkörpert, in der Praxis des Tantra eine entscheidende Rolle, denn nur er vermag die zur erfolgreichen Praxis notwendigen Einweihungen, Kraftübertragungen und Anweisungen seinem persönlichen Schüler mündlich zu vermitteln. Die einführenden Übungen des »Ngöndro« sowie ein komplexes, in vier Hauptstufen – Handlungs-Tantra, Ausübungs-Tantra, Yoga-Tantra und Höchstes Yoga-Tantra – unterteiltes System von Ritualen, meditativen Übungen und yogischen Praktiken machen den tantrischen Weg, »das Fahrzeug des geheimen Mantra« aus. Er soll am raschesten zur Befreiung aus dem Daseinskreislauf führen, zugleich aber birgt er viele Gefahren und gilt daher nicht für alle Menschen als geeignet. Ein Großteil der höchst komplexen Bilderwelt des tibetischen Buddhismus, die in Form von Statuen, Thangkas und Wandmalereien dargestellt ist, ist in ihren tieferen Bedeutungsschichten nur dem tantrisch Eingeweihten verständlich, der über die empfangenen Geheimlehren jedoch strengstes Stillschweigen bewahren muß.

»Srichakrasamvara« ist eines dieser in Indien entstandenen Tantras.

Es gehört zu den vier Maha-Annutara-Yoga-Tantras, welche die oberste Tantrastufe betreffen. Und es ist ein sogenanntes »Muttertantra«, ein »linkshändiges« Tantra, das selbst Untugenden wie menschliche Begierde als Werkzeuge auf dem Pfad zur Befreiung einsetzt. Es soll über die vierfache Erfahrung der Leerheit zur Befreiung führen und wird von den tibetischen Schulen der Kagyü, Sakya und Gelug bis heute praktiziert. Chakrasamvara, die Personifikation dieses Tantra, gehört zu den Sadhitas, den Yidams, den persönlichen Meditationsgottheiten, die einem tantrisch Praktizierenden von seinem Guru zugewiesen werden und auf die sich die Ritualpraxis ausrichtet. Wie auch die transzendenten Buddhas und viele andere »Gottheiten« werden die Yidams von fortgeschrittenen Praktizierenden nicht als »real« existierende Wesenheiten angesehen, sondern als »reine Erscheinung«, als visionäre Verkörperung symbolischer Elemente, Energien und Kräfte, die nur im Geist des Praktizierenden Form annimmt und in Malerei und Skulptur zum Ausdruck gebracht wird. Aus diesem Grund ist der Name »Gottheit« eigentlich unpassend, mit dem die zahlreichen Verbildlichungen des Vajrayana-Buddhismus mangels eines geeigneteren Wortes im Westen zumeist bezeichnet werden. Die visionäre Kunst des diamantenen Fahrzeugs ist von ungeheuerer Vielfalt und die meisten der dargestellten Buddhas, Bodhisattvas, Yidams und Schutzgottheiten erscheinen in so zahlreichen Unterformen, Ausstrahlungen und Manifestationsweisen, daß selbst Fachleute, einschließlich tibetischer Lamas, nicht jede einzelne zweifelsfrei zu identifizieren vermögen.

Chakrasamvara wird auf Thangkas und Wandmalereien gewöhnlich mit blauer Körperfarbe, vier Köpfen und zwölf Armen dargestellt. Die vier Köpfe stehen für die vier Tore der Befreiung, die zwölf Arme symbolisieren die Läuterung der im Lebensrad dargestellten zwölf Glieder des abhängigen Entstehens, welche den Menschen im Kreislauf von Tod und Wiedergeburt festhalten. Die Attribute in diesen zwölf Händen, wie Hackmesser, Schädelschale, magischer Stab, Vajra und Glocke und andere, sind gleichfalls nur Symbole, die bestimmte Kräfte und Eigenschaften verbildlichen – und die es ermöglichen, den Sadhita eindeutig zu identifizieren. Stets wird Chakrasamvara in sexueller Vereinigung mit seiner weiblichen Entsprechung Vajravarahi verbildlicht. »Yab Yum« – Vater-Mutter – nennen die Tibeter diese im Tantrismus häufig vorkommende Form der Darstellung, die im Westen den Mythos von Tantra als ausschweifende Sexualpraxis begründet hat. Dabei geht es bei diesen Visualisierungshilfen für Praktizierende der höchsten Tantraklasse nicht um das Zeigen des Liebesaktes, sondern um die Veranschaulichung abstrakter philosophischer Konzepte. Die Symbolik der sexuellen Vereinigung ist eine eindringliche visuelle Metapher für das Verschmelzen von männlichem und weiblichem Prinzip, der polaren kosmischen Urenergien, die im Vajrayana-Buddhismus als Weisheit (Prajna – weiblich) und Methode (Upaya – männlich) gesehen werden. In ihrer Vereinigung wird alle Dualität und Polarität aufgehoben und in der Verbindung von Glückseligkeit und Leerheit Befreiung erlangt.

Die meisten der Kailash-Pilger vermögen solche abgehobenen philosophischen Konzepte, die in den heiligen Schriften erörtert und in den höheren Graden klösterlicher Ausbildung gelehrt werden, kaum nachzuvollziehen, ebensowenig wie die tantrische Ritual- und Meditationspraxis, die den Praktizierenden eins werden läßt mit der verehrten Gottheit, die ihm die Geheimnisse der inneren »Kanäle, Energien, Tropfen und essentiellen Flüssigkeiten« offenbart und ihn schließlich in die wahre Natur des Geistes führt, in der alle Formen, Phänomene und selbst »Gottheiten« sich auflösen in Leerheit. Doch auch die einfachsten Pilger, die den Kailash umkreisen, sich an den vorgeschriebenen Orten niederwerfen, ihre Gebetsmühlen drehen und ihr »Om Mani Padme Hum« in die kalte Höhenluft entsenden, haben Teil an der transzendenten Energie, die sich am heiligen Berg konzentriert, und erfahren die geistige Reinigung und Verwandlung, die eine solche Pilgerfahrt mit sich bringt.

Der kosmische Berg

Was den Kailash zu einem der heiligsten Orte der Welt macht, ist nicht nur sein Nimbus als Wohnsitz von Gottheiten und Erleuchteten, als Schauplatz mystischer Vereinigung der polaren kosmischen Kräfte, sondern vor allem, daß er als irdisches Abbild des Weltenberges Meru gilt, der axis mundi, die alle Seinsbereiche durchdringt, von den Tiefen der Hölle bis zu den himmlischen Gefilden der Götter. Die Vorstellung eines kosmischen Berges, einer Weltenachse oder eines Weltenbaumes ist Archetypus in der Mythologie vieler Völker und Kulturen überall auf dem Erdball.

Den Ägyptern war der »Urhügel«, der sich aus dem Nun, der uranfänglichen Flut erhob, Anbeginn aller Schöpfung. Die Zikkurate Mesopotamiens symbolisieren den Weltenberg, den Wohnsitz der Gottheit, die Verbindung zwischen Himmel und Erde. Ihre sieben Stufen stehen für die sieben Himmel, die sieben Seinsebenen und die sieben Planeten. Im akkadischen Weltbild liegt die Erde als siebenstufiger Weltenberg, als Wohnsitz der Menschen und des Enlil, des Gottes von Luftraum und Erde, des »Herrn der Länder«, inmitten eines kreisrunden Salzozeans. Über dieser Weltenscheibe öffnet sich die Sphäre verschiedener Himmel, unter ihr die Unterwelt Arallu.

Jahrtausende später sprach auch Mohammed von sieben Himmeln, die er auf seinem mythischen Reittier al-Burak blitzschnell durcheilte, und im Paradiesgarten, in den jene geführt werden, die für »Allahs Religion kämpfen« – so die 47. Sure des Koran –, warten nicht nur sinnliche Genüsse und Paradiesjungfrauen, sondern es fließen auch Bäche von Wasser, Milch, Wein und Honig.

Vier Flüsse – Euphrat, Tigris, Pison, Gihon – entspringen im Paradies von Juden und Christen auf der Spitze des Berges Gottes. Diesen Paradiesberg hatte wohl auch Dante vor Augen, als er im Weltensystem seiner ›Göttlichen Komödie‹ aus den unterirdischen Ringen der Hölle den Läuterungsberg des Fegefeuers zum irdischen Paradies emporstieg, um sich von dort in die hierarchisch gestaffelten himmlischen Regionen zu erheben.

In Persien kündete Zoroaster von Hara Berezaiti oder Elburz, dem ersten Berg, der auf der flachen Erdscheibe stand, hervorragend aus einem Ring von Bergen, der die ganze, aus sieben Regionen bestehende Erde umgibt. Von seiner Spitze spannt sich eine schmale Brücke über klaffende Abgründe in den Himmel, welche die Seelen der Toten überschreiten müssen – die reinen gelangen ins Paradies, die sündigen stürzen hinab in den Rachen der Finsternis –, ein Bild, das auch in den Islam übernommen wurde. Sonne, Mond und Sterne kreisen um diesen Weltenberg.

Die schamanistischen Kulturen Nordasiens gehen davon aus, daß ein Schwan die Seelen der Toten zum Weltenberg, dem Zentrum, der Achse der Welt, tragen. Auf diesem kosmischen Berg erhebt sich als Verlängerung der Weltachse in Richtung auf den Polarstern ein Weltenbaum, der aus der Unterwelt aufsteigt. Die Weltenachse ist in diesen Nomadenkulturen symbolisiert durch den stützenden Hauptpfeiler jeder Jurte und auch durch die Schamanenbäume, welche die Stammesschamanen errichten.

Die Weltesche Yggdrasill, die alle neun Seinsbereiche berührt, bestimmt die Kosmologie der Germanen. Sie wurzelt in Niflheim, der urzeitlichen, schon vor der Schöpfung bestehenden Nebelwelt, in der später das Totenreich angesiedelt wurde, und ihre Krone überragt die Götterwelt Asgard.

Auch in der Mythologie afrikanischer und amerikanischer Völker und Stämme finden sich Vorstellungen des Weltenberges und Weltenbaumes.

Der kosmische Berg ist das Weltzentrum, der Omphalos, der Nabel der Welt, wie die Griechen ihn bezeichneten. Er ist Schnittpunkt von Himmel, Erde und Unterwelt, Verbindung aller Seinsbereiche, Übergang von einer Ebene zur anderen. Er verkörpert kosmische Kräfte und kosmisches Leben – die Felsen sind seine Knochen, die von ihm herabfließenden Wasserströme sein Blut, die Vegetation sein Haar und die Wolken sein Atem.

In den Mythologien der alten Kulturen finden sich zahlreiche Parallelen zu der Darstellung des Weltenberges Meru (oder Sumeru), wie sie auf dem indischen Subkontinent entstand: etwa die Dreiteilung des Kosmos in Himmel, Erdscheibe und Unterwelt (Triloka) mit zahlreichen weiteren Unterteilungen dieser Sphären, die Annahme auch, daß vier Flüsse am Weltenberg hervortreten oder daß Sonne, Mond und Planeten um seine Spitze kreisen. Nirgendwo wurde die um eine Weltenachse angeordnete Kosmologie so detailliert ausgeformt wie in Hinduismus, Jainismus und Buddhismus, den Religionen, denen der Kailash als heilig gilt. Auch Tibets Bön-Religion hat dieses kosmische System übernommen und mit eigenen Akzenten versehen, nachdem sie in der zweiten Verbreitung des Buddhismus stark von indischem Gedankengut durchdrungen wurde.

Die alten Schriften enthalten keinen direkten Hinweis, um den Kailash als physische Erscheinung des Meru zu identifizieren. Versuche, aus der metaphorischen Sprache der heiligen Texte konkrete geographische Angaben abzuleiten, haben den Meru mit verschiedenen zentralasiatischen Bergzügen in Verbindung gebracht, beispielsweise mit dem Pamir oder dem Kunlun. Angesichts der besonderen Verehrung, die dem Kailash von vier Religionen entgegengebracht wird, seiner außergewöhnlichen Form und seiner mandalaartigen Lage im Zentrum des Quellgebiets vier großer Flüsse, was unmittelbar auf den Meru hinweist, wurde das Schneejuwel zunehmend als irdisches Abbild der kosmischen Achse, als Zentrum von Jambudvipa, dem Kontinent der Menschen, erkannt.

Die Buddhisten, Bönpos und Jainas haben die hinduistische Vorstellung des Universums mit dem Berg Meru als Achse weitgehend übernommen, aber gemäß ihren Lehren abgewandelt und weiter ausgeformt.

Die Kosmologie der Hindus ist vor allem in den Puranas beschrieben, etwa in der Bhagavata-Purana oder der Vishnu-Purana, beide Teil der 18 Maha-Puranas, der »alten Erzählwerke«, die zu den grundlegenden Schriften des Hinduismus gehören.

Die Bhagavata-Purana geht von einer unendlichen Anzahl von Weltsystemen aus, von denen jedes in einer sphärischen Schale enthalten ist, die Brahmanda – Ei des Brahma – genannt wird. Die Erdscheibe Bhu-Mandala bildet die Mitte dieses Eies und teilt den Kosmos in obere, den Göttern zugeordnete, und untere, den Dämonen, Nagas und verschiedenen Höllen zugehörige Bereiche. Die Sphären von Himmel und Unterwelt sind wiederum in zahlreiche Schichten untergliedert. Das gesamte kosmische System ruht auf der Weltenschlange Ananta, Symbol für Unendlichkeit und Ewigkeit, die am Ende eines Schöpfungszyklus die Schöpfung zerstört. Auch dieses Bild einer Urschlange ist vielen Kulturen gemeinsam.

Die kosmische Zeitrechnung der Hindus schreitet aus dem Menschen faßbaren Zeitabläufen in die Unendlichkeit göttlicher Schöpfungszyklen fort: Vier Yugas (Zeitalter) machen einen Weltenzyklus (Maha-Yuga oder Divya-Yuga) von 12000 Götterjahren, entsprechend 4320000 menschlichen Jahren, aus. Im gegenwärtigen Weltenzyklus leben wir im letzten der vier Yugas, dem Kali-Yuga, dem eisernen Zeitalter, das mit Krishnas Tod am 18. Februar 3102 v. u. Z. begann. Doch selbst ein solches Millionen von Jahren währendes Mahayuga ist nur winziger Tropfen im Meer kosmischen Werdens und Vergehens. 1000 Mahayugas ergeben ein Kalpa, einen Tag des Brahma, dem ein weiteres Kalpa der Ruhe, eine Nacht des Brahma, folgt. 360 solcher Tage und Nächte machen ein Jahr des Brahma aus, dessen Lebenszeit ein Para oder 100 Brahma-Jahre beträgt. Die Entsprechung in Menschenjahren ist in Zahlen kaum mehr auszudrücken. Nach dem Tod des Brahma und einer langen Weltennacht entsteht ein neuer Schöpfergott, und der gewaltige Zyklus beginnt von neuem, wieder und wieder, durch alle Ewigkeit. Jainas und Buddhisten gehen ebenfalls von solchen Unendlichkeiten aus, rechnen aber mit anderen Zeitzyklen.

Ähnlich exakt wie die Zeitangaben der kosmischen Zyklen wird in den alten Schriften die Ausdehnung der verschiedenen Sphären und Bereiche des Weltensystems beziffert. Die Erdscheibe Bhu-Mandala ist unterteilt in sieben Ringkontinente und sieben ringförmige Meere. Der zentrale Inselkontinent Jambudvipa, der Kontinent des Rosenapfelbaumes, Wohnort der Menschen, ist wiederum durch Gebirgszüge in neun Bereiche gegliedert. Jambudvipa weist einen Durchmesser von 100000 Yojanas auf, wobei die Maßeinheit eines Yojana knapp 14 Kilometern entspricht. Der Durchmesser von Jambudvipa gleicht somit in etwa dem der Sonne. Überhaupt lassen sich aus den Allegorien der indischen Kosmologie zahllose astronomische Bezüge ableiten. Die Breite des Salzwasserozeans Lavanoda, der Jambudvipa einfaßt, beträgt ebenfalls 100000 Yojanas, jene des nächsten Ringkontinents, Plakshadvipa, Kontinent des Feigenbaumes, bereits 200000 Yojanas. Die Größe der Meere und Kontinente nimmt zum äußeren Rand der Erdscheibe hin zu und erreicht unvorstellbare Ausmaße. Die sieben Ringozeane sind gefüllt mit verschiedenen Flüssigkeiten – Salzwasser, Zuckerrohrsaft, Likör, Butter, Milch oder Joghurt. Der äußerste, Svadudaka, der eine Breite von 6,4 Millionen Yojanas aufweist, besteht aus Süßwasser.

Genau in der Mitte dieser gewaltigen Weltenscheibe, im Zentrum des Inselkontinents Jambudvipa, ragt der Weltenberg Meru auf, der die drei Sphären des kosmischen Eies als Achse verbindet. Er wurzelt in den unteren Welten und hebt sich hoch in die himmlischen Bereiche der Götter. Meru hat die Form einer Säule, die an ihrer Basis dünner ist als an ihrer Spitze. Auf der Plattform, die den Gipfel des Meru ausmacht, liegt die quadratische Stadt des Brahma, umgeben von den acht Städten der Lokapalas, der Weltenhüter, die über die acht hauptsächlichen Himmelsrichtungen wachen. Auf die Stadt des Brahma fällt der himmlische Strom Ganges herab und teilt sich dort in vier Flüsse, die in die vier Himmelsrichtungen fließen. Auch die Ausmaße des Meru werden von den alten Schriften genannt – seine Höhe wird mit 100 000 Yojanas angegeben, wobei er 84 000 Yojanas über die Erdscheibe hinausragt und 16 000 Yojanas tief in die Unterwelten hinabreicht. Das Plateau an seiner Spitze soll einen Durchmesser von 32 000 Yojanas haben, die Basis exakt die Hälfte davon. Meru gleicht also einem langgezogenen, auf der abgeflachten Spitze stehenden Kegel. Er ist umgeben von vier Bergen in den vier Himmelsrichtungen, ein jeder 10 000 Yojanas hoch, auf deren Gipfeln Weltenbäume wachsen. Südlich des Meru wächst der Jambu-Baum, der Rosenapfelbaum, der Jambudvipa den Namen gab und der, unsichtbar für menschliche Augen, auch in der Mitte des Manasarovar erblüht.

Daher nennt das Mahabharata, abweichend von den Puranas, in seiner Beschreibung der Kosmologie den zentralen Inselkontinent, auf dem sich Meru erhebt, Sudarshana. Jambudvipa, die Menschenwelt, ist in dieser Darstellung der südliche von vier Kontinenten, die den Meru in allen Himmelsrichtungen umgeben und die nach den auf ihnen wachsenden Weltenbäumen benannt sind.

Die Kosmologie der Jainas entspricht weitgehend jener der Hindus, weicht nur in Einzelheiten, topographischen Unterteilungen und Maßangaben davon ab. So liegt auf dem flachen Gipfel des Meru gemäß den Jainas nicht die Stadt Brahmas, sondern ein Tempel der Tirthamkaras. Wie bei den Hindus und Buddhisten sind auch bei den Jainas die Götter- und Höllenwelten genau benannt und beschrieben. So gliedern sich beispielsweise die Höllen unterhalb der Erdscheibe in sieben Sphären mit 84 Höllenregionen und 8 400 000 Einzelhöllen. Das Maß der Torturen und Grausamkeiten, welche die dort lebenden Wesen erdulden müssen, nimmt zu, je tiefer die Hölle unterhalb der Erdscheibe liegt. Zahlreiche Malereien im Kulturkreis der indischen Religionen stellen diese Höllenqualen zur Abschreckung potentieller Sünder in allen grauenvollen Details dar. Man fühlt sich erinnert an Beschreibungen des Inferno in Dantes ›Göttlicher Komödie‹, doch ist den östlichen Religionen die Vorstellung ewiger Verdammnis fremd. Selbst der übelste Mörder und Verbrecher, der nach seinem Tod in den tiefsten Abgründen der Hölle wiedergeboren wird und über lange Zeiten schreckliche Qualen erdulden muß, hat eines Tages sein negatives Karma abgetragen und kann Wiedergeburt in einem anderen Seinsbereich erlangen. In gleicher Weise enden auch die durch angesammeltes positives Karma bewirkten Freuden der Götter in ihren himmlischen Gefilden.

Alle sechs Seinsbereiche, in die ein Wesen hineingeboren werden kann, sind der Vergänglichkeit unterworfen und werden regiert vom exakten Gesetz des Karma. In den Klöstern des tibetischen Kulturkreises sind diese sechs Seinsbereiche im Bhavachakra, dem Rad des Lebens, auf Thangkas oder Wandmalereien dargestellt – Götter, Halbgötter, Menschen, Tiere, Hungergeister und Höllenwesen. Der Hüter des Totenreiches hält dieses Rad in seinen Klauen und zeigt dadurch, daß er der wahre Herrscher dieser Welten ist. Zugleich aber symbolisiert er die Illusion dieses Rades anfanglosen Werdens und Vergehens im Kreislauf von Tod und Wiedergeburt, das keine Beständigkeit, keine ewige Seligkeit, aber auch keine ewige Höllenqual kennt. Nur der Erleuchtete, der aus eigener Kraft die Scheinbarkeit weltlichen Daseins durchschaut und überwindet, vermag dieses unendlich sich drehende Rad des Samsara anzuhalten und Erlösung zu finden.

Nicht selten wird das Lebensrad neben kosmischen Mandalas dargestellt, in denen die Entstehung der Welt, der Weltenberg Meru und die buddhistische Kosmosvorstellung verbildlicht sind. Wie bei den Hindus gibt es auch bei den Buddhisten keine einheitliche Darstellung der Kosmologie. Das buddhistische System weicht in vielem von jenem der Hindus ab, ruht jedoch auf gleichem Fundament. Die beiden grundlegenden buddhistischen Modelle sind im Abhidharmakosha und im Kalachakra-Tantra niedergelegt. Das Abhidharmakosha (Schatzhaus des Wissens) wurde im 5. Jahrhundert von dem kaschmirischen Gelehrten Vasubandhu verfaßt, das Kalachakra-Tantra (Rad der Zeit), das eng mit dem Mythos des verborgenen Königreiches Shambhala verbunden ist, entstand als letztes indisches Tantra, wurde 1027 in Tibet eingeführt und wird bis heute in der Gelug-Schule praktiziert. Der Dalai Lama führt jedes Jahr an verschiedenen Orten der Welt Einweihungen in das Mandala des Kalachakra durch.

Auch die Buddhisten gehen von einer unendlichen Anzahl von Weltsystemen aus, die in unermeßlichen Zeiträumen entstehen, vergehen und wieder entstehen. Jedes Weltsystem baut sich aus einem gigantischen Sockel aus aufeinandergeschichteten Zylindern auf. Gemäß Abhidharmakosha weisen diese Zylinder gleiche Durchmesser auf und bestehen aus Salz- und Süßwassermeeren, Gold und Wasser. Im Weltmodell des Kalachakra sind es vier Zylinderscheiben, die den vier Elementen Luft, Feuer, Wasser und Erde zugeordnet sind, wobei der unterste Zylinder (Luft) den größten Durchmesser aufweist, der oberste (Erde) den kleinsten. Die Oberfläche des obersten Zylinders ist in beiden Modellen von Gebirgen und Ozeanen strukturiert – allerdings in anderer Weise als bei den Hindus beschrieben –, und aus dem Weltozean in seiner Mitte wächst der kosmische Berg Meru hervor, mit einer viereckigen Basis gemäß dem Abhidharmakosha und einer runden gemäß dem Kalachakra. Ein Schöpfungsmythos erzählt, daß am Anfang am Grund des Weltozeans eine riesige Schildkröte lag. Wind kam auf, trug Erde herbei, die ins Meer sank und sich allmählich auf dem Rücken der Schildkröte ablagerte. Daraus erwuchs der Weltenberg Meru.

Die Weltenachse Meru verbreitert sich nach oben hin. An ihr liegen Wohnsitze von Halbgöttern und übernatürlichen Wesen und über ihr öffnen sich die Ebenen des Himmels und der Götterwelten. Auf der Erdscheibe, um den Weltenberg angeordnet, liegen zwischen Bergketten und in Ozeanen die zwölf Kontinente, darunter der mittlere Südkontinent Jambudvipa mit sieben Gebirgszügen. Menschen und Tiere wohnen auf diesem Kontinent, unter ihm liegen die verschiedenen Kreise der heißen und kalten Höllen. Der Kailash mit den Quellen der vier Flüsse ist das Zentrum von Jambudvipa und somit irdische Verkörperung des Meru. Auf dem flachen Gipfel des Meru erhebt sich die Stadt Sudarshana, in deren Mitte, in einem prächtigen Palast, Indra, das Oberhaupt der 33 Götter, lebt, welche diesen Himmelsbereich bewohnen. Über dem Gipfel des Meru bauen sich die zunehmend größer werdenden schichtartig übereinander gestaffelten höheren Götterwelten auf.

Auch die Kosmologie der Bönpos siedelt auf dem quadratischen Plateau auf dem Gipfel des Meru eine mandalaartig angeordnete Stadt mit Palästen und Gärten der Götter an.

Ein langer Text samt ausführlichen Kommentaren eines der wichtigsten tibetischen Lehrer des 19. Jahrhunderts, Jamgön Kongtrul Lodrö Tayé, beschreibt die buddhistische Kosmologie gemäß Abhidharmakoha mit großer Detailgenauigkeit. Hieraus ein kurzes Zitat: »Die Berge und Kontinente reichen 80 000 Yojanas tief in den Ozean. Der Berg Meru erhebt sich 80 000 Yojanas über dem Ozean. Die vier Seiten des Berges Meru bestehen aus Kristall, blauem Beryll, Rubin und Gold. Der Himmel auf jeder Seite spiegelt diese Farben wider. Zur Hälfte seiner Höhe vom Meeresspiegel besitzt er vier Terrassen. Jenseits davon sind sieben goldene Gebirgsketten. Die Räume dazwischen sind angefüllt mit Meeren der Freude, die acht Eigenschaften haben. Die vier Kontinente und die vier Inseln sind halbrund, trapezförmig, rund und quadratisch. Es gibt zahlreiche nicht einzeln benannte Inseln. Der äußere Rand besteht aus einer Bergkette aus Eisen; ein Salzwasser-Ozean füllt den Raum bis hin zu diesen Bergen.«

Drei Jahre vor meiner Reise zum Kailash stand ich vor der Außenwand eines Tempels im Südhof des Punakha-Dzong im kleinen Himalayakönigreich Bhutan. Die kräftigen Farben von Malereien leuchteten hinter der kunstvoll geschnitzten, bunt gefaßten Holzveranda in der Mittagssonne. Vor allem die Darstellung ganz zur Linken erregte meine Aufmerksamkeit, ein geometrisches Mandala aus konzentrischen farbigen Kreisen, umgeben von auf Wolken und in Landschaften schwebenden Figuren aus dem Pantheon des Vajrayana-Buddhismus. Drei breite farbige Ringe faßten den Kern des Mandala ein, das Zentrum zeigte zahlreiche dünne, eine Spitze einschließende Kreise, in dem Raum dazwischen aber tanzten in rhythmisch bewegter Ordnung farbige Reifen um den Mittelpunkt. (Im Bildteil ist dieses Mandala abgedruckt. Das Foto ist mittlerweile historisches Dokument, denn aufgrund von Flutkatastrophen mußte die Tempelwand mit diesen Malereien abgerissen werden und befand sich bei meinem neuerlichen Besuch in Bhutan im Frühjahr 2001 noch in Restaurierung. Doch sind ähnliche Mandalas auch an anderen bhutanischen Tempeln dargestellt.) Dieses Kunstwerk aus der Gründungszeit des Dzong in der ersten Hälfte des 17. Jahrhunderts ist das berühmteste kosmische Mandala Bhutans. »Weltentstehungsmandala« wird es genannt, und tatsächlich erinnern seine tanzenden Kreise an die Bahnen von Planeten um eine Sonne oder an Elektronen, die um einen Atomkern wirbeln.

Soll das etwa bedeuten, daß sich die Mönche des bis vor wenigen Jahrzehnten vollkommen von der Welt isolierten Drachenkönigreiches bereits vor Jahrhunderten mit Astronomie beschäftigten oder gar das Atommodell kannten? Doch das »Weltentstehungsmandala« und die beiden anderen kosmischen Darstellungen neben ihm sind keine frühen wissenschaftlichen Modellzeichnungen, sondern Verbildlichungen der buddhistischen Kosmologie. Sie zeigen nicht nur die Entstehung der Welt, sondern auch den Weltenberg Meru.

Gemäß dem Kalachakra-Tantra ist der obere Teil des Meru von 12 Windbahnen mit Sternen umgeben, die einen Schirm oder eine Kuppel um den Weltenberg bilden. Eben diese Kreisbahnen sind auf dem kosmischen Mandala im Punakha Dzong als tanzende Reifen dargestellt, denn die Wandmalerei verbildlicht das Kosmosmodell des Kalachakra in direkter Draufsicht. Die dünnen konzentrischen Kreise um den Mittelpunkt stellen die übereinandergeschichteten Götterwelten dar, die breiten äußeren Ringe die den Elementen zugeordneten Zylinderscheiben. Die beiden anderen kosmischen Mandalas des Punakha Dzong zeigen ebenfalls den Weltenberg Meru in einer Kombination von Seitenansicht und Draufsicht und stellen zugleich verschiedene Phasen der Weltentstehung dar.

Der symmetrische mandalaartige Aufbau des Kosmos spiegelt sich wider in der sakralen Architektur Asiens. Die Säule als Symbol der axis mundi, des Weltenberges im Zentrum des Universums, stand am Anfang der bildenden Kunst Indiens und war schon früheren Kulturen Objekt der Verehrung. Der Bauplan vieler Hindu-Tempel zeigt den Meru als Achse der Welt. Der hochragende Aufbau über dem Hauptheiligtum wird Shikara genannt, was in Sanskrit soviel bedeutet wie »Bergspitze«. Manche dieser sakralen Gebäude sind auf Hügeln errichtet, die als Stücke des Weltenberges gelten. Die Tempel und Paläste von Angkor in Kambodscha wurden nach dem Meru-Modell geplant, und buddhistische Klosteranlagen wie etwa Samye, das erste Kloster Tibets, in der Form eines Mandala erbaut, ebenso der »Ideal-Dzong« im bhutanischen Simthoka, dessen zentraler Utse (Hauptturm) den Meru repräsentiert.

Der Stupa, ursprünglichste und typischste Architekturform des Buddhismus, der in früher Zeit, als der Buddha noch nicht in menschlicher Form verbildlicht wurde, als Symbol des Erleuchteten Verehrung fand, ist im Grunde ein dreidimensionales Mandala, das neben einer Reihe anderer Bedeutungen auch den Kosmos mit dem Weltenberg Meru in seinem Zentrum symbolisiert. Zahlreiche Stupaformen haben sich entwickelt und sind im buddhistischen Kulturkreis unter verschiedenen Bezeichnungen – Chörten, Dagoba, Chedi, Pagode – bekannt. Alle nur möglichen Größen sind zu finden, von winzigen Kultobjekten für den Hausaltar bis hin zu gigantischen Stupas wie Swayambhu und Boudha im Kathmandutal oder dem Borobodur auf Java, dem größten buddhistischen Bauwerk der Welt. Allen jedoch liegt die Form des Mandala zugrunde. In Inneren aller Stupas ist ein »Lebensbaum« eingebaut, eine Säule oder nur ein Stab aus Holz, welcher für die Weltenachse Meru steht oder für den Weltenbaum, der gemäß manchen Darstellungen auf der Spitze des Meru wächst.

Das Mandala als Darstellung eines reinen Bereiches mit dem himmlischen Palast einer Gottheit in seinem Zentrum ist Instrument der Geistesschulung auf dem Weg des Tantra. Auch das Weltenmandala, welches die Gesamtheit des Kosmos mit seinen verschiedenen himmlischen, irdischen und höllischen Regionen verbildlicht, spielt in der buddhistischen Ritualpraxis eine Rolle. Das Mandalaopfer ist Teil der vorbereitenden Übungen (Ngöndro) des tantrischen Pfades. Die silberne Grundplatte mit den darauf aufgesetzten, mit Getreidekörnern oder Halbedelsteinen aufgefüllten Ringen, bildet das Kosmosmandala mit Meru und den rings um ihn angeordneten Kontinenten in einfacher Form nach. Der Praktizierende opfert in seinem Ritual das gesamte Universum und, auf einer höheren Stufe, bringt sich selbst zum Opfer, wobei er die verschiedenen Teile seines Körpers mit den Teilen des Kosmos-Mandala identifiziert. Solches Aufgeben des Ich gilt als wesentliche Bedingung für das Fortschreiten auf dem Weg zur Befreiung. Während der Praktizierende mit Getreide oder Edelsteinen die verschiedenen Teile des Mandalas nachbildet oder während seine Finger die Mudra, eine symbolische Handhaltung, bilden, in welcher die beiden aneinandergelegten und nach oben ausgestreckten Ringfinger den Meru symbolisieren, zählt er die kosmischen Schätze auf, die er darbringt:

»Das vollkommen reine mächtige Fundament aus Gold, umgeben mit dem Ring aus Eisenbergen, im Zentrum der Berg Meru, der östliche Kontinent, der südliche Kontinent, der westliche Kontinent, der nördliche Kontinent, die beiden östlichen Subkontinente, die beiden südlichen

Subkontinente, die beiden westlichen Subkontinente, die beiden nördlichen Subkontinente, der Juwelenberg, der wunscherfüllende Baum, die wunscherfüllende Kuh, das Getreide, das keiner Pflege bedarf, das kostbare Rad, das kostbare Juwel, die kostbare Königsgemahlin, der kostbare Minister, der kostbare Elefant, das kostbare Roß, der kostbare General, die Schatzvase, die Göttin der Gerste, die Göttin der Mala, die Göttin der Musik, die Göttin des Tanzes, die Göttin der Blumen …« und so weiter und so fort.

In der Identifizierung der Körperteile mit den einzelnen Teilen des Kosmos, durch die der Mensch selbst zum Mandala, zu einem Abbild des Universums wird, offenbart sich die mystische Analogie von Makrokosmos und Mikrokosmos. In den yogischen und tantrischen Wegen Indiens und Tibets werden diese äußerlichen und innerlichen Zusammenhänge in höchster Verfeinerung zum Ausdruck gebracht. Den Hindus gilt der Hüftbereich als Symbol der Erdenscheibe, von der aus die Wirbelsäule mit den Energiekanälen (Nadis) und den sieben Energiezentren (Chakren) aufsteigt und somit dem Weltenberg Meru und den himmlischen Sphären entspricht, während Beine und Füße mit den unter der Erdscheibe liegenden kosmischen Welten in Bezug gesetzt werden. Im untersten Chakra – lokalisiert zwischen Geschlechtsteil und Anus – liegt eingerollt wie eine Schlange die Urenergie Kundalini, die »Schlangenkraft«, die durch rechte yogische Praxis erweckt und dazu gebracht wird, in den Energiekanälen entlang der Wirbelsäule durch alle Chakren nach oben zu steigen, um sich im über dem Scheitel gelegenen Kronenchakra, dem tausendblättrigen Lotos, mit dem universalen, göttlichen Bewußtsein zu vereinigen. Die Kundalini wird gleichgesetzt mit Shivas Gemahlin Parvati, die sich auf der Spitze des Kailash – in diesem Bild symbolisiert durch das Kronenchakra – mit Shiva vereinigt und dem Yogi, der diese Verschmelzung von individueller und kosmischer Energie erfährt, einen Zustand völliger Glückseligkeit, Erkenntnis und Erleuchtung schenkt.

Die feinstofflichen Energiekanäle und die Vereinigung der polaren Urenergien spielen auch im tantrischen Buddhismus eine tragende Rolle, wo der Körper ebenfalls als Mandala, als Entsprechung des Kosmos, gesehen wird. Die buddhistische Symbolik, die mit den Energiebahnen und Chakren in Verbindung gebracht wird, ist aber eine andere als die der Hindus, ebenso das komplexe System der Elemente, Winde, Tropfen und Daseinszustände, die auf dem tantrischen Weg des diamantenen Fahrzeugs von zentraler Bedeutung sind.

Spürt man dieser Vielfalt von Analogien und Bezügen nach, die Ausdruck findet in allen Bereichen der religiösen Kultur Indiens und Tibets, in Architektur und Kunst ebenso wie in spiritueller Praxis, so zeigt sich am Ende, daß auch der Kailash, Abbild des kosmischen Berges Meru, nur ein nach außen projiziertes Gleichnis für den heiligsten Bezirk in jedem Menschen ist. So gesehen wird jede Pilgerfahrt zu seinem heiligen Bezirk und das Gehen der Kora Sinnbild einer Reise in die geheimsten Tiefen des Selbst.

Durch Tod und Wiedergeburt

Früh am Morgen beginnt die Kora – oder, wie die indischen Pilger in Sanskrit sagen, die Parikrama – um den heiligen Berg. Manche hartgesottenen Tibeter, die den Kailash möglichst oft umkreisen wollen und für die 53 Kilometer lange Runde nur einen Tag benötigen, sind schon wenige Stunden nach Mitternacht aufgebrochen und werden erst spät in der Nacht zurückkehren, ermattet und ausgelaugt. Die meisten Tibeter wollen den Kailash mindestens dreimal umrunden.

Eine Kora wäscht die Sünden einer Lebensspanne ab, dreizehn Koras öffnen den Zugang in den inneren Bereich des Kang Rinpoche, und wer 108mal den Kailash umrundet, dem ist Erleuchtung sicher. So wissen es die Pilger, die aus ihren oft weit entfernten Provinzen zum heiligen Bezirk aufbrechen.

Auch jene, die auf der Kora nur einmal ihr Nachtlager aufschlagen wollen, müssen sich sputen und haben wenig Gelegenheit, die Klöster am Kailash zu besuchen und die Schönheit der Landschaft in sich aufzunehmen. Die Pilger hingegen, die den Weg mit der Länge ihres Körpers ausmessen, die sich niederwerfen, aufstehen, zwei Schritte vorangehen, sich erneut am Boden ausstrecken und dabei unbeirrt von Wind und Wetter, von Kälte und unwegsamem Gelände ihre Gebete murmeln, benötigen zwei, drei oder mehr Wochen. Herbert Tichy, der im Sommer 1936 als »Fakir« verkleidet den Kailash umwanderte, schreibt über diese Pilger: »Obwohl ein kalter Wind blies und es einige Grade unter Null hatte, war der Pelz der Pilger von einer Schulter gelöst; mit dem halbnackten Oberkörper und dem unbekleideten Arm warfen sie sich immer wieder auf die Steine und das blanke Eis. Nur die Hände steckten in Fellhandschuhen, um sie vor Verletzungen zu schützen.«

Wie erschöpfend diese Art des Reisens sein kann, ergänzt August Gansser, der im gleichen Jahr wie Tichy die Kora ging. Im letzten Wegstück geriet er in einen Regensturm – »unterwegs wären wir fast über einen am Boden liegenden Lama gestolpert. Er war ob seiner Kriechübung im strömenden Regen eingeschlafen.«

Wir wollen uns für die Umrundung des Kang Rinpoche drei Tage Zeit lassen, wie das üblich ist für westliche Reisende und für Tibeter, die den zahlreichen heiligen Stätten unterwegs ihre Reverenz erweisen wollen. Noch während die in Darchen angemieteten Yaks mit Zelten und Verpflegung bepackt werden, mache ich mich alleine auf den Weg. Die Yaks mit ihren Treibern werden mich im Lauf des Tages einholen, denn sie gehen ohne Pause. Für die zotteligen Grunzochsen gilt eine Umwanderung des Schneejuwels als ebenso segensreich wie für Menschen. Auch sie sammeln auf diese Weise spirituelle Verdienste, die zu einer besseren Wiedergeburt führen.

Eine tibetische Nomadenfamilie wandert vor mir, Mann, Frau und Kind, gehüllt in dicke Fellmäntel. Ein Schaf trägt ihre wenigen Habseligkeiten. Es ist vielleicht ein Lieblingstier aus ihrer Herde, dem sie Gelegenheit geben wollen, die Kora um den Kailash zu gehen. Die Tibeter können nicht verstehen, daß manche indische Pilger, untrainiert und an solche Höhen nicht gewöhnt, um den Kailash reiten, denn auf diese Weise kommt nicht der Reiter, sondern sein Reittier in den Genuß der karmischen Verdienste dieser Pilgerschaft. Bei der Umrundung des Schneejuwels zählt nicht das Dagewesensein, sondern die persönliche Bemühung. Einst, so weiß die Legende, gab ein reicher Händler einem armen Mann einen Topf mit Goldstücken, damit er ihm die Mühe der Kora abnehme und stellvertretend für ihn den heiligen Berg umwandere. Das Maultier jedoch, das die wertvolle Last trug, legte sich gleich zu Beginn des Weges auf den Boden und verweigerte das Weitergehen. Da erkannte der Kaufmann, daß sich spirituelle Verdienste nicht mit irdischen Reichtümern erkaufen lassen, und machte sich selbst auf die Wanderschaft. Der Ersatzpilger, so heißt es, durfte seinen Lohn trotzdem behalten.

Bald liegt Darchen mit seinem kleinen Tempel und dem mit mächtigen Yakgehörnen und Gebetsfahnen geschmückten Chörten hinter mir. Ich wandere nach Westen in die staubige Ebene hinaus. Steinmännchen weisen den Weg. Der Blick schweift weit über das sanft rollende Hügelland und die heiligen Seen zum Massiv des Gurla Mandata. Als der Pfad sich nach Norden wendet und zum ersten Mal der Kailash hinter seinen Vorbergen hervortritt, liegt auf einer kleinen Anhöhe, geschmückt mit Gebetsfahnen, der erste Chaktsal Gang, eine von vier Stellen auf der Kora, an denen die Gläubigen sich in Verehrung vor dem heiligen Berg niederwerfen. Gebete werden gesprochen, Räucherwerk wird geopfert, bevor die Pilger eintreten in das westliche Tal des Buddha Amithaba, aus dem der Götterfluß, der Lha Chhu, hervorkommt. Nun begehen sie den heiligen Bezirk, in dem jeder Fels, jeder Berg, jede Höhle eine Legende zu erzählen weiß, in dem Fußabdrücke von Buddhas und großen Yogis zu finden sind, Orte, an denen Wunder und Erscheinungen geschahen, Bildreliefs, die an Felsen von selbst entstanden, und Plätze, an denen der Brauch bestimmte Riten vorschreibt. Hier öffnet sich den Hindus das Mandala des Shiva und den Buddhisten das Mandala des Chakra-samvara.

Wie eine Tür in diesen überweltlichen Bereich wirkt der Chörten Kangnyi, ein »zweibeiniger« Torchörten, durch den die Pilger in dem Bewußtsein schreiten, die Sünden einer Lebenszeit hinter sich zu lassen. Im Licht der Morgensonne gleißt der Schneegipfel des Kailash hinter kahlen Felsenhügeln.

Nahe dem Chörten ist der etwa neun Meter hohe Fahnenmast Tar-boche aufgerichtet. Lange Schnüre, dicht behängt mit Gebetsfahnen, streben von allen Seiten zur Mitte seines Stammes. Anläßlich des Saga Dawa, des Festes, das in der Vollmondnacht im Mai gefeiert wird, in jener Nacht, in der Gautama Siddharta Erleuchtung erlangte und zum

Der Fahnenmast Tarboche vor dem Kailash

167

Buddha wurde, stellen die Pilger den frisch geschmückten Fahnenmast zur tosenden Ritualmusik der Mönche auf. Bleibt er aufrecht stehen, ist das ein glücksverheißendes Zeichen für die Zukunft, neigt er sich jedoch, bedeutet dies Unglück. Die Legende weiß, daß Buddha selbst an diesem Ort war und einen Fußabdruck im Fels hinterließ, den ersten von vier solchen Shapjes rund um den Kailash, die bei den Pilgern große Verehrung genießen.

In der Nähe des Tarboche liegt der Friedhof der 84 Mahasiddhas, geheiligt durch den Besuch Padmasambhavas und Götshangpas, jenes buddhistischen Mönches, der die Kora um den Kailash erstmals ging, geleitet von himmlischen Wesen in Tiergestalt. Viele Meister meditierten in den umliegenden Höhlen, und noch heute werden hier Luftbestattungen durchgeführt. Ein Tanzplatz der Dakinis, jener himmelswandelnden weiblichen Gottheiten, die im tantrischen Buddhismus die inspirierende Kraft des Geistes verkörpern, liegt bei einem kesselförmigen Felsen, aus dem die Himmelswesen Opfergaben entgegennehmen, eine Höhle auch, in der Naro Bön Chön lebte, der Kontrahent Milarepas im magischen Kampf um den Kailash. Ein kleiner Nebenfluß des Lha Chhu führt »das Wasser langen Lebens« von den Bergen herab. Ein Stück weiter, am Hang über dem Westufer des Flusses, hingeduckt unter die senkrecht aufragende Felswand des Berges Nyenri, dem Sitz des Khangri Lhatsen, der Schutzgottheit des Kailash-Bereiches, liegen die Chukku Gompa und die »verborgene Elefantenhöhle« des Padmasambhava.

Eine Gruppe Nomaden überquert gerade den Fluß, um den steilen Weg zum Kloster hinaufzusteigen. Ich schließe mich ihnen an. Der Anstieg ist beschwerlich auf fast 5 000 Meter Höhe, doch der Blick von der Gompa auf den Kailash entschädigt für alle Strapazen. Die Chukku Gompa wurde zuerst wieder aufgebaut, nachdem Maos Rote Garden alle Heiligtümer um den Kang Rinpoche verwüstet hatten, und sie beherbergt heute die kostbarsten Schätze des Kailash-Bezirkes. Ihr verehrtestes Bildwerk ist die legendenumwitterte weiße Marmorstatue Chukku Rinpoche, die von selbst entstanden sein soll und aus einem Milchsee geborgen wurde. Gemeinsam mit ihr symbolisieren eine Schneckenmuschel, die aus Buddhas Erleuchtungsort Bodh Gaya hergeflogen kam, und ein Kupferkessel, den Mahasiddha Tilopa aus Indien mitbrachte, Körper, Rede und Geist des Buddha, jene Dreiteilung, die hinweist auf die drei Körper des Erhabenen: den Dharmakaya, der die allwissende

Natur und transzendente ewige Wahrheit symbolisiert, den Sambhoga-
kaya, der als strahlender »Freudekörper« in den Buddha-Paradiesen oder
»Reinen Ländern« existiert, und den Nirmanakaya, in dem der Buddha
irdische, vergängliche Form annimmt. Im dämmrigen Schimmer der Butterlampen werfen sich die Pilger vor dem Chukku Rinpoche nieder, lassen die Perlen ihrer Gebetsketten durch die Finger gleiten, drücken die
Stirnen an die in Brokat gewickelten Kanjur-Bände, empfangen einige
Tropfen geweihtes Wasser, das der Mönch, der den Tempel aufgeschlos-
sen hat, aus silberner Kanne ihren hohlen Händen spendet, und eilen
wieder hinaus in das gleißende Licht, das den Anblick der Schneepyramide des Kailash hinter flatternden Gebetsfahnen wie eine Vision erscheinen läßt.

Nun gilt die Aufmerksamkeit der Nomadenpilger, mit denen ich zur
Gompa hinaufgestiegen bin, meinem bebilderten Reiseführer, den ich
auf einer Mauerbrüstung abgelegt habe. Ein altersloser Mann mit langen
pechschwarzen Zöpfen bittet mit schüchternen Gesten, das Buch betrachten zu dürfen. Mit ehrfürchtiger Bedächtigkeit schlägt er Seite für
Seite um. Seine Reisegefährten drängen sich um ihn und besprechen
jedes abgedruckte Foto der wichtigen Klöster und Kunstwerke Tibets. Ist
die Statue eines Buddha, eines Bodhisattva oder einer Schutzgottheit zu
sehen, hebt der Pilger das Buch an seine Stirn zum Zeichen der Verehrung. Manche besonders geschätzte Bilder, allen voran das Porträt des
Dalai Lama, drückt er mit gemurmeltem Gebet auch an die bereitwillig
hingebeugten Köpfe seiner Begleiter. In den Händen dieses gläubigen
Nomaden wird mein Reiseführer, der nüchtern die Sehenswürdigkeiten
Tibets erklärt, zu einem heiligen Buch und die Abbildungen von Kunstwerken zu Mittlern wirkender Segenskraft. In welch schroffem Kontrast
steht solcher Umgang mit der einem Abbild innewohnenden magischen
Macht zu der Achtlosigkeit, mit der wir gewöhnlich der inflationären Bil-
derflut begegnen, die tagtäglich aus den Medien auf uns niederprasselt.
Unten beim Fluß ziehen indes die Yaks vorbei. Das Pfeifen ihrer Treiber
schallt bis zum Kloster hinauf und macht die Tiefe der Stille, die den heiligen Bezirk einhüllt, erst faßbar.

Entlang des Weges zur Nordseite des Kailash, wo wir das erste Nachtlager aufschlagen wollen, liegen noch einige Stätten, denen die Pilger
Verehrung zollen, etwa der Felsen der 21 Erscheinungsformen der Tara,
auf dem sich von selbst Reliefs mit Gebeten herausgebildet haben sollen,

als Tara selbst in diesen Stein eintrat. Ebenso ist die Form des Felsens, der das Pferd der Glückseligkeit repräsentiert, »rangjung« (von selbst entstanden). Das tibetische Wort »rangjung«, das in den Lehren des Dzogchen auch die wahre Natur des Geistes umreißt, ist oft zu hören, wenn es um heilige Orte oder Kunstwerke geht. Viele besonders verehrte Statuen, Felsbilder oder Kultgegenstände im gesamten tibetischen Kulturkreis sind »rangjung« oder kamen aus fernen Ländern herbeigeflogen, fielen vom Himmel, wurden von überweltlichen Wesen geschaffen. Zu stark ist die Kraft, die ihnen innewohnt, als daß menschliche Hand sie hätte bilden können. Auch die Natur an einem solch gesegneten Ort wie dem Bezirk des Kailash ist völlig von transzendenten Mächten durchdrungen. Den Bergspitzen, die sich zu beiden Seiten des Flusses erheben, sind verschiedene Gottheiten und Bodhisattvas zugeordnet. Die drei, die über dem westlichen Ufer aufragen, sind der Triade des langen Lebens geweiht – Tara, Amitayus und Vijaya. Ein kleiner Wasserfall zwischen den ersten beiden repräsentiert den Schwanz von Gesar Lings Pferd, eine Bergspitze weiter im Nordwesten seinen Reitsattel. Die Sagen von König Gesar aus Ling, Tibets größtes Heldenepos, sind in zahlreichen schriftlichen und mündlichen Varianten in Tibet, aber auch in den Sprachen anderer zentralasiatischer Völker verbreitet. Sie wurzeln wohl in jener Zeit vor der ersten Jahrtausendwende, als Tibets Könige ein mächtiges Großreich eroberten.

Im Osten, hinter gewaltigen, Hunderte von Metern senkrecht in die Höhe wachsenden Granitwänden verbirgt sich der Kailash vor den Blicken der Wanderer. Auch wer die spirituellen Bezüge nicht kennt, welche die Pilger mit dieser Landschaft verknüpfen, ist berührt von ihrer Wucht und mystischen Erhabenheit. Hier, so scheint es, in der dünnen Höhenluft, werden die Grenzen zwischen irdischen und himmlischen Sphären durchlässig, und das sonst Unsichtbare spiegelt sich wider in Formen aus Fels und Eis. Plötzlich öffnet sich der Blick auf den Westgrat, der zum Gletscherdom des Kailash emporführt. Der heilige Berg tritt zwischen den Felsen hervor wie eine Erscheinung, und fast erschrickt man vor der Unmittelbarkeit seiner Präsenz. Nirgendwo auf der Kora ist man dem Schneejuwel näher als hier. Man glaubt, einfach hinaufspringen zu können über den Grat auf seinen Gipfel, und doch liegt dieser fast zweitausend Meter über dem Tal, durch das die Pilger wandern. Sturmwinde toben dort oben, wirbeln eine Schneefahne von der Spitze auf und schreiben damit einen weißen Bogen in das makellose Tiefblau des Himmels. Die Hindu-Pilger sehen auf dem Grat den Affenkönig Hanuman in Verehrung zu Füßen von Shivas Thron.

Im Angesicht der Westflanke des Kailash liegt der zweite Chaktsal Gang, an dem sich die Pilger niederwerfen. Hier verbeugen sich die Gläubigen auch vor dem Gönpo Bheng nahe dem Kailash im Südosten, den ein umlaufendes Felsband an seiner Basis kennzeichnet. Es stellt die Spur eines Seiles dar, mit dem Palden Lhamo, die Schutzgöttin Tibets, den Berg festzurrte, als die Nagas versuchten, ihn in die Unterwelt hinabzuziehen. Weiter im Nordosten steht ein eckiger Felsblock mit kuppelartigem Gebilde an seiner Spitze für einen Opferkuchen (Torma), welchen Padmasambhava den Göttern des Kailash darbrachte, und dahinter ragt der erste der drei Berge auf, die die Nordseite des Kailash einfassen und der Triade von Beschützern der drei Arten von Lebewesen geweiht sind – den transzendenten Bodhisattvas Vajrapani, Avalokiteshvara und Manjushri.

In der Nähe eines schwarzen Felsens mit einem Rangjung-Abbild der Schutzgottheit Tamdrin, der die Pilger Geld opfern, münden mehrere kleine Flüsse in den Lha Chhu, dessen Tal wir bisher gefolgt sind. Nun beschreibt der Lha Chhu eine Biegung ins nördliche Tal, beherrscht vom transzendenten Buddha Amoghasiddhi, dem Zielverwirklicher. Die Drirapuk Gompa ist jetzt schon zu sehen, unser Ziel des ersten Tages der Wanderschaft. Dri ist das tibetische Wort für Yakkuh, Drirapuk bedeutet soviel wie Höhle des Dri-Gehörns. Eine Dri hat den Mönch Götshangpa, der den Weg der Kora für die Buddhisten erschloß, aus heftigem Regen zu dieser Höhle geführt. Ein Feuer hatte Götshangpa zu Beginn der Kora entzünden wollen, um Tee zu kochen, doch jedem Stein, den er aufhob, um die Feuerstelle zu befestigen, war ein Mantra eingeprägt. Alles, selbst gewöhnliche Steine am Weg, ist heilig im Bezirk des Kailash. Auch die Dri, die den Mönch führte, verwandelte sich in die löwengesichtige Dakini Senge Dongpa, als die schützende Höhle erreicht war. Das kleine Kloster, das um diese Höhle erbaut wurde, liegt nördlich des Flusses und blickt genau auf die Nordwand des Kailash.

In ihrem Angesicht, ein gutes Stück entfernt vom Kloster, auf der Südseite des Flusses, schlagen wir im jäh aufkommenden Sturmwind die Zelte auf. Auf einem breiten Hügelrücken in der Nähe stehen Chörten, Zeichen der Verehrung für den Kang Rinpoche. Ich steige hinauf zu ihnen, oder besser, schleppe mich gegen heftige Böen die wenigen Höhenmeter empor, atemlos, denn die Wanderung an diesem langen Tag in der dünnen Luft hat Kraft gekostet. Ich setze mich in den Windschatten eines Chörten und grabe mich in meinen Anorak. Der allmählich hereinbrechende Abend läßt die Temperatur rapide sinken, doch ich bleibe lange sitzen auf der Basis des Chörten. Unnahbar ragt die weit über tausend Meter senkrecht abfallende Nordwand des heiligen Berges vor mir auf, flankiert von zwei Felspyramiden. Wie ein gigantischer Vorhang klaffen sie auseinander, als wollten sie in dieser perfekten Inszenierung der Natur einen heimlichen Blick in andere Welten öffnen. In der Tat scheint die in Schnee- und Felsbänder gegliederte Nordwand im Zwielicht der Dämmerung nicht von irdischer Stofflichkeit, sondern durchscheinend, gläsern, wie von innen leuchtend. Kristallpyramide nennen die Bönpos den Kailash – treffender läßt sich der Anblick seiner Nordseite nicht beschreiben.

Manche Pilger, so heißt es, folgen einem Bach bergan, der vom Gletscher des Kailash gespeist wird, um in einer Mulde Brocken weißer Tonerde einzusammeln, Kusha – Fleisch des Kailash. Doch es ist zu spät für solche Exkursionen. Dunkelheit senkt sich herab. Über den Bergen im Westen geht der Vollmond auf. Allen kleinen Verzögerungen der Reise zum Trotz hat es sich zuletzt doch noch gefügt, daß wir am Tag des Vollmonds den Pilgerweg gehen.

Nachts hüllen Wolken den heiligen Berg ein, werden später vertrieben vom Wind, so daß in den Stunden nach Mitternacht die Eiswand des Kailash unter einem klaren, mondhellen Himmel in bleichem Glanz schimmert. Der Wind legt sich. Die Yaks, die sich neben unserem Zelt niedergelassen haben, wirken wie Silhouetten von Felsen. Ihre Atemluft gefriert zu weißen Wolken. Die Grenzen von Traum und Wirklichkeit schmelzen in einem unfaßbar stillen Raum.

Frühmorgens liegen die beiden Vorberge des Kailash noch in tiefem Schatten, während erstes Sonnenlicht das Eis der Nordwand hell erstrahlen läßt. Kostbar glitzert das Schneejuwel vor nachtblauem Himmel. Wieder wirkt der heilige Berg zerbrechlich und irreal wie die lichte Erscheinung einer Vision. Eine einzelne Wolke um seinen Gipfel zergeht allmählich in Nichts.

Noch in der Dunkelheit ziehen tibetische Pilger an unserem Zelt vorbei. Sie wollen das günstige Wetter nutzen, um den höchsten Punkt der

Kora, den Dölma La, glücklich hinter sich zu bringen und noch am gleichen Abend Darchen zu erreichen. Die Tibeter nächtigen in den kargen Gasträumen des Klosters, in notdürftig aus Steinen errichteten Verschlägen oder einfach im Windschutz von Felsbrocken, eingepackt in ihre Fellmäntel. Ihnen steht nicht die moderne Ausrüstung zur Verfügung, die uns Reisenden aus dem Westen die extremen Minustemperaturen erträglich macht, Schlafsäcke, Daunenjacken, Thermowäsche. In Tibet lernt man, was es bedeutet, stets an der Grenze zu gehen, das tägliche Bemühen ums Überleben zu reduzieren auf das Allernötigste – ein wenig Nahrung, ein wenig Tee, ein wenig Wärme. Und selbst dies Wenige ist in der lebensfeindlichen Umwelt der Gebirge und Hochsteppen ständig gefährdet. Trotzdem oder vielleicht gerade deswegen hat sich in diesem unwirtlichen Land ein Kosmos spiritueller Vergeistigung entfaltet, der das Streben der Menschen weit über solche Grundbedürfnisse des Körpers emporhebt. Alles zwischen diesen beiden Extremen hingegen, die Annehmlichkeiten, Abwechslungen und Vergnügungen moderner Zivilisation etwa, scheinen hier von äußerst geringer Bedeutung, wirken wie flüchtige Illusionen in dem rasch verwehenden Zeitraum zwischen Leben und Tod. Das Leben ist den Tibetern nur unbeständiger Schwebezustand auf dem unaufhörlich sich drehenden Rad der Wiedergeburten. In sechs Bardos – Zwischenzustände – teilt der Vajrayana-Buddhismus das menschliche Dasein: Geburt und Leben, Traum und Schlaf, Meditation, Augenblick des Todes, höchste Wirklichkeit im Klaren Licht, welches im Prozeß des Sterbens aufscheint, und Werden zu neuer Geburt. Die Umrundung des Kailash symbolisiert einen solchen Zyklus der Bardos. Wenn die Pilger aufbrechen zum Dölma La, treten sie ein in den Bardo des Todes, durchwandern den Zwischenzustand zwischen Sterben und Wiedergeburt, um schließlich mit dem Berühren des Dölma-Steins auf der Paßhöhe in ein neues Dasein wiedergeboren zu werden.

Auf dem Weg zum Dölma La zeigt sich der Kailash in wechselnden Ansichten. Südöstlich taucht der Shama Ri auf, ein Berg, der die Höllenbereiche symbolisiert, im Norden eine Spitze, die mit dem Paradies des Kubera verbunden wird. Wichtigster Punkt auf dem Weg zum Paß der Tara ist jedoch Shivatsal, der Leichenacker der Vajrayogini, einer Dakini, welcher die Bergspitze links oberhalb dieses bemerkenswerten Ortes geweiht ist. Hier, im Angesicht von Dorje Shigje, dem Herrn der Toten,

Pilger und Yaks am Shivatsal

sterben die Pilger den rituellen Tod. Manche legen sich unbeweglich auf den Boden und vergegenwärtigen sich den Prozeß des Sterbens, wie er in den Lehren des Vajrayana-Buddhismus bis in alle Einzelheiten beschrieben ist. Andere schneiden sich eine Haarlocke ab, opfern ein Kleidungsstück, einen Zahn, einige Tropfen Blut oder etwas anderes, das den Tod des alten Ich symbolisiert. Mehrfach umrunden sie den bunten Haufen von Kleidern, der diese Stätte der Verwandlung markiert. Die ärmsten der Pilger nehmen das eine oder andere wärmende Stück an sich, tauschen es gegen einen Lumpenfetzen, den sie selber opfern. Andere nehmen sich kleine Stoffstücke als geheiligte Andenken an die Umrundung des Kailash.

Am Shivatsal werden auch die Pilger bestattet, die während der Kora sterben. Nicht wenige sind erfroren bei plötzlichen Wetterstürzen und Schneestürmen am Dölma La. Es nimmt nicht wunder, daß gerade dieser Teil der Wanderung als Bardo des Todes empfunden wird. Glückverheißend für die nächste Wiedergeburt ist es, am heiligen Berg sein Leben zu lassen, und ebenso glückverheißend, dort geboren zu werden. Schwangere Frauen unternehmen die Pilgerfahrt, um am Kailash ihr Kind zur Welt zu bringen. Der Gelug-Gelehrte Geshe Thubten Ngawang beispielsweise, seit über zwanzig Jahren Leiter des tibetischen Zentrums in Hamburg, wurde geboren, als seine Mutter zusammen mit anderen Nomaden eine Pilgerschaft zum Kailash unternahm. Nach der Geburt ihres Sohnes umrundete sie den Kang Rinpoche dreimal.

Ich folge dem Beispiel der Pilger, schneide mir eine Locke ab, wickle sie in ein Taschentuch, das ich seit meiner Kindheit besitze und lasse das kleine Bündel in der Ritze eines Felsens am Weg, neben zahllosen anderen Hinterlassenschaften von Pilgern. Noch vor dem eigentlichen Aufstieg zur Paßhöhe finden sich Stätten der Prüfung – Felsen mit Tunnels oder engen Passagen, durch die Pilger sich zwängen –, wer steckenbleibt, hat sich zu vieler Sünden schuldig gemacht. Hier blicken die Gläubigen in den Spiegel des Totenrichters Dorje Shigje, der unbestechlich ihre guten und schlechten Taten aufweist. Sven Hedin fragte bei seiner Umrundung des Kailash einen tibetischen Begleiter: »... ob es nicht vorkommen könne, daß ein magerer Schuft sich hindurchwinde, während ein dicker guter Kerl im Gang stecken bleibe, aber er erwiderte sehr ernsthaft, die Dicke habe nicht das geringste bei der Probe zu bedeuten, sondern der Erfolg hänge ganz allein von den seelischen Eigenschaften ab. ... Der Alte erzählte uns, daß einmal eine Frau so gründlich festgesessen habe, daß man sie buchstäblich habe ausgraben müssen.« Auch Spuren des magischen Kampfes von Milarepa mit dem Bönpo sind in der Nähe zu sehen, ein Gletscherbach, an dem Metzger nach zwölf Umrundungen des Kailash das negative Karma, das sie durch das Schlachten von Tieren auf sich geladen haben, abwaschen können, Steine mit Mantren, verehrte Fußabdrücke und einiges mehr.

Dann aber beginnt die Wanderung durch das Bardo des Werdens mehrere hundert Höhenmeter empor zum Dölma La. 5 636 Meter hoch liegt der Stein der Tara, an dem sich die neue Geburt vollziehen wird. Beschwerlich ist der Aufstieg, eine Quälerei selbst für viele Tibeter. Nur unsere Yaks stapfen ungerührt und steten Schrittes mit ihren Lasten durch die schroffe Fels- und Geröllandschaft hinauf. Mit jedem Schritt scheint die Luft dünner zu werden. Immer wieder hält man keuchend inne, um durchzuatmen, doch kein Atemzug scheint die Lunge wirklich zu füllen. Nichts Kostbareres gibt es in diesen Augenblicken als die bloße Luft zum Atmen. Und doch schwingen manche Pilger selbst auf diesem steilen Weg ihre Gebetsmühlen, rezitieren unermüdlich das »Om Mani Padme Hum«, das allgegenwärtige Mantra

Tibets – »Oh Kleinod im Lotos« –, gewidmet dem Avalokiteshvara, dem Bodhisattva grenzenlosen Mitgefühls, dem Gnädig Herabblickenden, der sich im Dalai Lama verkörpert.

Nur Pilger, die den Kailash schon zwölfmal umrundet haben, dürfen auf ihrer dreizehnten Kora den mühevollen Aufstieg zum Dölma La umgehen und dem geheimen Weg der Dakinis folgen, der vor dem Shivatsal abzweigt und näher am Kailash über den Khamdo Sanglam La ins östliche Tal des Lham Chhu führt, wo er wieder auf den Pfad der gewöhnlichen Wanderer trifft. Kein Pilger würde es wagen, dieses ungeschriebene Gesetz zu brechen, wacht doch die löwengesichtige zornvolle Senge Dongpa über diese Abkürzung, jene Dakini, die Götshangpa in Gestalt einer Yakkuh zur Höhle von Drirapuk führte.

Endlich tauchen die Schnüre mit Gebetsfahnen auf, die über den breiten Sattel des Passes gespannt sind. Ihr Anblick beflügelt noch einmal die bleischweren Beine für die letzten Höhenmeter. Schnee liegt auf dem Paß. Trotz strahlender Mittagssonne fährt eisiger Wind durch die Kleider bis in die Knochen. »Lha Gyal-lo – die Götter mögen siegen« rufen die Pilger. Sie sind erleichtert, lachen, freuen sich. »Lha Gyal-lo, Lha so, so, so so, so …« Von überall klingt das Rufen der Ankommenden. Ein Tibeter wirft eine Handvoll Zettel in die Luft, bedruckt mit dem Lung-Ta,

Der Dölma La

dem Windpferd, dem wunscherfüllenden Symbol für Gesundheit und Glück, schickt jubelnde Segenswünsche in die klare kalte Luft. Doch bevor sich die Pilger zur Rast niederlassen, erweisen sie dem Phawang Mebar ihre Verehrung, dem großen, mit Mantren bemalten und mit Gebetsfahnen, Kataks, Tierschädeln und Opfergaben überhäuften Fels der Tara. Die 21 Erscheinungsformen der Tara in der Gestalt von Wölfen führten Götshangpa auf dem Weg zum Paß und verschwanden in diesem Felsen. Die Pilger umrunden den Stein, werfen sich nieder, drücken die Stirn an den Felsen, sprechen Gebete und das Mantra der Tara – »Om Tare Tu Tare Ture So Ha« –, opfern Räucherwerk, Butter, Tsampa, Tee, das tibetische Bier Chang, Haarlocken, Kleidung, Kataks, Geld, Tsatsas und anderes. An diesem Stein treten die Pilger aus dem Bardo des Werdens in ein neues Leben, erreichen am physikalisch höchsten Punkt der Wanderung auch das spirituelle Ziel ihrer Pilgerfahrt – Reinigung und Neugeburt.

Tara, deren tibetischer Name Dölma soviel bedeutet wie Befreierin oder Retterin, ist als beliebtester weiblicher Bodhisattva eine Art Schutzpatronin Tibets. Von ihren 21 Ausstrahlungen sind die grüne und weiße Tara die bekanntesten und in zahllosen Statuen, Wandmalereien und Thangkas im gesamten tibetischen Kulturkreis verbildlicht. Tara erschien in dieser Welt, als Avalokiteshvara, ergriffen von Mitgefühl mit den Leiden der Wesen in den sechs Seinsbereichen, einen See von Tränen vergoß, aus dem ein Lotus wuchs. Als die Blüte in der Morgensonne die Blätter öffnete, saß Tara in ihrer Mitte.

Nun rasten die Pilger, stärken sich, suchen aus verschiedenen Zeichen Hinweise für die Zukunft zu lesen, doch niemand bleibt allzulange an diesem Ort. Die Nomadenfamilie, die gestern vor mir den Pfad der Kora betreten und jetzt unweit von uns ihr karges Mahl aus Tsampa und Buttertee eingenommen hat, belädt ihr Packschaf und bricht auf. Berüchtigt sind die Wetterstürze, die schon viele Wanderer das Leben kosteten. Doch auch auf diesem hohen Paß sind wir vom Glück begünstigt – kleine weiße Wölkchen nur stehen hoch am klarblauen Himmel. Wir legen zwei Kataks, die wir aus Zentraltibet mitgebracht haben, am Stein der Dölma nieder, bevor wir den Paß verlassen. Kataks sind dünne weiße Stoff- oder Seidenschals, die in Tibet als Zeichen von Wertschätzung verehrten Menschen überreicht oder vor Statuen und an heiligen Orten dargebracht werden.

Steil führt der Weg nach unten in das östliche Tal des Lham Chhu, über natürliche Steinstufen und Geröll, vorbei an mächtigen Felsen und kantigen, wie von Riesenhand aufeinandergestapelten Steinblöcken. Knapp unterhalb des Passes, in einer Senke neben dem Weg, liegt der Tukje Chenpo Tso, der See der Barmherzigkeit, einer der höchstgelegenen Bergseen der Welt. Gaurikund nennen ihn die Hindupilger, die über den Geröllhang hinabsteigen, um in dem eisigen Gewässer rituelle Waschungen vorzunehmen. Meist jedoch ist der See zugefroren. Selbst in kühlen Sommern, so heißt es, taut seine Eisdecke nicht auf – und die Pilger versuchen mit Steinen die Schale zu brechen, um an das kostbare Wasser zu gelangen. August Gansser ging im Juli 1936 die Kailash-Kora und schreibt über den Gaurikund: »Doch der See, auf 5600 m Höhe gelegen, ist gänzlich zugefroren und ganz mit Schnee bedeckt. Am Ufer zeugen einige auf das Eis geworfene Felsblöcke von dem hoffnungslosen Versuch der Pilger, das eisige Wasser zu erbrechen; das dicke Eis trotzt der größten Frömmigkeit.«

Ein anderer Name für diesen See, Yokmo Tso, verweist auf die Legende von einer jungen Magd, die ihr unehelich geborenes Kind auf der Kora mit sich trug. Sie stieg zum See hinab und als sie sich niederbeugte, um Wasser zu schöpfen, entglitt ihr das Baby und versank augenblicklich in der Tiefe. Verzweifelt wachte die Mutter tagelang am Ufer, bis an einem Felsen die Inschrift erschien, ihr Kind sei in Wirklichkeit eine Gottheit gewesen, und sie solle sich nicht grämen über seinen Verlust, sondern dreizehnmal den heiligen Berg umwandeln.

Der Abstieg endet in einem breiten, idyllischen Tal mit Grasweiden, durchflossen von Bächen, ein paradiesisches Gefilde nach der lebensfeindlichen Welt aus Fels und Schnee. Dem transzendenten Buddha Akshobya, dem Unerschütterlichen, der für die Himmelsrichtung Ost steht, ist es zugeordnet. Ein einzeln aufragender Felsen, die Axt des Karma, erinnert daran, daß auch das neugewonnene Leben nach dem Überschreiten des Dölma La den unbeugsamen Gesetzen des Karma unterworfen ist und zuletzt mit dem Tod enden wird. Jeder aber hofft, daß das neue Leben lang sein werde. Die fünf Gipfelspitzen des Tsering Chenga im Osten des Tales werden denn auch die »Fünf Schwestern langen Lebens« genannt. Der Kailash gewährt nur einen kurzen Blick auf seine Ostflanke. Die dritte Niederwerfungsstätte – Chaktsal Gang – markiert diese Stelle, und auch in diesem Tal, in dem das Wandern nach dem

Überwinden des Passes leicht und unbeschwert scheint, finden sich Orte der Verehrung – ein Fußabdruck des Medizinbuddha, in dessen Nähe die Pilger nach Heilkräutern suchen, und Felsabdrücke des Phallus von Drukpa Künley, jenes bhutanischen »verrückten Yogi« oder »heiligen Narren« aus dem 14./15. Jahrhundert, der noch heute im gesamten tibetischen Kulturkreis höchstes Ansehen genießt. Sein exzentrisches Verhalten und grober Witz, seine Ablehnung starrer Dogmen, seine spirituellen Kräfte als Dämonenbezwinger und seine übernatürliche sexuelle Potenz werden in zahllosen, oft derb erotisch gefärbten Legenden besungen.

Während die meisten tibetischen Pilger ihre Schritte beschleunigen, um noch an diesem Abend nach Darchen zu gelangen und vielleicht anderntags die nächste Runde um den Kailash zu beginnen, schlagen wir am Ufer des Flusses die Zelte auf. Ein diamantklarer Sternenhimmel wölbt sich über uns in dieser empfindlich kalten Nacht, in der mir ein Traum Gewißheit verschafft über eine lange unschlüssig erwogene Entscheidung auf meinem eigenen spirituellen Weg, eine Frage, die ich im stillen auf diese Reise mitgenommen hatte.

Gemächlich wandern wir am anderen Morgen weiter zur Zutulpuk Gompa, die um eine Höhle erbaut wurde, in der Milarepa meditierte. Von hier aus trat der Yogi seinen magischen Flug auf den Strahlen der Morgensonne zum Gipfel des Kailash an. Und hier baute er auf magische Weise vor den staunenden Augen des Bönpo einen Unterschlupf aus großen Felsen, die er mit bloßer Hand spaltete und durch die Lüfte fliegen ließ. Auch die Meditationshöhle, um die das Kloster errichtet wurde, machte Milarepa passend für seine Körpergröße, indem er zuerst die Decke ein Stück hochstemmte und dabei einen Abdruck seines Hauptes und seiner Hände hinterließ, um sie dann, weil er etwas zu kräftig geschoben hatte, von oben mit dem Fuß, ebenfalls einen Abdruck im Fels hinterlassend, wieder ein wenig absenkte.

Als wir das Kloster besuchen, sind keine Mönche anwesend. Nur zwei alte Männer, die in einer schwarz verrauchten Küche unmittelbar vor Milas Höhle um Almosen betteln, bewachen den heiligen Ort. Höchste Verehrung genießt die Metallstatue, von der gesagt wird, daß Milarepa selbst sie schuf. Sie zeigt den Yogi in seiner typischen Pose, mit einem Meditationsgurt um die Schulter und der ans Ohr gelegten Hand. Milarepa lauscht jedoch nicht seiner inneren Stimme, wie manche westliche Autoren diese Körperhaltung deuten, sondern sitzt in einer Meditationsstellung, wie sie im Dzogchen praktiziert wird. In den Höhlen an den umliegenden Hängen folgten zahllose Asketen dem Beispiel Milarepas und zogen sich von der Welt zurück. »An einem einsamen Ort – den Todesgedanken fest im Herzen verankert, steckt der Einsiedler, der Anhaftungen verabscheut«, zitiert Dudjom Rinpoche in seinen Anweisungen für die Bergklausur von Dzogchen-Praktizierenden den tibetischen Lehrer Gyalwa Yangonpa.

Der Kailash bleibt für den Rest der Wanderung unsichtbar hinter vorgelagerten Bergrücken, in dem Tal aber, das von der Zutulpuk Gompa nach Osten verläuft und aus dem der Topchen Chhu fließt, erhebt sich eine andere wunderschöne Schneepyramide. Wie unsichtbare Kraftlinien wirken diese von Klöstern oder Chörten sich erschließenden Ausblicke.

Breiter wird das Tal, erste Blicke öffnen sich auf die Ebene von Barkha mit den schimmernden Flächen der heiligen Seen und dem Massiv des Gurla Mandhata in der Ferne. Ich wandere nun mit unseren Yaks, diesen den Tibetern so nützlichen, aber zugleich halbwilden und scheuen Tieren. Gewandt und trittsicher bewegen sie sich selbst auf steilsten und engsten Pfaden, stets wachsam beobachtet von ihren Treibern, denen es jedoch niemals einfallen würde, die Tiere zu schlagen oder sie, wie das im übrigen Asien bei Büffeln üblich ist, an Nasenringen zu führen. Sie lenken die Yaks mit ständigem Pfeifen und Rufen oder, wenn ein Tier vom Weg abweicht, mit Steinwürfen, die aber nie den Yak treffen, sondern links oder rechts von ihm aufprallen und so die Richtung weisen. Das Pfeifen und singende Rufen der Treiber ist Begleitmusik jeder tibetischen Yakkarawane.

Bevor das Tal sich zur Ebene hin öffnet, hält die Kora noch eine abschließende Überraschung für die Wanderer bereit, die Schlucht Trangser Trangmar, tibetisch für »goldene und rote Klippen«, Felsabbrüche, die in einer Vielfalt von Farben metallen leuchten. Rot, Gelb, Grün, Orange, Violett, Schwarz und zahlreiche Zwischentöne fließen in diesem versteinerten Regenbogen zusammen. Hufabdrücke von Gesar Lings Pferd finden sich in der Nähe sowie Abdrücke des riesenhaften »Seelen-Yak« des bösen Changtang-Königs Hor Ghokar Gyalpo, mit dem Gesar Ling eine furchtbare Schlacht ausfocht. Gesar tötete den Yak, und sein Blut färbte die goldenen Felsen rot. Das gab der Schlucht ihren Namen.

Die letzte Verehrungsstätte Chaktsal Gang erwartet die Pilger nach dem Weg durch das farbleuchtende Gestein. Nun wendet sich die Kora nach Westen, zurück nach Darchen. Manimauern säumen den Pfad, aus Felsbrocken aufgeschichtete niedrige Wälle, überhäuft mit Steinplatten und Tiergehörnen, auf die kunstvoll Mantren und Gebete graviert sind, Dankesgaben der Pilger, die den Weg um das Schneejuwel, den Weg durch Tod und Wiedergeburt wanderten.

Der Kreis des Mandala ist umschritten.

Abschied

Als wir aufbrechen, um nach Zentraltibet zurückzukehren, ziehen sich Wolken um die Spitze des Kailash zusammen, als wolle uns der heilige Berg nach Tagen stabilen klaren Wetters den Abschied leichter machen. Wir haben für den Rückweg die Genehmigung zum Befahren der Südroute bekommen, die noch bis Ende der neunziger Jahre oft unpassierbar war. Sie folgt dem Lauf des Tsangpo nach Osten, über die Hügel und Grassteppen, die sich vor den Nordwänden des Himalaya-Zentralmassivs ausbreiten. In lückenloser Kette ragen die Schneegipfel Nepals am Horizont auf und säumen unseren Weg. Kyiangs galoppieren neben dem Jeep, Schaf- und Ziegenherden weiden vor der Kulisse der Sieben- und Achttausender, und eines Nachmittags bewegt sich eine Karawane Yaks an uns vorbei, die mit dem Hab und Gut einer Nomadenfamilie zu den Winterweiden zieht. Noch scheint die Mittagssonne angenehm warm, doch in den Eisnächten kündigt sich schon die Jahreszeit an, die auf den Hochebenen Tibets für Menschen und Tiere lebensbedrohend ist.

Viel zu rasch führt die »kurze« Südroute von den menschenleeren Steppen und Bergen Westtibets, vom heiligen Bezirk um Kailash und Manasarovar zurück ins Land der seßhaften Bauern, der Dörfer – und der chinesischen Kasernen. Spätestens in Zhongba, einer Ansiedlung am Weg, wird uns klar, daß wir das Land der Stille hinter uns gelassen haben. Unterhalb eines kleinen Klosters stehen häßliche, mit Blechdächern gedeckte Baracken in Reih und Glied, einem Straflager gleich, entlang einer staubigen Straße. Aus einem Lautsprecher plärrt Marschmusik. Bettelnde Kinder in zerlumpten Kleidern umringen uns. »Chunga, Chunga«, fordern sie schreiend und meinen »Chewing Gum« – Kaugummi. Die moderne Zivilisation chinesisch-tibetischen Zuschnitts hat uns wieder. In wenigen Tagen werden wir jenseits der Pässe in Kathmandu sein, in einem »echten« Hotel mit Badezimmer, Bett und all den anderen lange entbehrten Annehmlichkeiten, und bald darauf werden wir zurückkehren nach Europa.

Doch unsere letzte Nacht auf der Nordseite des Himalaya verbringen wir noch einmal in einsamer Landschaft, beim Pelku-See zu Füßen des Shisha Pagma, des »kleinsten« Achttausenders. Mit seinen 8012 Metern gehört er gerade noch zum exklusiven »Club« der höchsten Berge der Welt. Entsprechend respektlos wurde er benannt – kichernd erzählen die Sherpas, daß sein Name »Abtritt der Götter« bedeutet. Eisige Winde wehen. In der Nacht gefrieren wie gewohnt die Zeltplanen und bedecken sich innen und außen mit einer dichten Schicht aus Rauhreif. Und doch krieche ich am Morgen noch bei Dunkelheit aus dem Schlafsack, baue mein Stativ auf, um die ersten Sonnenstrahlen auf den Schneegipfeln des Shisha-Pagma-Massivs zu fotografieren. Während ich warte, die Hände steif vor Kälte, während das Schwarz der Nacht über den Bergen allmählich zu dunklem Blau zerfließt, fragt es in mir nach dem Sinn dieser Reise. Solche Fragen sind gefährlich so früh am Morgen, wenn der Körper nichts anderes will als zurück in die warmen Daunen und ein paar unausgeschlafen mürrische Gedanken einem vorrechnen, welch genußvolle Reise man für das gleiche Geld zu irgendwelchen Palmeninseln im Indischen Ozean hätte unternehmen können, ohne Mühen und Strapazen und ohne gefrorene Finger, die kaum die Kamera aufs Stativ schrauben können. Tibet? Eine Pilgerreise? Aber ich gehöre doch keiner dieser vier Religionen an, die den Kailash als heilig achten, habe die Rituale und Gebete nicht ausgeführt, die den gläubigen Pilgern erst die Verdienste einer solchen Wallfahrt zum heiligsten aller Berge einbringen. Kann ein Berg überhaupt heilig sein? Oder ist er das nur auf dem Niveau naiver Volksgläubigkeit, in einer archaischen Sicht auf die von Geistern, Dämonen und Göttern beseelten Welt, einer Betrachtungsweise, die den meisten modernen Menschen unwiederbringlich verloren ging im Zeitalter von Naturwissenschaft, Technik und intellektueller Aufgeklärtheit?

Und doch hat dieser Berg, diese schneegekrönte Anhäufung von Konglomeratgestein, einen Abdruck in meinem Herzen hinterlassen, von dem ich selbst in diesen Augenblicken frühmorgendlicher Mißstimmung weiß, daß er bis zum Ende meiner Tage in mir lebendig bleiben wird, keine bloße Erinnerung an ein außergewöhnliches Erlebnis, sondern etwas viel Tieferes, das wie ein magischer Schlüssel scheint. Er vermag einen Raum in mir aufzuschließen, unfaßbar für die Sinne, unzugänglich für Überlegungen und Spekulation, still, unendlich weit und doch wirklicher als alles, was ich mit meinen Augen sehen und mit meinen Händen greifen kann.

Die ersten Sonnenstrahlen gießen flüssiges Gold über die Gletscher des Shisha Pagma, während ich, tief unten, noch lange in dunklem eisigem Schatten stehen werde.

Danksagung

Ich bedanke mich herzlich bei

Winfried Rode
Irmtraut Wäger
Wangchhu Sherpa

Ich widme dieses Buch meinem Vater Otto Binder,
einem passionierten Bergsteiger,
der im Januar 2002 verstorben ist.

Anhang

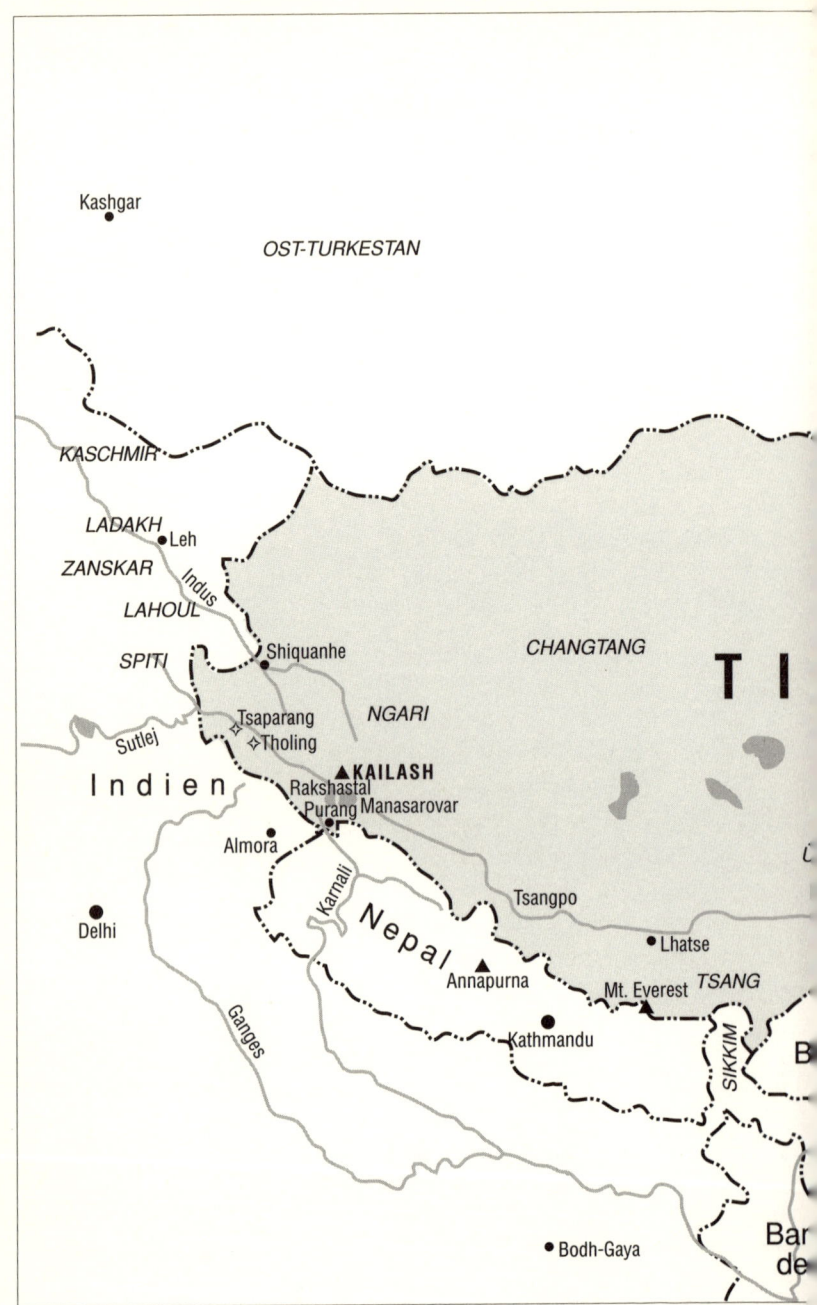

Kashgar

OST-TURKESTAN

KASCHMIR

LADAKH Leh

ZANSKAR

LAHOUL

SPITI

Shiquanhe

CHANGTANG

T I

Indus

Tsaparang

Tholing

NGARI

▲**KAILASH**

I n d i e n

Rakshastal

Sutlej

Purang Manasarovar

Almora

Tsangpo

Delhi

Karnali

N e p a l

Lhatse

Annapurna

Mt. Everest *TSANG*

Ganges

Kathmandu

SIKKIM

B

Bodh-Gaya

Bar
de

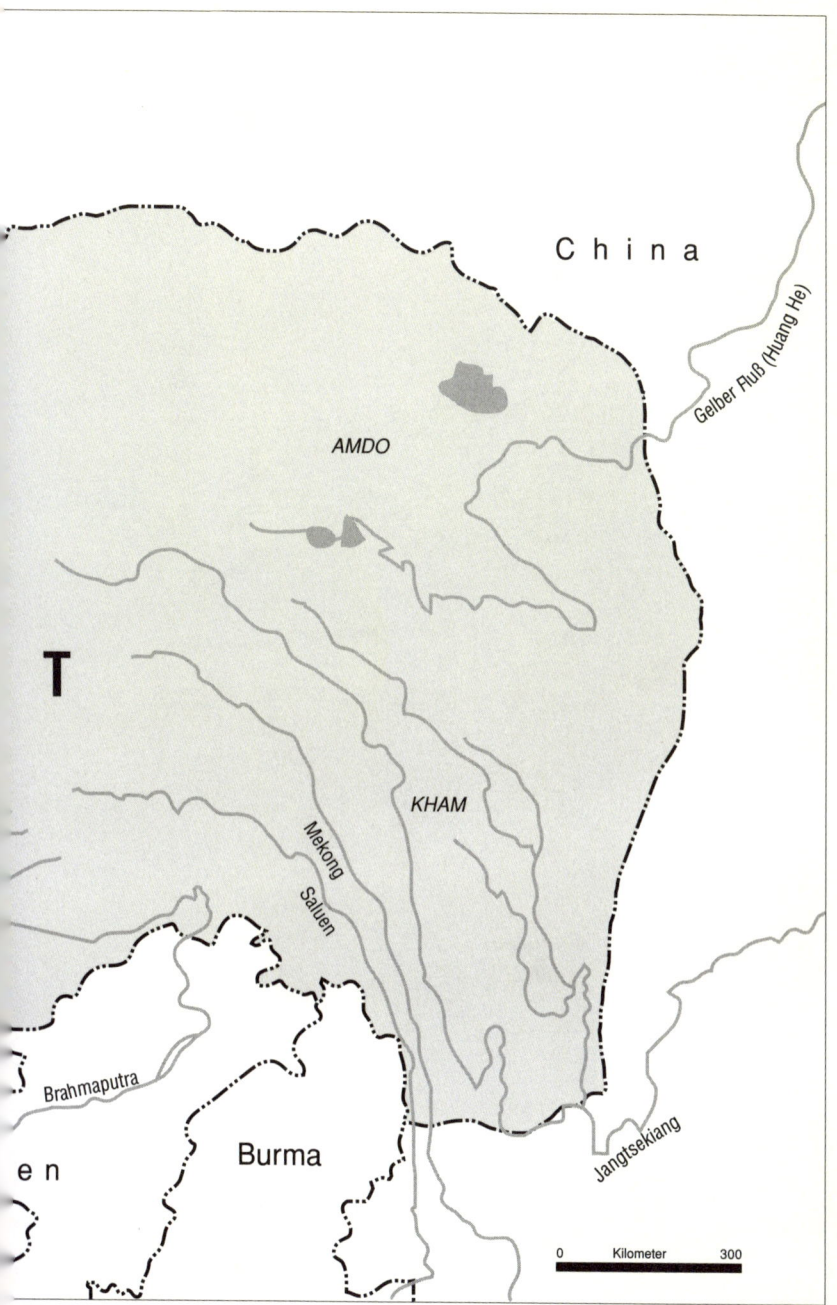

China

Gelber Fluß (Huang He)

AMDO

T

KHAM

Mekong

Saluen

Brahmaputra

Jangtsekiang

e n

Burma

0   Kilometer   300

187

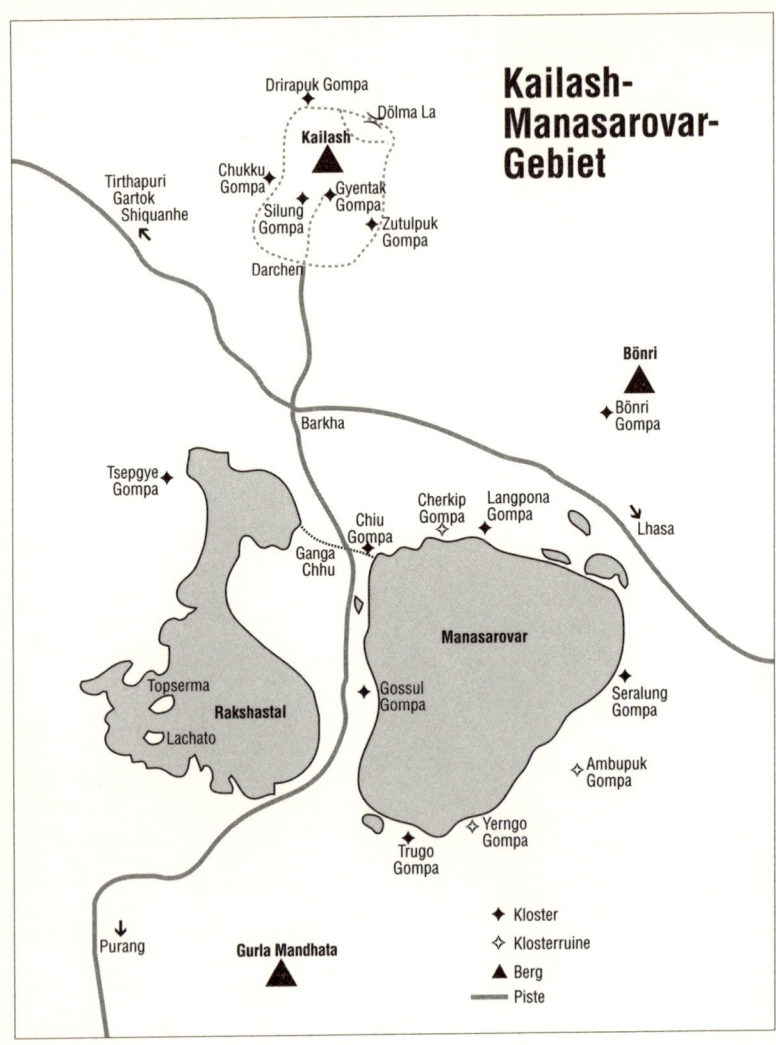

Kailash-
Manasarovar-
Gebiet

Drirapuk Gompa

Dölma La

Kailash

Chukku
Gompa

Gyentak
Gompa

Silung
Gompa

Zutulpuk
Gompa

Darchen

Tirthapuri
Gartok
Shiquanhe

Bönri

Bönri
Gompa

Barkha

Tsepgye
Gompa

Cherkip
Gompa

Langpona
Gompa

Lhasa

Chiu
Gompa

Ganga
Chhu

Manasarovar

Topserma

Rakshastal

Gossul
Gompa

Seralung
Gompa

Lachato

Ambupuk
Gompa

Yerngo
Gompa

Trugo
Gompa

Purang

Gurla Mandhata

◆ Kloster
◇ Klosterruine
▲ Berg
—— Piste

188

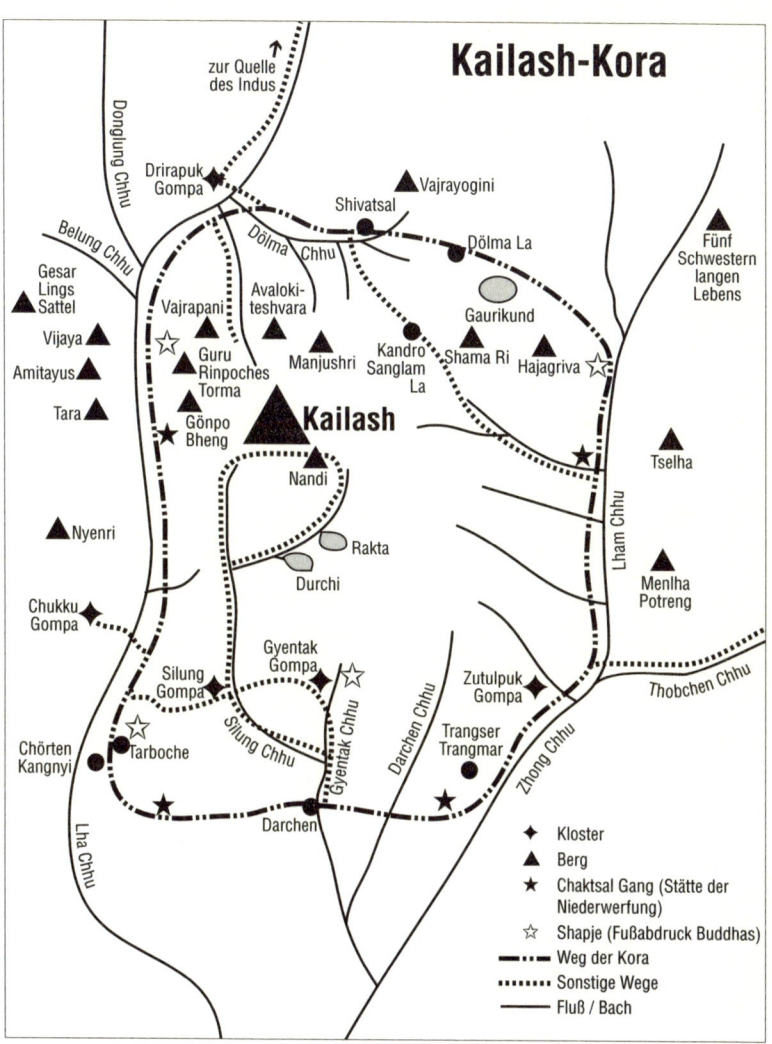

Kailash-Kora

zur Quelle
des Indus

Donglung Chhu

Drirapuk
Gompa

Vajrayogini

Shivatsal

Dölma Chhu

Dölma La

Fünf
Schwestern
langen
Lebens

Belung Chhu

Gesar
Lings
Sattel

Vajrapani

Avaloki-
teshvara

Gaurikund

Vijaya

Guru
Rinpoches
Torma

Manjushri

Kandro
Sanglam
La

Shama Ri

Hajagriva

Amitayus

Tara

Gönpo
Bheng

Kailash

Tselha

Nandi

Nyenri

Rakta

Durchi

Lham Chhu

Menlha
Potreng

Chukku
Gompa

Silung
Gompa

Gyentak
Gompa

Zutulpuk
Gompa

Thobchen Chhu

Silung Chhu

Gyentak Chhu

Darchen Chhu

Trangser
Trangmar

Zhong Chhu

Chörten
Kangnyi

Tarboche

Darchen

Lha Chhu

✦ Kloster

▲ Berg

★ Chaktsal Gang (Stätte der
   Niederwerfung)

☆ Shapje (Fußabdruck Buddhas)

▄▄▄·▄▄ Weg der Kora

••••••• Sonstige Wege

―――― Fluß / Bach

189

Transkription und Aussprache von Wörtern aus dem Tibetischen und Sanskrit

In diesem Buch wird auf die wissenschaftliche Umschrift tibetischer und indischer Namen und Begriffe verzichtet, da diese nur für Kenner des Tibetischen und Sanskrit verständlich und aussprechbar ist. Zudem ist die wissenschaftliche Transkription nicht immer einheitlich. Statt dessen wurde eine in populärwissenschaftlichen Texten allgemein gebräuchliche phonetische Umschrift verwendet.

Beispiel: Die in diesem Buch verwendete Schreibweise für den tibetischen König *Trisong Detsen* wäre in wissenschaftlicher Transkription *Khri-srong-lde-brtsan*.

Begriffe aus dem Sanskrit werden in vereinfachter Umschrift ohne diakritische Zeichen wiedergegeben.

Die Begriffe aus dem Tibetischen und dem Sanskrit können in der in diesem Buch verwendeten phonetischen Umschrift wie im Deutschen ausgesprochen werden, mit folgenden Ausnahmen:

ch	sprich:	tsch
j	sprich:	dsch
y	sprich:	j
v	sprich:	w
sh	sprich:	sch

Beispiele:			
	Vajra	sprich:	Wadschra
	Chenresig	sprich:	Tschenresig
	Shunyata	sprich:	Schunjata

Glossar

Dieses kleine Glossar erhebt keinerlei Anspruch auf Vollständigkeit, sondern bezieht sich vor allem auf Begriffe, die in diesem Buch vorkommen. Die Buchstaben bezeichnen das religiöse bzw. kulturelle Umfeld, dem das jeweilige Stichwort angehört:

(B) = Buddhismus
(BÖ) = Bön
(H) = Hinduismus
(J) = Jainismus
(T) = Tibetischer Kulturkreis allgemein

Abhidharma (B) »Höchstes Wissen«, Kompendium der buddhistischen Psychologie und Philosophie. Teil des → Tripitaka.

Advaita (H) »Nicht-Zweiheit«, das Eine ohne Zweites, Nicht-Dualität.

Advaita-Vedanta (H) Eine der drei Schulen des → Vedanta. »Nicht-duales« Vedanta.

Atman (H) Das wahre Selbst, das Absolute außerhalb von Raum, Zeit und Ursache, identisch mit → Brahman.

Avatar (H) Inkarnation göttlichen Bewußtseins auf Erden.

Bardo (B) »Zwischenzustand«. Die Tibeter teilen das menschliche Leben in sechs Bardos, einer dieser Bardos ist der Zustand zwischen Tod und erneuter Wiedergeburt.

Bardo Thödhol (B) »Befreiung durch Hören im Zwischenzustand«, ein → Terma von Padmasambhava, im Westen bekannt als ›Tibetisches Totenbuch‹.

Bhagavadgita (H) »Gesang des Erhabenen«. Berühmteste heilige Schrift des Hinduismus. Teil des → Mahabharata.

Bhavachakra (B) »Rad des Lebens«. Darstellung der sechs Seinsbereiche im Kreislauf der Wiedergeburten.

Bodhisattva (B) Irdisches oder transzendentes Wesen auf dem Weg zur Erleuchtung, das anderen auf diesem Weg hilft und daher selbst auf das Eintreten ins Nirvana verzichtet. Höchstes Ideal im → Mahayana-Buddhismus.

Bönpo (BÖ) Anhänger der tibetischen, vorbuddhistischen »Urreligion« des Bön.

Brahman (H) Das Absolute, Nicht-Duale, Ewige, Nicht-Manifeste ohne Eigenschaften, identisch mit → Atman. Nicht zu verwechseln mit der Gottheit Brahma.

Chakra (H/B) Wörtlich »Rad, Kreis«, Zentrum feinstofflicher Energie im Körper.

Chaktsal Gang (T) Stätte der Verehrung, der Niederwerfung.

Chang (T) Tibetisches Bier aus Gerste oder anderem Getreide.

Chörten (B) Tibetische Bezeichnung für → Stupa.

Dakinis (B) Inspirierende Kräfte des Bewußtseins, verkörpert in luftwandelnden weiblichen Gottheiten.

Dalai Lama (B) »Ozean der Weisheit«, ranghöchste Inkarnationslinie der → Gelug, in der sich über Jahrhunderte die geistliche und weltliche Macht in Tibet vereinigten.

Dharma (H/B) Weltgesetz, Pflicht, Norm, Grundlage der Ethik, Ordnung, Basis der Religion, im Buddhismus speziell auch die Lehre des Buddha.

Digambaras (J) »Luftgekleidete«, eine der beiden Hauptschulen des Jainismus, deren Anhänger keine Kleidung tragen.

Dhyani-Buddhas (B) Die fünf Meditationsbuddhas, transzendente, nicht zeitlich gebundene Buddhas, die dem Praktizierenden in der Meditation erscheinen und verschiedene Aspekte des erleuchteten Bewußtseins symbolisieren.

Dzogchen (B/BÖ) »Große Vollendung«, höchste Methode zur unmittelbaren Erkenntnis des Absoluten im Bön und bei der → Nyingma-Schule des tibetischen Buddhismus.

Dzong (T) Klosterburgen in Bhutan.

Gelug (B) Eine der vier Hauptschulen des tibetischen Buddhismus, begründet von Tsongkhapa (1357–1419).

Geshe (B) Hoher akademischer Grad in der Gelug-Schule.

Gompa (B) »Einsamer Ort«, tibetisch für Kloster.

Hinayana (B) »Kleines Fahrzeug«, Bezeichnung im → Mahayana für den alten, ursprünglichen Buddhismus. Als Ideal gilt der Arhat, der Mönch, der für sich selbst Befreiung erlangt.

Jambudvipa (H/B) Der südliche Kontinent des Rosenapfelbaumes zu Füßen des Weltenberges Meru, der Kontinent, auf dem die Menschen leben.

Jinas (B/J) Im Buddhismus Bezeichnung für die → Dhyani-Buddhas, im Jainismus Bezeichnung für die → Tirthamkaras.

Kadam (B) Schulrichtung des tibetischen Buddhismus, von Atisha (958–1054) begründet. Ging später in der Schule der → Gelug auf.

Kagyü (B) »Mündliche Übertragungslinie«. Eine der vier Hauptschulen des tibetischen Buddhismus. Begründet von Gampopa (1079–1153), einem Schüler von Milarepa (1040–1123). Dessen Lehrer Marpa (1012–1097) brachte das zentrale Lehrsystem → Mahamudra aus Indien nach Tibet. Es gibt vier Haupt- und acht Nebenschulen des Kagyü.

Kalachakra (B) »Rad der Zeit«, tantrischer Text aus dem 10. Jh.

Kanjur (B) Kanonische Schriftensammlung des tibetischen Buddhismus, welche die Lehrreden des Buddha enthält.

Karma (H/B) Tat, Aktion, Handlung, Verkettung von Ursache und Wirkung und die Konsequenz daraus.

Katak (T) Glücksschal, der als Opfergabe dargebracht oder verehrten Personen überreicht wird.

Kora (T) Umrundung einer heiligen Stätte.

Lama (B) Spiritueller Lehrer in Tibet (Guru).

Lingam (H) Phallusförmige Säule oder Kegel, Symbol des Shiva.

Mahabharata (H) Umfangreichstes Heldenepos der indischen Literatur in 106 000 Versen, das von dem mythischen Weisen Vyasa verfaßt worden sein soll und zwischen dem 5. Jh. v. u. Z. und dem 2. Jh. n. u. Z. in die heutige Form gebracht wurde.

Mahamudra (B) »Großes Siegel«, gleich dem → Dzogchen eine der höchsten Methoden zur Einsicht in die wahre Natur des Geistes. Wird vor allem in den Schulen des → Kagyü praktiziert.

Mahasiddha (B) »Großer Beherrscher vollkommener Fähigkeiten«, Praktizierender des Tantra, der hohe Stufen der Verwirklichung erreicht hat.

Mahayana (B) »Großes Fahrzeug«, im 1. Jh. v. u. Z. aus dem → Hinayana hervorgegangene große Schulrichtung des Buddhismus, die allen Menschen, auch Laien, den Weg zur Befreiung ermöglicht. Im Mittelpunkt steht des Ideal des → Bodhisattva.

Mandala (B) Zwei oder dreidimensionales »Kreisbild«, das zur Geistesschulung und als Meditationshilfe im tantrischen Buddhismus dient, dargestellt ist meist der Kosmos mit dem Palast einer Gottheit im Zentrum.

Manimauer (T) Mauern oder lose aufgeschüttete Wälle, auf denen → Manisteine liegen.

Manistein (T) »Juwelenstein«, Stein, in den Gebete, heilige Silben oder Mantras eingraviert sind.

Mantra (H/B) Heilige Klänge, Silben und Worte, deren Rezitation Bewußtseinskräfte symbolisiert und aktiviert, im Hinduismus auch Name Gottes.

Meru (H/B) kosmischer Berg, Weltenberg, Weltenachse, Zentrum des Universums.

Moksha (H) Befreiung vom Kreislauf von Tod und Wiedergeburt.

Mudra (H/B) »Siegel, Zeichen«, Handhaltung, Geste.

Nadis (H/B) Feinstoffliche Energiekanäle im Körper.

Nagas (H/B) Mythische Schlangenwesen, die in der Erde oder im Wasser leben.

Ngöndro (B) Vorbereitende Übungen für den tantrischen Weg.

Nirvana (H/B) Zustand der Befreiung, Erleuchtung, des Erwachens.

Nyingma (B) »Schule der Alten«, älteste Hauptschule des tibetischen Buddhismus, von Padmasambhava im 8. Jh. in Tibet eingeführt.

Parinirvana (B) Endgültiges Verlöschen im Nirvana nach dem Tod des Körpers.

Potala (T) Palast der Dalai Lamas in Lhasa, erbaut ab 1643.

Puja (H/B) Ritual, Zeremonie, Rezitation, Darbringen von Opfern.

Puranas (H) »Alte Erzählwerke« Indiens, Götterlegenden.

Rakshasas (H) Eine Klasse bösartiger Dämonen.

Ramayana (H) Ältestes Epos der Sanskrit-Literatur, in dem die Geschichte Ramas und seiner Frau Sita geschildert wird.

Rinpoche (B) »Kostbarkeit«, tibetischer religiöser Ehrentitel.

Sadhita (B) Tantrische Meditationsgottheiten, → Yidam.

Sadhu (H) Indischer Wanderasket.

Sakya (B) Eine der vier Hauptschulen des tibetischen Buddhismus. Der Name leitet sich ab von dem 1073 von Khön Könchok gegründeten Stammkloster Sakya in Südtibet.

Samsara (H/B) Kreislauf von Leben, Tod und Wiedergeburt.

Shangrila (T) Phantasiename aus einem amerikanischen Tibetroman für ein mythisches Land und irdisches Paradies im Himalaya.

Shruti (H) Schriften, die aus göttlicher Offenbarung stammen.

Shvetambaras (J) »Die Weißgekleideten«, eine der beiden Hauptschulen des Jainismus.

Stupa (B) Ursprünglichste Architekturform des Buddhismus. Symbol für den erleuchteten Buddha, Aufbewahrungsort von Reliquien, im → Mahayana-Buddhismus auch dreidimensionales → Mandala und Abbild des Kosmos. Tibetische Bezeichnung: Chörten.

Sutra (B) Lehrrede des Buddha. Teil des → Tripitaka.

Tandava (H) Kosmischer Tanz des Shiva.

Tanjur (B) Kommentare und Begleitliteratur zum → Kanjur.

Tantra (H/B/J) »Gewebe, Zusammenhang, Netz«, esoterische Lehren und Praktiken, die Hinduismus, Jainismus und Buddhismus beeinflußten. Aus der Verbindung von Tantra und → Mahayana entstand der → Vajrayana-Buddhismus. Auch tantrische Texte werden als Tantras bezeichnet.

Terma (B) »Schatz«, religiöse Texte oder Objekte, die während der ersten Verbreitung des Buddhismus in Tibet verborgen wurden, um zur rechten Zeit von einem »Tertön«, einem Schatzfinder, aufgefunden zu werden.

Thangka (T) Tibetisches Rollbild.

Theravada (B) Einzige noch bestehende Schulrichtung des → Hinayana.

Thirthamkaras (J) »Furtbereiter«, die 24 Erleuchteten des Jainismus.

Torma (B) Opferkuchen, Ritualobjekt, oft aus Mehl und Butter hergestellt.

Tripitaka (B) Die drei Körbe, die drei Sammlungen buddhistischer Lehre: → Vinaya, → Sutra und → Abhidharma.

Tsampa (T) Mehl aus geröstetem Getreide, meist Gerste. Zusammen mit Buttertee Grundnahrungsmittel der Tibeter.

Tsatsas (B) Votivtäfelchen oder Miniaturstupas aus Ton, die mittels Modeln hergestellt werden.

Tulku (B) »Körper der Verwandlung«, anerkannte Reinkarnation eines → Lama, Repräsentant einer Wiedergeburtslinie.

Upanischaden (H) Sammlung esoterischer Lehren im Hinduismus, Teil der → Veden und der → Shruti, Basis des → Vedanta.

Vajra (H/B) Im Hinduismus Donnerkeil, im Buddhismus Diamantszepter und Symbol des Unzerstörbaren, der Essenz, der Leerheit. Im tibetischen Buddhismus wichtiges Ritualinstrument (tib. Dorje).

Vajrayana (B) »Diamant-Fahrzeug«, esoterische, tantrische Form des Buddhismus, Bezeichnung für den tibetischen Buddhismus, auch Mantrayana, Weg des geheimen Mantra.

Vedanta (H) »Vollendung der Veden«, eine der sechs Schulen der klassischen Hindu-Philosophie und wiederum unterteilt in drei Unterschulen.

Veden (H) Gesamtheit der ältesten Texte der indischen Literatur, denen göttliche Offenbarung zugrundeliegt. Heilige Wissenschaft, höchste Erkenntnis.

Vinaya (B) Regeln für Mönche und Nonnen, Ethik. Teil des → Tripitaka.

Yab Yum (B) »Vater-Mutter«, Vereinigung von männlichem und weiblichem Aspekt im Tantra, bildliche Darstellung von tantrischen »Gottheiten« in sexueller Vereinigung.

Yak (T) Grunzochse, wichtigstes Nutztier Tibets, perfekt an Klima und Höhenlage Tibets angepaßt.

Yakshas (H) Klasse gutartiger Dämonen.

Yidam (B) Meditationsgottheit im tantrischen Buddhismus, die Erleuchtung repräsentiert und der individuellen Natur des Praktizierenden entspricht.

Yoga (H/B) Methoden zur Erlangung spiritueller Verwirklichung, auch Bezeichnung für tantrische Praktiken.

Yogi (H/B): Praktizierender des Yoga, weiblich: Yogini.

Yojana (H/B): Altindisches Längenmaß.

Yoni (H) »Schoß, Ursprung, Urgrund«, weibliches Geschlechtsorgan, Kultobjekt, auch in Verbindung mit dem → Lingam.

Yuga (H) Weltzeitalter.

Zen (B) Japanische Schule des → Mahayana-Buddhismus.

Zhang Zhung (BÖ) Mythisches Bön-Königreich in Westtibet.

Literatur-Auswahl

Aschoff, Jürgen C.: *Tibet, Nepal und der Kulturraum des Himalaya.* Dietikon 1992.

Bachelor, Stephen: *Der große Tibet-Führer.* Berwang 1988.

Barraux, Roland: *Die Geschichte der Dalai-Lamas. Göttliches Mitleid und irdische Politik.* Solothurn 1995.

Bätz, Franz: *Berg der Götter. Religionen am Kailash.* Gnas 1996.

Baumann, Bruno: *Die Götter werden siegen.* München 1991.

Bernbaum, Edwin: *Der Weg nach Shambhala.* Hamburg 1982.

Bernbaum, Edwin: *Sacred Mountains of the World.* San Francisco 1990.

Bhagavadgita, Gesang des Erhabenen. Bielefeld 2001.

Binder, Franz/Rode, Winfried: *Bhutan. Königreich des Donnerdrachen.* München 2002.

Binder, Franz/Rode, Winfried: *Tibet. Land und Kultur.* München 2000.

Brauen, Martin: *Das Mandala.* Köln 1992.

Brauen, Martin: *Traumwelt Tibet. Westliche Trugbilder.* Zürich 2000.

Brentjes, B./Vasilievsky, R.S.: *Schamanenkrone und Weltenbaum.* Leipzig 1989.

Chan, Victor: *Tibet Handbook.* Chico 1994.

Chökyi Nyima Rinpoche: *The Union of Mahamudra and Dzogchen.* Hongkong 1986.

Conzort, Daniel: *Highest Yoga Tantra.* New York 1986.

Craig, Mary: *Tears of Blood. A Cry for Tibet.* Calcutta 1992.

Dalai Lama/Rowell, Galen: *My Tibet.* London 1990.

Dalai Lama: *Das Buch der Freiheit.* Bergisch Gladbach 1990.

Dalai Lama: *Mein Leben und mein Volk.* München 1962.

David-Néel, Alexandra: *Leben in Tibet.* Basel 1976.

David-Néel, Alexandra: *Mein Weg durch Himmel und Höllen.* München 1989.

Dowman, Keith: *Die Meister der Mahamudra.* München 1991.

Drége, Jean-Pierre: *Seidenstraße.* Köln 1986.

Dudjom Rinpoche: *Die Klausur auf dem Berge.* Berlin 1994.

Essen, Gerd-Wolfgang/Tsering Tashi Thingo: *Padmasambhava.* Köln 1991.

Evans-Wentz, W.Y.: *Milarepa, Tibets großer Yogi.* Bern München Wien 1989.

Everding, Karl Heinz: *Tibet.* Köln 1993.

Fischle, Willy: *Der Weg zur Mitte. Wandlungssymbole in tibetischen Thangkas.* Stuttgart 1980.

Fisher, Robert: *Art of Tibet.* London 1997.

Fisher, Robert: *Buddhist Art and Architecture.* London 1993.

Frédéric, Louis/Nou, Jean-Louis: *Borobudur.* München 1995.

Franz, Heinrich Gerhard: *Das alte Indien.* München 1990.

Gaudapada: *Mandukyakarika. Jenseits von Shivas Tanz.* Freiburg 2001.

Goldstein, Mervyn C./Beall, Cynthia M.: *Nomads of Western Tibet.* Hongkong 1990.

Govinda, Lama Anagarika: *Der Weg der weißen Wolken.* Bern München Wien 1973.

Gruschke, Andreas: *Die heiligen Stätten der Tibeter.* München 1997.

Gruschke, Andreas: *Mythen und Legenden der Tibeter.* München 1996.

Harrer, Heinrich: *Sieben Jahre in Tibet.* Frankfurt 1980.

Harrer, Heinrich: *Tibet.* Zürich 1991.

Harrer, Heinrich: *Wiedersehen mit Tibet.* Frankfurt 1993.

Harris, Melissa/Jones, Sidney (Hg): *Tibet seit 1950. Schweigen, Gefängnis oder Exil.* Frankfurt 2000.

Hedin, Sven: *Abenteuer in Tibet.* Leipzig 1911.

Hedin, Sven: *Transhimalaya. 3 Bde.* Leipzig 1905–1912.

Heim, Arnold/Gansser, August: *Thron der Götter. Erlebnisse der ersten Schweizerischen Himalaya-Expedition.* Zürich-Leipzig 1938.

Hein, Ewald/Boelmann, Günther: *Tibet. Der weiße Tempel von Tholing.* Ratingen 1994.

Henss, Michael: *Tibet.* Zürich 1981.

Herodot: *Historien.* Stuttgart 1971.

Heyer, Helfried: *Tibet. Der stille Ruf nach Freiheit.* Freiburg 1988.

Hinze, Peter: *Tibet. Eine Reportage.* München 1988.

Hopkirk, Peter: *Der Griff nach Lhasa.* München 1992.

Kalu Rinpoche: *Den Pfad des Buddha gehen.* Bern München Wien 1991.

Kelly, Petra/Bastian, Gerd/Ludwig, Klemens: *Tibet klagt an.* Wuppertal 1992.

Klimkeit, Hans-Joachim: *Die Seidenstraße.* Köln 1988.

Kongtrul, Jamgon: *Myriad Worlds. Buddhist Cosmology in Abhidharma, Kalachakra and Dzogchen.* Ithaca 1995.

Kongtrul, Jamgon: *The Torch of Certainty.* Boulder 1977.

Lama Kunga Rinpoche/Brian Cutillo (Übers.): *Drinking the Mountain Stream. Songs of Tibet's Beloved Saint Milarepa.* Boulder 1995.

Landaw, Jonathan/Weber, Andy: *Bilder des Erwachens. Tibetische Kunst als innere Erfahrung.* München 1997.

Landor, Henry S.: *Auf verbotenen Wegen. Reisen und Abenteuer in Tibet.* Leipzig 1905.

Lavizzari-Raeuber, Alexandra: *Thangkas.* Köln 1986.

Lehmann, Peter-Hannes/Ullal, Jay: *Tibet.* Hamburg 1998.

Lexikon der östlichen Weisheitslehren. Bern München Wien 1986.

Lopon Tenzin Namdak: *Heart Drops of Dharmakaya.* Ithaca 1993.

Ludwig, Klemens: *Tibet.* München 1989.

Moran, Kerry/Johnson, Russel: *Kailas.* München 1990.

Müller, Claudius/Raunig, Walter: *Der Weg zum Dach der Welt.* Innsbruck o.J.

Ngawang, Geshe Thubten: *Das Lebensrad.* Hamburg 1993.

Ngawang, Geshe Thubten: *Ein Leben in Weisheit und Güte.* Hamburg 1994.

Norbu, Dawa: *Red Star over Tibet.* New Delhi 1987.

Norbu, Namkai: *Der Kristallweg. Die Lehre über Sutra, Tantra und Dzogchen.* München 1989.

Olschak, Blance Christine/Gansser, Augusto/Gruschke, Andreas: *Himalaya, wachsende Berge, lebendige Mythen, wandernde Menschen.* Köln 1987.

Olschak, Blanche Christine: *Perlen alttibetischer Literatur.* Zürich 1987.

Polo, Marco: *Il Milione. Die Wunder der Welt.* Zürich 1983.

Poncar, Jaroslav/Keay, John: *Tibet. Tor zum Himmel.* Köln 1988.

Powers, John: *Religion und Kultur Tibets.* Bern München Wien 1998.

Raphael: *Advaita Vedanta. Der Weg der Nicht-Dualität.* Bielefeld 1998.

Santideva: *Eintritt in das Leben zur Erleuchtung.* Köln 1981.

Schäfer, Ernst: *Das Fest der weißen Schleier.* Durach 1988.

Schumann, Hans Wolfgang: *Buddhistische Bilderwelt.* Köln 1986.

Shankara: *Unterscheidung zwischen Selbst und Nicht-Selbst.* Interlaken 1992.

Snelling, John: *Buddhismus. Ein Handbuch für den westlichen Leser.* München 1991.

Snelling, John: *The Sacred Mountain.* London 1990.

Sogyal Rinpoche: *Das tibetische Buch vom Leben und vom Sterben.* Bern München Wien 1995.

Steckel, Helmut (Hg.): *Tibet. Eine Kolonie Chinas.* Hamburg 1993.

Swami Pranavananda: *Kailas-Manasarovar.* Delhi 1983.

Taring, Rinchen Dölma: *Ich bin eine Tochter Tibets.* Düsseldorf 1992.

Thompson, Richard L.: *Mysteries of the Sacred Universe. The Cosmology of the Bhagavata Purana.* Alachua 2000.

Tichy, Herbert: *Zum heiligsten Berg der Welt.* Wien 1937.

Torwesten, Hans: *Vedanta. Kern des Hinduismus.* Olten 1985.

Tsele Natsok Rangdrol: *Lamp of Mahamudra.* Boston 1989.

Tsele Natsok Rangdrol: *The Heart of the Matter.* Hongkong 1996.

Tucci, Giuseppe: *To Lhasa and Beyond.* Ithaca 1985.

Upanishaden. München, 1977.

Varma, Rommel and Sadhana: *The Himalaya, Kailash-Manasarovar in Scripture, Art and Thought.* Neuchâtel 1985.

Wangyal, Tenzin: *Der kurze Weg zur Erleuchtung. Dzogchen Meditation nach den Bön-Lehren Tibets.* Frankfurt 1997.

Waterstone, Richard: *Indien.* Köln 2001.

Weyer, Helfried/Aschhoff, Jürgen: *Tsaparang.* Freiburg 1987.

Yeshe Tsogyal: *The Lotus-Born. The Life Story of Padmasambhava.* Boston 1993.